J.M Hägele

**Alban Stolz**

Nach authentischen Quellen

J.M Hägele
**Alban Stolz**
*Nach authentischen Quellen*
ISBN/EAN: 9783743439702

Hergestellt in Europa, USA, Kanada, Australien, Japan

Cover: Foto ©Thomas Meinert / pixelio.de

Manufactured and distributed by brebook publishing software (www.brebook.com)

J.M Hägele

**Alban Stolz**

# Alban Stolz

nach

authentischen Quellen.

Von

## J. M. Hägele.

Mit Porträt, einem Handschreiben von Alban Stolz in Autotypie
und einer Illustration.

> Amicus Plato, amicior Albanus,
> amicissima veritas.

Zweite, erheblich erweiterte Auflage.

Freiburg im Breisgau.
Herder'sche Verlagshandlung.
1884.
Zweigniederlassungen in Straßburg, München u. St. Louis, Mo.

Entered according to Act of Congress, in the year 1884, by *Joseph Gummersbach* of the firm of **B. Herder,** St. Louis, Mo., in the Office of the Librarian of Congress at Washington, D. C.

Buchdruckerei der Herder'schen Verlagshandlung in Freiburg.

## Handschrift von Alban Stolz.

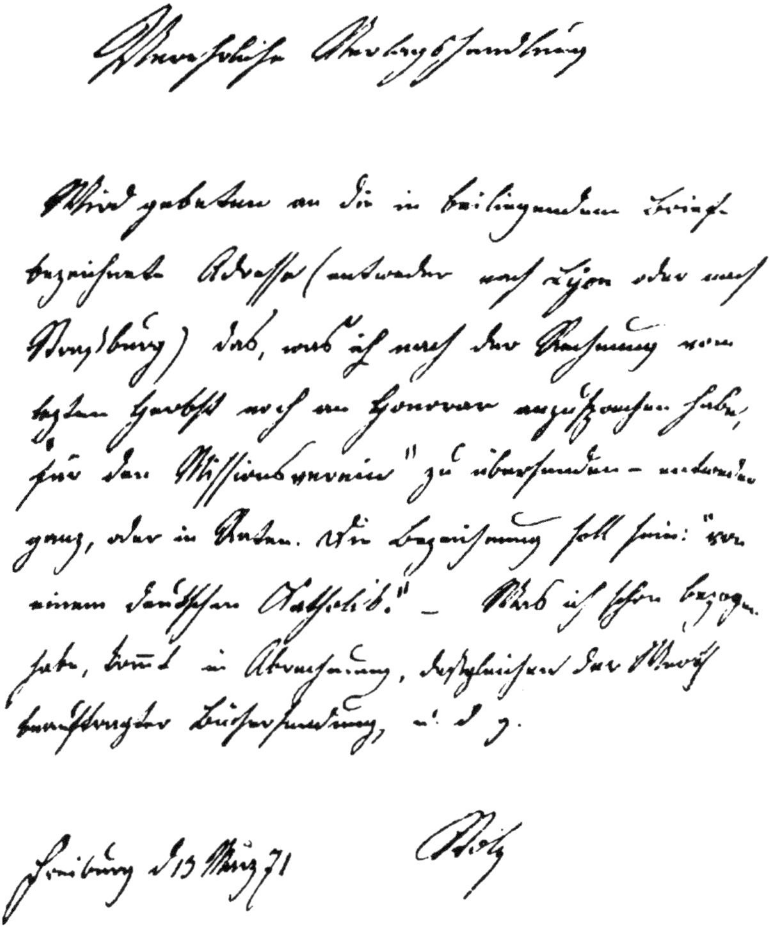

Herdersche Verlagshandlung

Wird gebeten an die in beiliegendem Briefe bezeichnete Adresse (entweder nach Lyon oder nach Straßburg) das, was ich nach der Rechnung vom letzten Herbst noch an Honorar anzusprechen habe, für den "Missionsverein" zu übersenden – entweder ganz, oder in Raten. Die Bezeichnung soll sein: "von einem deutschen Katholik." – Was ich schon bezogen habe, bleibt in Abrechnung, desgleichen der Werth bewilligter Büchersendung, u. d. g.

Freiburg d. 13 März 71 Stolz

Das Guthaben, über welches hier verfügt ist, belief sich auf 4632 Mark.

# Vorwort.

Genau in acht Tagen wird es ein Jahr, seitdem ich dem Helden dieser Schrift die Hand zum letztenmal gedrückt und den letzten wehmüthigen Blick geworfen auf seine — Leiche. Auf dem Heimgange durchblitzte mich zum erstenmal der Gedanke, mich an das Lebensbild des Seligen zu machen und denselben als Muster eines Christen zu verherrlichen, der in unabläßigem Kampfe mit seinen natürlichen Gebrechen und Mängeln zu immer größerer Vollkommenheit sich emporringt. Damit glaubte ich einerseits der geschichtlichen Wahrheit Genüge zu thun und anderseits im Sinne Alban Stolzens selbst zu handeln, den ich die fleischgewordene Wahrhaftigkeit und Offenheit nennen möchte.

Meine Absicht zielte keineswegs darauf hin, den ehrwürdigen Greis zu beräuchern; ich wollte den ganzen Menschen zeichnen, wie er gewesen und geworden, und wie er sich selbst geschildert namentlich in den Schriften: „Witterungen der Seele", „Wilder Honig" und „Dürre Kräuter", welchen sich das „Nachtgebet" und Anderes bald anreihen dürfte.

Unverzüglich gieng ich an die Arbeit und mußte nur zu sehr eilen, weil auf dem Büchermarkt eben die Regel gilt: „Wer zuerst kommt, mahlt zuerst." An Ostern wanderte die Arbeit 5000fach in die Welt. Daß trotz der ungewöhnlich starken Auflage schon jetzt eine zweite erscheinen kann, schreibe ich ganz gewiß nicht meinem Verdienste zu, wohl aber dem hohen Interesse, welches das christliche Deutschland dem unvergeßlichen Todten zollt.

Vereinzelte Stimmen haben mir Pietätlosigkeit und burschikose

Ausdrücke vorgeworfen; ich mußte sogar hören, ich hätte den langjährigen Freund geradezu herabgewürdigt.

Hierauf nur wenige Worte. **Erstens** sind schattenlose Gemälde zwar gut chinesisch und bei uns seit langem in Mode, allein sie sind weder naturgetreu und wahr, noch nach meinem Geschmack. **Zweitens** habe ich den Seligen durchaus selbst reden lassen, auch da wo keine Anführungszeichen angebracht sind; weder eine minder löbliche Eigenschaft oder eine Sonderbarkeit habe ich betont, noch auch einen Kraftausdruck angewendet, der nicht von Stolzens ältesten Freunden, wie aus Stolzens Schriften mehr als dutzendfach erhärtet werden könnte. Ja die Thatsachen, welche für meine Darstellung sprechen, häufen sich schier von Tag zu Tag. So erzählte mir beispielsweise Herr Decan Seilnacht, jetzt Pfarrer zu Ebringen, der Verewigte habe ihm einmal in stark besuchter Vorlesung das Zeugniß ausgestellt: „Sie sind ja schier so eigensinnig wie ich selber!" — **Drittens** endlich: Während ein Druckbogen nach dem andern unter die Presse kam, verweilte Johannes Janssen in der Dreisamstadt. Dieser gefeierte und von mir seit Langem hochverehrte Mann, ein alter Freund des seligen Alban Stolz, hatte die Freundlichkeit, Bogen für Bogen prüfend durchzumustern. Zu meiner nicht geringen Beruhigung wurde der Inhalt derselben von ihm mit Wärme gebilligt. Gerade wie der Geschichtschreiber des deutschen Volkes haben das Lebensbild wahrheitsgetreu gefunden Fräulein Sophie Stolz, welche ihren Bruder von der Wiege bis zur Bahre durch das Leben begleitet hat; ebenso Seine Excellenz unser hochwürdigster Herr Erzbischof Johannes Baptista, der mit dem Verewigten wohl ein halbes Jahrhundert befreundet gewesen; ferner die Mitglieder der katholischen Vereine Freiburgs, die zahlreichen Schüler des Verewigten, mit Ausnahme von ungefähr zwei oder drei jüngeren Herren, endlich die Mitbewohner und barmherzigen Schwestern des hiesigen Mutterhauses, die so viele Jahre mit ihm zusammen lebten; kurz, je länger und enger Jemand mit dem seligen Alban Stolz in Verbindung gestanden, desto entschiedener hat er meinem Versuche einer Lebensbeschreibung Beifall gespendet.

Aus verschiedenen Gegenden und von mir meist unbekannten Persönlichkeiten bin ich angegangen worden, bei einer neuen Auflage nichts oder doch so wenig als möglich zu ändern. Ich glaubte den Mittelweg einschlagen zu müssen. So wenig ich auch Lust trug, den Griffel des ehrlichen Geschichtschreibers mit dem Weihrauchfasse des Enthusiasten zu vertauschen, so war ich doch bemüht, berechtigten Wünschen Rechnung zu tragen. Ich habe getrachtet, mehr Ordnung in den Stoff zu bringen und das Lebensbild zu vervollständigen. Für neue Mittheilungen, thatsächliche Berichtigungen und wohlgemeinte Winke habe ich Manchen öffentlich zu danken, insbesondere den hochwürdigen Herren Subregens Schmitt in Sankt Peter und Pfarrer Reinfried in Moos.

Verwichenen August haben zu Luzern die ehemaligen Schüler sowie die Verehrer Alban Stolzens beschlossen, den Verewigten durch eine eigene Stiftung zu ehren. Eher als nicht bleibt diese Stiftung im Schweizerland, denn die Schweizer wissen recht gut, daß es unrathsam wäre, an die Hochschule Freiburg auch nur zu denken, wo Stipendien beschnitten und stiftungswidrig protestantischen Studenten verliehen wurden. Auch bei uns wäre eine Stipendienstiftung am Platze, welche vom Domkapitel verwaltet und verliehen werden könnte. Man scheint jedoch ein Monument vorzuziehen, obwohl der selige Stolz sehr gegen Monumente war, Grabsteine kaum ausgenommen.

Und jetzt Gott zum Gruß dem freundlichen wie dem unwirschen Leser.

Freiburg, am Tage der hl. Brigitta, 8. Weinmonat 1884.

# Inhaltsverzeichniß.

|  | Seite |
|---|---|
| Anlauf | 1 |
| Alban in Bühl | 13 |
| Lyceist und Theologe | 30 |
| Am Neckarstrand und dann im Priesterseminar | 52 |
| Vikarsjahre | 62 |
| In Bruchsal | 87 |
| Im Convict | 103 |
| Professor | 157 |
| Akademisches | 170 |
| Lebensweise | 207 |
| Reisen | 223 |
| Letzte Zeiten und Erlösung | 237 |
| Wiederum in Bühl | 255 |
| Schriftsteller | 258 |
| Wohlthäter und christlicher Socialist | 277 |
| Abschied | 300 |

# Anlauf.

Betrachte einmal das Bild davornen! Es ist nicht übel getroffen und stellt den seligen Alban Stolz dar, wie er in seinen älteren Tagen in die Welt hinausgeschaut. Die Stirne ist die des tiefen Denkers. Die Runzeln zwischen den Augenbrauen erzählen von Gemüth, die festen, ruhigen Augen scheinen durch die Brillengläser hindurch in deinem Innersten lesen zu wollen. Der Mund ist ernst geschlossen, wie er gewöhnlich war; die stark entwickelte Unterlippe weist auf Beharrlichkeit aber auch auf eine erkleckliche Dosis Eigensinn hin. Man muß den Verewigten lange gekannt haben, um zu wissen, welche Sprachen dieser Mund ohne Worte durch seine bloßen Bewegungen zu sprechen verstanden: es war die Sprache des Humors, der Schalkhaftigkeit, des schonungslosen Spottes, aber auch, doch in seltenen Fällen, die Sprache des dräuenden Ernstes und Zornes.

Alban Stolz ähnelt einer andern Berühmtheit auffallend, namentlich bezüglich der untern Gesichtshälfte — dem Parlamentarier Windthorst!

Die äußere Erscheinung von Stolz hatte durchaus nichts Blendendes: er war klein und schmächtig von Gestalt, seine Gesichtsfarbe in den letzten Jahrzehnten eine fahle. Noch lange wird er den Freiburgern im Gedächtnisse schweben, wie er besonders in der rauheren Jahreszeit die Straßen durchschritt: langsam und gemessen, immer vor sich auf den Boden schauend, den jederzeit schadhaften Hut tief herabgedrückt und in den Mantel dermaßen sich hüllend, daß vom Gesichte nur ein kleiner Bruchtheil sichtbar war. Er schien gleichgültig an den Leuten vorüber zu wandeln, aber seine Augen waren die stets wachen Diener seiner ausgezeichneten Beobachtungsgabe.

Der Stolz der letzten Jahrzehnte war nur die Ruine jenes Mannes, welchen der Verfasser im Spätherbste 1843 zum erstenmal gesehen. Damals war er eine zartgebaute Gestalt mit schönem edlem Gesichte und rosig angehauchten Wangen; wenn man ihn genau betrachtete, so mußte man unwillkürlich an den hl. Aloysius denken. Solchen Eindruck macht auch sein Oelbild, das früheste, welches von ihm existirt und sich derzeit im Besitze seiner Schwester Sophie befindet. Im April 1846 hat er dem noch heute lebenden und arbeitenden Maler Hamberger aus Ueberlingen am Bodensee gesessen; nur ein Hirscher konnte ihn dazu bewegen und auch dieser nur durch die Vorstellung, der Maler sei ein armer Mann. Das prächtige Oelbild ist um den Spottpreis von acht Gulden (13 Mk. 71 Pfg.) hergestellt worden. Eine Copie desselben hängt im Rathhause von Bühl. Er selbst sagt: „Ich galt während meiner Universitätsjahre auch für schön und fand zuweilen starke Anerkennung darüber; solches machte weniger den Eindruck von Eitelkeit oder Gefallsucht nach außen — als mehr ein inneres Sichselbstanschauen und ein Wohlgefühl darüber, ein Träger der Schönheit zu sein, wie wenn sie ihre tiefste Wurzel nicht im Leib, sondern in der Seele hätte" (Wilder Honig, S. 324). Eine gelungene Büste Albans hat die Herder'sche Verlagshandlung anfertigen lassen.

Der Schriftsteller Stolz ist weltbekannt, der Mensch Stolz bezüglich seines äußeren Lebens ganz erstaunlich wenig. Davon haben mich seit vorigem Herbst zahlreiche Artikel in Zeitungen und Zeitschriften, sowie zwei Broschüren überzeugt. Letztere versuchen seinen äußeren Lebensgang zu beschreiben, beide benutzen als Quelle Stolzens Schriften, beide liefern aber zugleich den Beweis, daß diese Schriften eine sehr ungenügende Quelle sind. Stolz bringt ja so wenig als möglich Thatsächliches, meistens nur Betrachtungen und Herzensergüsse über vollendete Thatsachen, die er selten näher bezeichnet. Man muß ihn lange selbst gekannt haben, um zu wissen, welche Persönlichkeiten hinter den Anfangsbuchstaben stehen, die er anzugeben pflegte. Dr. J. Mayerhofer[1] hat das Beste geleistet, was ein Fremder zu leisten vermochte, der lediglich aus Stolzens Schriften schöpft. Weit weniger befriedigt eine Arbeit aus der Missionsdruckerei von Steyl in Holland. Von Stolz wird frischweg behauptet: „Solchen, die ihm ferne standen, mag er oft als ein Sonderling gegolten haben. Alle aber, die ihn näher kannten, betrachteten ihn mit einer Ehrfurcht, wie man sie wohl vor einem Heiligen empfindet." Der Verfasser gleich Allen, welche mit dem Manne ein Menschenalter hindurch und länger Umgang hatten, müssen der Wahrheit gemäß bezeugen, er sei namentlich in seinen jüngeren Jahren ein Sonderling und noch in seinen alten Tagen ein heiliger Wunderlich gewesen, insbesondere bei naßkaltem Wetter. Er selbst hat sich noch in seinen letzten Jahren scherzend eine „rechte Kratzbürste" genannt. In mehr als einer Hinsicht war er ein Original und schon als solches ein „Sonderling".

Stolz darf jedoch getrost den großen Männern beigezählt werden; er war groß als Schriftsteller und noch größer als Mensch und Christ, weit größer deßhalb, weil er im unablässigen Kampfe mit sich selbst sich zum Muster eines Christen emporgearbeitet hat.

Schon in seinen jungen Jahren war er von einer großartigen Weltanschauung erfüllt. Sein Herz umfaßte die ganze Menschheit, er trauerte um sie: „Was will die trübe Trauer,

---

[1] „Alban Stolz nach seinen Schriften" (Freiburg, Herder, 1884).

wie sie wolkenhaft um die Seele und um die Augen zieht? Ich sehe das Waldgebirg in sonnigem Mittagsduft und höre den Soldaten sein Lied singen in klagender Melodie, und ein mir **wohlbekannter** und doch so **unnennbarer** Schmerz zieht durch die Brust, wie die Klagetöne durch den reinen Himmel auf der Insel Ceylon. Es ist nicht das Leid um mich, es ist nicht das Weh des eigenen Lebens, was mir die Thräne in das Auge führt; mein Herz ist in diesem Augenblicke nur wieder gerade offener für die weite Wunde und die unendliche Krankheit meines Geschlechtes, der Menschheit. Ach, sie klagt so wehmüthig aus dem deutschen Liede, dem Sänger oft unbewußt, und es ist mit uns Menschen das Befinden so bös, daß jede Freude, alles Glück, Jugend und Schönheit nur eine Fieberröthe ist" (Witterungen der Seele, S. 395. 515). Selbst aus dem tiefen Gottesfrieden, in den sich Albans Gemüth nach und nach hineingerungen, klingt fort und fort ein schwermüthiger Ton, hervorgerufen durch seine innerliche Theilnahme am „allgemeinen Weinen der Natur" und der Menschheit, wie an den Kämpfen und Leiden der Kirche.

Was Alban Stolz über Hunderttausende seiner Zeitgenossen erhebt und charakterisirt, das war einerseits die völlige Hingabe seines Wesens an Christus den Gottessohn und dessen Weltkirche, anderseits die ausgeprägteste Individualität. Sein innerstes Wesen war eingetaucht in das Gefühl der Ewigkeit. Sein hauptsächlichstes Sinnen und Trachten zielte ab auf immer vollkommenere Liebeseinigung mit Gott; die Betrachtung der Größe Gottes, der entsetzlichen Bedeutung der Sünde, der Erlösungsthat Christi, der Nichtigkeit des Erdenlebens, des Gerichtes und der ewigen Hölle machten seine beste geistige Nahrung aus, welche ihn niemals vollkommen sättigte. Seine und andere Seelen zu retten war die Hauptarbeit seines Lebens. So sehr er sich auch unablässig nach der Zelle eines Klosters sehnte, es war ihm nicht beschieden,

gleich einem Bonaventura, Suso oder Thomas von Kempen
fern vom Weltlärm in Gott und Göttliches sich zu versenken
und in die Regionen der übernatürlichen Mystik sich zu er=
heben. Unser „Jahrhundert der zweiten Reformation" hat
mit allen Waffen der Hölle die positive Religion überhaupt
und ganz besonders die Weltkirche Jesu Christi angegriffen,
diese bedurfte wackerer Kämpen, und einer der wackersten
ist Alban Stolz geworden und gewesen. Das war die
Mission, wozu unser Herrgott ihn auserlesen. Und
nimmermehr hätte er diese Mission erfüllt, würde er nicht
gestritten haben ohne Ruhe und Rast mit sich selbst, mit
seiner Naturseele. Insofern er mit dem eigenen Naturell
zeitlebens zu ringen hatte, gilt von ihm selbst, was er am
10. Juli 1874 niedergeschrieben: „Für lebendiges Christen=
thum kann auch das böseste Temperament gewonnen
und dadurch eine neue Schöpfung werden. In dieser
Beziehung mag es höheren Geistern ein interessantes Schau=
spiel darbieten, wenn manche gute Christen ein nichtsnutziges
Naturell hatten, weil die Anerkennung und Verherrlichung
des Christenthums reiner sich herausstellt, wenn ein ungattiges
Wesen sich umwandelt in einen wahren Christenmenschen.
Der, welcher ein zahmes und geordnetes Wesen durch Ge=
burt und Erziehung hat, begnügt sich leicht damit und wird
einbildnerisch, als sei er Alles selbst" (Dürre Kräuter,
S. 282).

Alban Stolz hat sich selbst am besten charakterisirt. Dem
Leibe nach war er sanguinischen, der Seele nach aber melan=
cholischen Temperamentes (Witterungen der Seele, S. 44). Als
seine größte Herzensqual bezeichnet er „die fast gänzliche Unfähig=
keit, an sein Seelenheil zu glauben", und als seine schlimmste
Eigenschaft „die Neigung zu argwöhnischen, feindseligen Ge=
banken und Stimmungen". Doch muß man bei solchen und
ähnlichen Selbstkritiken beachten, daß er ein sehr strenger Be=
urtheiler seiner selbst war. Nicht einmal und auch nicht zehnmal,

sondern vielleicht hundertmal hat er sich selbst angeklagt, wie „kalt und liebeleer" er sei und wie er das Rechte keineswegs aus Herzensdrang thue, sondern in Folge kalter Ueberzeugung. Allein seine Gleichgültigkeit, Kälte, ja Rauheit gegen Welt und Menschen hing zusammen mit seinem innersten Wesen, welches mehr im Jenseits lebte und schwebte als im Dießseits, und durchglüht war von dem Bestreben, **einzig und allein Gott und Göttliches zu lieben.** Nur in diesem Sinne war er „kalt und liebeleer".

Von Natur aus war er vergeßlich für geleistete Liebesdienste, ungefällig, hart gegen sich und Andere, launenhaft und namentlich eigensinnig, womit jedoch keineswegs behauptet werden will, als sei er guten Gründen niemals gewichen. Er war eigensinnig in Dingen, welche weder mit Vernunftgründen noch mit Pflichttreue und Gewissenhaftigkeit etwas zu schaffen haben. Doch diese minder löblichen Eigenschaften wurden reichlich aufgewogen durch andere. Er ist einer der wahrsten und originellsten Geister seiner Zeit gewesen. Voll kindlicher Naivetät und Anspruchslosigkeit, weitgehendster Uneigennützigkeit und Nüchternheit, hat er sich im Laufe der Zeiten emporgearbeitet zu einer wahren **Johannesnatur**, zu einer Johannesnatur, deren äußeres Leben und Streben aufging in dem Eifer, leibliche und geistige Wohlthaten auszustreuen.

Daß Alban Stolz die ursprüngliche Disharmonie seines Wesens mehr und mehr in Harmonie auflöste und sich selbst besiegend leistete, was seinem Naturell recht eigentlich widersprach, darin erblicken wir sein **größtes Verdienst**.

Er konnte sich mit dem Gedanken nicht befreunden, zeitgeizig Tag für Tag möglichst viel zu arbeiten, und hielt die Meinung für abgeschmackt, Ruhe und Erholung seien bloß Mittel, um neue Kräfte zu sammeln. Ihm sagte es besser zu, oft in stillen Gedanken das ganze Sein aufgehen zu lassen, als viel zu studiren oder zu schreiben. Er schriftstellerte meist auf höheren Antrieb oder auf das Zureden Anderer, und er schriftstellerte obendrein mühsam; unaufhörlich befand er sich auf der Jagd nach neuen Gedanken, Vergleichen, Bildern. Uebrigens sind ihm, wie dieß bei genialen Menschen der Fall zu sein pflegt, die herrlichsten Bilder und treffendsten Vergleiche ganz ungesucht, wir möchten sagen visionär gekommen, besonders Morgens beim Aufwachen. Und so ist er denn trotz Unlust und Mühseligkeit zu einem Vertreter der **volksthümlichen Weltliteratur** geworden wie kein Zweiter.

Er liebte, seinem nach Innen gekehrten Wesen entsprechend, überaus die Einsamkeit. Je zahlreicher die Gesellschaft, desto unbehaglicher fühlte er sich. Am liebsten noch war er unter vier Augen. Trotz diesem Hange wurde er für sein engeres Heimathland der Gründer von **Gesellenvereinen** und Diöcesanpräses derselben, sowie der Vater eines **Vincentius-** und **Dienstbotenvereines.**

Wir werden sehen, welch sonderbare Männer manche seiner Lehrer waren und daß gerade Professoren der Theologie die Laienwelt zur Kirchenstürmerei zusammenbliesen. Doch einem Alban Stolz vermochten sie den Glauben nicht aus der Seele hinauszudisputiren und er ist ein tüchtiger **Theologe** geworden. Entsprechend seinem Oppositionsgeiste begnügte er sich keineswegs, unbedingt auf die Worte irgend eines Meisters zu schwören.

Von Natur aus schüchtern, ja in seiner Kindheit feig, feig nach allen Beziehungen, wie er selbst erzählt, hat er sich zu einem starken und wahrhaft muthigen Charakter emporgearbeitet, der im Kampfe gegen unwahres, lügnerisches Wesen nicht nur die ganze sog. aufgeklärte Welt nicht fürchtete, sondern auch keine Scheu trug, seinen Freunden, wo er Mängel beobachtete, die Wahrheit zu sagen. Und ebenso wie er hier eine angeborene Charakterschwäche heroisch überwand, so that er es mit anderen Naturschwachheiten. Namentlich wird ihm der Ruhm eines **Vaters der Armen** für immer bleiben, obgleich er von Haus aus nicht freigebig war und in früheren Jahren, wenn gerade sein kaltes Temperament die Oberhand hatte, vor jeder Sorte von Elend so gefühllos stehen konnte, wie ein alter Arzt am Krankenbette. Zu dieser Naturanlage trat obendrein hinzu, daß er für seine Person niemals das Brod der Armuth gegessen hatte und deren Leiden nicht aus eigener Erfahrung kannte.

Woher nun die Liebe und Verehrung für Alban Stolz, von welcher weitaus die Meisten erfüllt wurden, welche das Glück hatten, mit ihm in näherer Beziehung zu stehen? Er selbst sagt: „Ich habe schon häufig die Erfahrung gemacht, daß mir in der Fremde viele Leute sehr schnell und in höherem Grade zugeneigt und vertraut werden. Ich schreibe dieses vorzüglich dem Umstande zu, daß ich an den Menschen als solchen, abgesehen von ihrer Stellung und ihren Verhältnissen zu mir, Freude finden kann, und deßhalb Vielen recht offen, ganz wie Meinesgleichen, begegne. Dieses gerade, offene, alle Convenienz bei Seite setzende Wesen schließt auch Andern das Herz auf, so daß es namentlich gemeinen Leuten bei mir behaglich und wohl wird, und unter den Gebildeten denjenigen, welche Natur und Gemüth im ungünstigen Klima ihrer Verhältnisse glücklich bewahrt haben" (Dürre Kräuter, S. 526). Ihm selbst fiel schon im Jahre 1846 auf, welchen freudigen, Leib und Seele aufregenden Eindruck seine Gegenwart auf manche Personen ausübe. Während seinen Vikarsjahren sagten ihm Kranke und deren Angehörige, daß selbst körperliches Wohlbefinden einzutreten scheine, sobald er die Stubenthüre öffne. Und sehr richtig schrieb er im April 1847: „Ich bekam heute drei Briefe; in allen dreien ist innige Liebe und Hochachtung gegen mich ausgesprochen. Wie kommt es nur, daß so großes und vieles Vertrauen und Zuneigen mir sich zuwenden mag, da ich doch so kalt und finster bin in meinem ganzen Wesen! Meine Seele und mein Wesen mag etwas Schönes, Anziehendes an sich haben, was mir unbewußt und ureigenthümlich ist, wie Einem liebliche, sinnliche Anmuth unbewußt und oberflächlich anhängen mag und man doch ein böser Mensch sein kann" (Witterungen der Seele, S. 400).

Es war nicht bloß der christliche Instinkt, welcher Christlichdenkende mit magnetischer Gewalt zu Stolz hinzog, dessen durch und durch geistreiches und kindliches Wesen durchleuchtet war vom Glauben und der Liebe Christi. Kindliches Wesen! Er selbst hat gar manchmal gesagt, er sei in mancher Beziehung ein Kind geblieben und der scharfsinnige Beobachter seiner selbst hat sich nicht getäuscht. Er war und blieb in solchem Grade ein Kind, daß es durchaus unrathsam war, ihm Etwas anzuvertrauen ohne den ausdrücklichen Beisatz, es sei Vertrauenssache. Er war arglos und sorglos; der Gesang eines Vögeleins, der Schmelz einer Blume, die kleinste Aufmerksamkeit, welche man ihm widmete, konnten ihn glücklich machen. Dabei war aber dieses Kind zugleich ein Mann von Stahl und Eisen.

Alban Stolz wäre würdig, durch das christliche Genie eines Görres der Welt als ein leuchtendes Vorbild auf den Scheffel gestellt zu werden. Wenn meine schwache Feder sich unterfängt, die Umrisse seines Bildes zu entwerfen, so bin ich wohl verpflichtet, mein Warum zu sagen.

Erstens hatte ich das Glück, mit dem Verewigten länger als ein Menschenalter hindurch nicht bloß in lebhaftem, sondern in vertrautem Verkehre zu stehen. Dieser Umstand im Bunde mit dem weitern, daß ich der Letzte seiner alten schreibenden Lebensgefährten bin, schien mich doch einigermaßen zu berechtigen, dem großen Publikum von Alban Stolz zu erzählen. Ganz gewiß war es nicht meine Liebenswürdigkeit, welche ihn für mich eingenommen, als so ungefähr mein gründlicher

1**

Abscheu vor jeder Sorte von Kriecherei und Streberei, meine rücksichtslose Wahrheitsliebe, gar häufig „böses Maul" genannt, und vor Allem mein Widerspruchsgeist. Den seligen Stolz langweilten alle Jasager, meine Wenigkeit aber versteht auch Nein zu sagen. Zweitens waren Albans Bildungsstätten auch die meinigen, seine Lehrer zum guten Theile gleichfalls die meinigen. Drittens sind mir seine Schriften in ihren geheimsten Beziehungen verständlicher als den meisten einheimischen, geschweige fremden Lesern. Aber auch mir standen nur die bis jetzt gedruckten Schriften zu Gebote. Gar Vieles ist noch ungedruckt und Manches dürfte ungedruckt bleiben. Seit 1827 hatte Stolz die überaus empfehlenswerthe Gewohnheit, ein Tagebuch zu führen. An einem schönen Augustabende des Jahres 1876 hat er in der tiefen Bergeinsamkeit von Churwalden den Entschluß gefaßt, in den Rest seiner Lebenszeit außerdem noch eine Schrift über sein eigenes Leben einzuflechten, ein langes, andächtiges „Nachtgebet". Der Entschluß ist zur That geworden. Sowohl seine Tagebücher als das „Nachtgebet", welches in Bälde gedruckt erscheinen wird, liegen droben zu Sankt Peter auf dem Schwarzwalde in der Schublade des Subregens Jakob Schmitt. Mir ist die Ueberzeugung geworden, daß letzteres des Thatsächlichen so wenig enthält, als etwa die „Dürren Kräuter". Die reiche Correspondenz Stolzens ließ ich fast unbeachtet; viele Hunderte von Briefen hat er mich lesen lassen, aber ich weiß genau, daß einerseits nur sehr wenige ein öffentliches Interesse haben könnten, anderseits aber die Benützung wirklich interessanter Briefe, z. B. von Convertiten, mitunter bedenklich wäre. Außer Stolzens gedruckten Schriften und meinen Erinnerungen stunden mir noch andere Quellen zu Gebote, todte und lebendige. Von ersteren seien genannt die Acten des Convictes, der Ordinariatskanzlei, gedruckte Actenstücke der Hochschule Freiburg und jetzt auch einige Briefe Albans; von letzteren außer seiner Schwester Sophie der hochwürdige Subregens Dr. Jakob Schmitt und namentlich auch sein entfernter Verwandter und enthusiastischer Verehrer, Pfarrer Reinfried von Moos, der mir in freundlichster Weise an die Hand ging und dem ich viele und werthvolle Notizen verdanke. Uebrigens spiele ich in dieser ganzen Lebensbeschreibung nicht sowohl die stolze Rolle eines Biographen als die weit bescheidenere eines Goldschmiedes, der aus einem großen Haufen von Edelsteinen die passendsten auszulesen und zu fassen trachtet. Das Verfahren des so ausgezeichneten Geschichtschreibers Johannes Janssen nachahmend, lasse ich selbst da, wo keine Gänsfüßchen angebracht sind, fast immer den seligen Alban mit seinen eigenen Worten und den ihm eigenen Ausdrücken selbst sprechen. Noch könnte man einwenden, es gezieme sich nicht recht, daß ein Laie sich mit der Lebensbeschreibung eines geistlichen Professors befasse. Allein der Geistliche ist im vorliegenden Falle Nebensache, der Lehrer, Volksmann und Volksschriftsteller die Hauptsache. Weiter hat in früheren Jahren Stolz mit meiner Wenigkeit mehr als einen Pfarrhof im Breisgau und auf dem Schwarzwald heimgesucht; auch weiß ich, welche Liebe und Verehrung er für seinen Gönner Hirscher hegte und wie sehr ihm sein jüngerer Freund Jakob Schmitt an's Herz gewachsen war. Im Ganzen hat der Verstorbene jedoch wenig Umgang mit geistlichen Herren gepflogen, den wenigsten mit höheren, den heutigen Oberhirten der Erzdiöcese Freiburg ausgenommen, welcher mit Alban Stolz beiläufig ein halbes Jahrhundert auf dem freundschaftlichsten Fuße gestanden. Stolz liebte vorzugsweise den Umgang mit Laien; in Freiburg selbst waren der ritterliche Buß, der gemüthliche Schwörer, der anspruchslose Wetzer, der urderbe Gfrörer, der schlichte Graf Max von Kageneck, sein dereinstiger Ministrant in der Heiliggrabkirche zu Jerusalem, später der Convertit Freiherr von Drais, der berühmte Humanist Karl Zell nach seiner Uebersiedelung in die Dreisamstadt und Andere sein hauptsächlicher Umgang.

Auch außerhalb der Dreisamstadt hat er es ähnlich gehalten. Von seinen auswärtigen Freunden sei nur des herrlichen Tyrolers Aloys Fischer gedacht, des ersten Bürgerlichen, welcher im Kaiserstaate zur Würde eines Statthalters sich emporgeschwungen. Wir lernten diesen Mann 1858 kennen und bis zum Tode blieb Stolz, dessen starke Seite Brief=
schreiberei wahrhaftig nicht gewesen, mit ihm in Verkehr. Endlich drängt mich die Dankbarkeit, ein Gedenkblatt auf Albans Gruft zu legen. An zeitlichen Gütern zwar verdanke ich ihm nichts außer seiner uralten, mit Notizen und Sün=
denzettelchen gespickten Brieftasche nebst einem schier urwelt=
lichen Augenschirm, desto mehr dagegen hat ihm meine arme Seele zu verdanken.

## Alban in Bühl.

Wer von Offenburg an landabwärts fährt, hat zur Linken die trefflich angebaute kirchthurmreiche Rheinebene, begrenzt durch die von bläulichem Duft umwobenen Vogesen, zur Rechten den immer noch gewaltigen Höhenzug des mittleren Schwarzwaldes. Längs dem Fuße des Gebirges reihen sich kleine Städte und Dörfer dicht an einander.

Bald fesseln den Blick zwei Burgruinen, deren bleiches Gemäuer vom Gebirge melancholisch herabgrüßt, die einen mächtigen Porphyrkegel krönende **Yburg** und die zwillings=thürmige **Windeck:**

    Ihre Zinnen sind zerfallen
    Und der Wind streicht durch die Hallen,
    Wolken ziehen drüber hin.

„Wo sind die stolzen Ritter und die Edelfrauen, welche einmal auf dieser Burg gehaust haben? Wissen sie davon und können sie schauen, wie ihre vormals prächtige Wohnung jetzt nur noch ein zerbrochenes Gestein ist, woran das Epheu aufrankt und die Eidechse still sich sonnt? Auf der Zinne des Thurmes wachst Buschwerk und ein Tannenbaum ragt empor, wo einst die farbige Standarte aufgepflanzt war; der Burggraben ist aufgefüllt mit Schutt, und zwischen schweren herabgestürzten Quadersteinen drängen sich Brombeerhecken hervor; vielleicht war dort der Schloßgarten und gingen einst fröhlich zwischen Blumen und Bäumchen schön geschmückte Fräulein umher, und spielten lachend die Kinder des Burg=herrn. Aber ach, jetzt ist es so öd und still; nur ein kurzer Schrei der Weihe, die in der Höhe kreist, trifft bisweilen das Ohr, und Windeshauch zieht leise durch das halbzerfallene Thor, durch die hohen Fenster und die alten Fichten, als wären es Seufzer der längst gestorbenen Burgherren, Seufzer, daß der Sturm der Zeit all die frühere Herrlichkeit zerstäubt hat, und Seufzer über ihre ungelösten Sünden" (Elisabeth, S. 1).

Zwischen der Yburg und Windeck ragt aus der Ebene empor der Thurm einer prächtigen gothischen Kirche. Wie die Küchlein um die Henne, lagern sich um die neue Kirche[1] die Häuser der Stadt Bühl, der Heimath von Stolz. Ich zog in meiner Jugend oft durch das Städtchen und habe das rege Leben gesehen, welches einst dort herrschte. Bühl gehört zu den zahlreichen Orten und Städtchen, welche durch das Aufkommen der Eisenbahn wenig gewonnen, sehr viel aber eingebüßt haben. Was war das für ein reges behagliches Leben auf der Heerstraße von Basel bis Frankfurt bis zu den vierziger Jahren! Postkutschen und andere Wagen rasselten hin und her, Fußgänger aller Art wanderten auf und ab; am meisten Verdienst jedoch brachten die knarrenden Güterfuhren mit ihren weißen Blahen, vier bis zwölf schweren Pferden und zwei bis drei kniehosigen und blauhembigen Fuhrleuten. Fleißig wurde eingekehrt und übernachtet, oft standen 80 bis 100 fremde Pferde im Stall eines einzigen Wirthshauses. Die Frachtfuhrleute aber hatten Geld wie Heu, sie aßen flott und tranken noch flotter. Der Wirth,

---

[1] Vgl. Pfarrer Reinfriebs „Beschreibung der alten und der neuen Stadtpfarrkirche zu Bühl" (Karlsruhe 1877). Die alte Kirche wurde zum Rathhaus umgebaut, ihr prächtiger Chor mußte abgebrochen werden. Stolz hing mit vieler Liebe an dem alten Zinnenthurm, dem Nachbarn seines väterlichen Hauses, und meinte, mit Ausnahme des Freiburger Münsters sei dieser eigentlich der einzige ächte gothische Thurm längs der badischen Landesbahn. Die neue Kirche wurde Anfangs Mai 1877 eingeweiht, bei welcher Gelegenheit Stolz eine herzliche „Ansprache an seine katholischen Landsleute" im Drucke erscheinen ließ, die dem angezeigten Büchlein beigegeben ist.

der Metzger, der Bäcker, der Schmied, der Wagner, der Sattler, der Krämer, mitunter auch der Apotheker, von den Küfern und Bierbrauern gar nicht zu reden, hatten alle ihre gute Zeit. Dazu kam noch etwas Anderes. Jedes Städtlein war der Mittelpunkt einer mehr oder minder weiten Umgebung, wohin die Bauern kamen, um ihre Bodenerzeugnisse zu verkaufen und die ihnen nöthigen Dinge einzukaufen. Vor der Eisenbahnzeit konnten die Leute aus der Umgegend von Bühl nicht leicht den Wochenmarkt von Baden-Baden besuchen, während sie heutzutage um geringes Geld selbst nach Straßburg hinüber oder nach Karlsruhe hinab fahren, um ihre Verkäufe und Einkäufe zu machen. Man lächelt gerne, wenn ältere Leute die „gute alte Zeit" loben; heute jedoch beweisen furchtbare Zahlen und grausige Thatsachen, daß wir immer ärger in eine ganz neue und wahrhaftig nichts weniger als gute Zeit hineingetrieben worden sind.

Von dem „dröhnenden Schritt der Arbeiterbataillone" besaß die wohllebige alte Zeit so wenig eine Ahnung als von der „glitzerigen T....." des heutigen Militärwesens, von Massenverarmung und der Gefahr einer socialen Revolution nebst Dynamitbeglückungen. Welch gewaltiger Unterschied der gesellschaftlichen Zustände von heute im Anfange unseres Jahrhunderts bestand, zeigt genugsam schon eine einzige Thatsache. Die Zeiten der französischen Revolution und des ersten Napoleon waren bekanntlich solche, in welchen ein Vierteljahrhundert hindurch ein Krieg dem andern folgte. Trotzdem wußte man aber **nichts** von allgemeinem socialen Elend, **nichts** von Theuerung und Hungersnoth; es gab wenig Hunderttausendguldenmänner, geschweige Millionäre, dafür aber ebenso wenig arme Schlucker, welche gegen die „Besitzenden" knirschend die Fäuste ballten.

Die Hauptstraße Bühls war ein Stückchen der langen Bergstraße, und Albans Vaterhaus, das dreistöckige Eckhaus des Marktplatzes, nahe der Kirche (heute ein Kaufladen), war nach dem alten Amthause und der ehemaligen Post (jetzt Gasthaus zur Fortuna) das ansehnlichste Gebäude des Städtchens. Der Eigenthümer dieses Hauses aber, der Apotheker **Balthasar Aloys Stolz**, der Vater Albans, zählte natürlich zu den Honoratioren.

Die ursprünglich im Bühlerthale ansäßige Familie Stolz kommt seit dem Jahre 1628 in den Akten des Städtchens vor[1]. Geboren am 27. Wintermonat 1766, wurde Aloys früh zur Waise und kam zu Verwandten in das Wirthshaus zum Adler nach Gengenbach. Er besuchte die Klosterschule der uralten Benediktinerabtei und erlernte alsdann zu Bamberg, gleichfalls in einem Kloster, die Apothekerei. Der Prälat von Gengenbach gab ihm das nöthige Geld, um sich eine Existenz zu schaffen. Im Jahre 1786 gründete er in seiner Vaterstadt die Apotheke und verehelichte sich mit seiner Marianne, einer gebürtigen Oser aus Gengenbach. Aus dieser Ehe sind 17 Kinder hervorgegangen (nicht 16, denn nach Alban kam noch ein Mägblein, allerdings ein sehr kurzlebiges, aber doch getauftes), von denen jedoch nur 8 ein höheres Alter erreichten.

Alban Stolz redet in all' seinen Schriften gar wenig von seinen Angehörigen, gar wenig auch von seiner Mutter, die er jedoch zweimal, namentlich im Kalender für Zeit und Ewigkeit auf das Jahr 1874 folgendermaßen verewigte:

„Ich kannte eine Frau, welche recht sparsam im Haus war, zumal da sie nach und nach 16 Kinder bekam. Zugleich war sie aber sehr wohlthätig; sie wurde beßhalb auch Taufpathin von einer ganzen Zahl Kinder armer Leute. Ungeachtet der eigenen vielen Kinder und der Kriegszeiten waren die Eltern doch so barmherzig, daß sie Geistliche, die sich aus dem rebellischen Frankreich geflüchtet hatten, in's Haus auf-

---

[1] Vgl. die „Kurzgefaßte Geschichte der Stadtgemeinde Bühl" von Karl Reinfried (Freiburg 1877).

nahmen und ihnen so lange unentgeltlich Unterkommen und Verpflegung erwiesen, bis sie in bessere Umstände kamen; ein solcher geistlicher Emigrant ist auch einmal im Haus (im sogenannten Abbézimmer) gestorben. — Nun, das war schon lange vorbei, da bekam die fromme Frau einen stillen fortwährenden Herzenswunsch, nämlich daß ihr jüngstes Büblein einmal Priester werde. Allein sie starb schon, da der Jüngste erst in einer untern Klasse war an der lateinischen Schule. Als er aber in spätern Jahren auf die Universität kam, zeigte er gar keinen geistlichen Kopf. Schon vorher hatte ihm ein lediger Vetter sein Haus und Kaufladen angeboten, wenn er Kaufmann werden wolle. Das hat er zwar ausgeschlagen, aber wie er nicht Kaufmann werden wollte, so wollte er auch nicht Pfarrer werden. Er hatte eigentlich zu gar nichts Appetit, und wie er ein kurioser Mensch war, so hat er gleichsam nur aus Langweile die Juristerei angefangen, um einmal Amtmann zu werden. — Was nun alles dazwischen vorgegangen, wie sein Vater gestorben ist, wie er von einer Universität auf die andere ist und wie ihn Gott sachte geführt hat, daß er zuletzt doch in's Seminar gegangen und Priester geworden ist, das könnte ich, aber will ich nicht umständlich erzählen. — Sie (die gottselige Mutter) hat zwar nicht erlebt, daß ihr Sohn Geistlicher geworden und seine Schriften in so viel tausend Häuser gekommen; aber sie ist gewiß im Himmel und der liebe Gott wird ihr zur besondern Belohnung gezeigt haben, wie er ihren Sohn als Feder gebraucht, um christliche Wahrheit zu verbreiten. Der Sohn jener gutthätigen Frau bin ich selber, der Kalenderschreiber für Zeit und Ewigkeit" (vgl. Kleinigkeiten, II. S. 194).

Ganz sicher und gewiß war Stolzens Mutter nicht nur eine schöne Frau mit schwarzen Haaren und blauen Augen, sondern auch eine religiöse, gemüthliche, unermüdlich thätige. Wir werden jedoch weder ihr noch unserm Stolz Unrecht thun, wenn wir aus triftigen Gründen annehmen, sie sei gegen ihren Jüngsten, das „Albänle", viel zu nachsichtig gewesen und habe damit seinen Eigensinn großziehen helfen.

Stolzens älteste Schwester, Marie Salome, geboren am 16. März 1787, wurde sein allererster Unterrichtsmeister; sie starb im Christmonat 1823 an der Auszehrung. Neben ihm ragte von allen Geschwistern sein ältester Bruder Ludwig hervor. Geboren am 11. Hornung 1788, widmete er sich dem Berufe des Vaters und wurde am 26. Juni 1816 vom letzten Reichsprälaten Gengenbachs, dem würdigen Exabte Bernhard Schwörer, getraut mit Antonia Scheffel, der Tochter des Amtskellers und spätern Domänenverwalters Magnus Scheffel; daher die Verwandtschaft mit dem gefeierten Dichter Viktor Scheffel. Der Apotheker Ludwig Stolz war wohl der geachtetste Bürger Bühls, um welches er sich viele Verdienste erworben. Er war langjähriger Vorstand des landwirthschaftlichen Bezirksvereins und zeitweilig sogar Landtagsabgeordneter für Bühl-Achern, als welcher er auf der Rechten saß. Auch als Schriftsteller hat Stolzens ältester Bruder sich versucht; er lieferte viele Aufsätze in das landwirthschaftliche Wochenblatt und eine eigene Schrift über die Landwirthschaft im Amtsbezirk Bühl (Karlsruhe 1844); handschriftlich hinterließ er auch eine Urkundensammlung des ehemaligen Marktfleckens Bühl, sowie eine Beschreibung des Amtsbezirkes, welche besonders im naturwissenschaftlichen Theile gründlich sein soll. Am 11. März 1860 hauchte er nach langer Krankheit seine Seele mit den Worten aus: „Gegrüßet seist du, Maria!" Sein Sohn Joseph führte die Apotheke weiter, starb aber schon 1871 und die Apotheke hörte auf, da die Kinder sich andern Berufsarten widmeten — Josephs Schwester Marie war an den wohlhabenden Oekonomen Gottwald in Offenburg verheirathet. Ihrer Ehe entsprossen drei Kinder, nämlich der derzeitige Oekonom Joseph Gottwald, die Klosterfrau Fidelia in Offenburg und der Benedictinerpater Benedict im Kloster Engelberg. Von letzterm Neffen bemerkte Stolz in sein Tagebuch:

"Ich habe noch selten eine Freude haben können wie bei Gottwald, da dieser gestern in das Noviziat nach Engelberg abzog. Ich opferte im Geiste diese schöne Priesterseele Gott auf. In ganz auffallender Weise führte und bewahrte Gott ihn, daß er unversehrt zu diesem Ziele komme. Es ist wahrhaftig Gott zu gönnen, daß doch auch einer unter so zahlreichen Gleichgültigen Ihn ehre mit der Hingabe einer reinen Seele zu Seinem Dienste." — Niemals kam Alban durch Durlach, ohne seiner daselbst begrabenen Schwester Nannette zu gedenken. Diese, geboren am 2. Weinmonat 1794, starb in Durlach als Gattin eines höheren Beamten. — Euphrosine erblickte das Licht der Welt am 28. Hornung 1799 und lebte viele Jahre in Luneville, woselbst sie 1869 auch starb, den Geschwistern ein Erkleckliches hinterlassend. Stolz führte auch im Traume sein beschauliches Leben fort; er träumte höchst selten von Lebenden, desto häufiger dagegen von Verstorbenen. So sah er auch einmal die verstorbene Euphrosine; dieselbe war in ihren letzten Jahren ungefähr so fahl und mager wie ihr Bruder selbst, jetzt aber erschien sie ihm so gesund und mit so rothen Wangen, daß er ihr seine Verwunderung darob ausdrückte. — Der zweite Bruder Albans, Franz Joseph, geboren am 2. April 1804, Hofapotheker zu Wertheim, erlag am 21. März 1862 einem Blutsturze. Er war ein starkgebauter Mann von blühendem Aussehen, ein heiteres Gemüth, das ich anläßlich eines Besuches in Freiburg schätzen lernte. — All' ihre Brüder und Schwestern hat Sophie Stolz, geboren am 25. April 1806, überlebt. Vor langen Jahren schon ist diese an die Ufer der Dreisam übergesiedelt. Alban liebte die treue und aufopfernde Schwester; er besuchte dieselbe jede Woche ein paarmal, wo er dann mit Rothwein und Linsenkuchen regalirt zu werden pflegte. Diese Schwester hat wohl gründlicher als

irgend Jemand erfahren, welch Original und wunderlicher
Heiliger ihr Bruder gewesen. Noch kurz vor seiner letzten
Krankheit warf sie ihm das geflügelte Wort entgegen: „Du
hast eben kein Herz für mich!" worauf er ihr gar kühl ent=
gegnete: „Ich habe nur Ein Herz!"

―――

Der Abend des 3. Hornungs 1808 war bereits herauf=
gedämmert, die Betglocken Bühls und der Umgegend hatten
eben ausgesungen, als man merken konnte, in der Apotheke
müsse etwas Besonderes vorgegangen sein. Es war wirklich
so: die eben nicht mehr junge Apothekersfrau hatte ein
Knäblein geboren, ein Knäblein gar klein und schwach.
Das Knäblein selbst hat als Greis es wahrscheinlich gefun=
den, daß seine Abkunft von einer schon älteren und kränklichen
Mutter auf die Bildung seiner ganzen Constitution Einfluß
gehabt habe. Andern Tags ward das Kind getauft und
erhielt die Namen Alban Isidor. Pathe war der Bühler
Handelsmann Isidor Habich, Pathin Genovefa Glyckherr,
eine geborene Niedhammer, Frau des Bühler Physikus Glyck=
herr. „Meine Mutter wollte, daß ich bei der heiligen Taufe
den Namen Joseph bekomme, allein aus Rücksicht auf einen
verstorbenen Arzt Namens Glyckherr, der ein ausgezeichnet
braver Mann gewesen, bekam ich den Namen Alban und
aus Rücksicht auf meinen Taufpathen wurde noch der Name
Isidor beigefügt. Der Name, welchen der Mensch bei der
Taufe bekommt, läßt sich nach verschiedenen Seiten gleichsam
besichtigen. In der Wahl des Namens prägt oft der
Wählende ganz markirt seine Gesinnung und Richtung dem
wehrlosen Kinde auf, wie ein Brandzeichen, das nicht mehr
auszulöschen ist; dieß gilt im Guten wie im Verwerflichen.
Eine andere Frage ist, ob nicht bei der scheinbar dem
Menschen überlassenen Wahl des Namens für das Kind
bisweilen eine unmerkliche Leitung Gottes in diese Angelegen=

heit eingreife. Als Bühler Kind geschah mir das ganz Unwahrscheinliche, daß ich in die drei Heimathländer meiner Namenspatrone kam: nach Spanien, nach Griechenland und nach England" (es gibt nämlich drei hl. Albane). — Der Name Alban war dem Träger so lieb, daß er selten unterließ, ihn seinem Geschlechtsnamen vorzusetzen, und er blieb ihm werth nicht etwa, weil er fremd und seltsam ist wie Laura, Oskar und ähnliches Romangeklingel, sondern weil er glaubte, der hl. Alban könne besonders schützend auf ihn Acht geben.

Arg wurde der kleine Alban von seiner regen Einbildungskraft gepeinigt und gleichsam gewürgt. Als einmal der unschuldige Bühler Bach stark anschwoll, setzte sich der Kleine in einen Winkel der Stube und ängstigte sich mit dem Gedanken, daß die Sündfluth repetirt werde und er und Alle ertrinken müßten. Er selbst erzählt, er sei in seiner Jugend nach „allen Beziehungen feig" gewesen; solch Geständniß will nicht recht zu seinen Heldenrollen in der Scheuer des Nachbars passen, aber das Zeug zu einem tapferen Haudegen besaß er allerdings nicht, wie er in den Kriegsjahren 1813 oder 1814 klar bewies. „Ich war vielleicht fünf oder sechs Jahre alt, da es verlautete, wie auf's Neue Soldaten ausgehoben würden. Hierdurch überfielen mich große Aengsten, daß man mich als junges Mannsbild auch nehmen und zum Rekruten zwängen werde. Das war für mich eine schwere Noth, die ich keinem Menschen anvertraute, auch nicht den eigenen Eltern; denn sie hätten mich nicht aus den eisernen Händen der Kriegsmacht retten können. Darum sorgte ich für mich selbst. Ich verbarg mich unter Tag in einem Zimmer des oberen Stockwerkes und blickte zuweilen aus einem Eck der Stube auf die Straße hinunter, ob nicht der verdächtige Polizeidiener die Häuser absuche nach Mannschaft. Wenn ich aber über die Gasse gehen mußte, ging ich nicht in gerader Leibeslänge, sondern mit halbgebogenen Knieen, um kleiner zu scheinen und damit der Gefahr zu entgehen, in ein Regiment gesteckt zu werden (Dürre Kräuter, S. 195).

Das schmächtige Büblein hatte leicht brav sein, da Alles ihn liebte und Alles nach seinem Willen lebte. Seinen Eltern gegenüber war er gehorsam mit Ausnahme eines einzigen Punktes. Alban lief nämlich über alle Maßen gern barfuß, der Sohn des Herrn Apothekers aber konnte sich solcher Lust nur insgeheim hingeben und hatte manchmal seine liebe Noth, um Schuhe und Strümpfe wieder rechtzeitig an die Füße zu bringen. In der Pfarrkirche empfing Alban am 13. September 1816 das heilige Sacrament der Firmung durch den Fürstbischof von Basel, den in Offenburg lebenden Freiherrn Franz Xaver von Neveu; er hatte als Firmpathen den Erzpriester Merkel sowie seinen Pfarrer, Georg Betz, der ihn getauft hatte. Als frommer Knabe betete er gerne auf den Knieen; was ihm aber nach seiner Einbildung ganz und gar abging, war das Gewissen. In der Schule hatte man eben mit den herkömmlichen Phrasen auseinandergesetzt, wie das Gewissen eine Stimme im Menschen sei, wie es sich rege, wie es den Sünder und Missethäter peinige u. s. f. Alban suchte das Ding, das man Gewissen nannte, in sich selbst zu entdecken. Er fand keine Spur davon und es befremdete ihn nicht wenig und ängstigte ihn, daß ihm allein ein wesentliches Stück fehlen solle, das sonst in jeder Menschenseele vorhanden sei und Laut von sich gebe.

Weiter erzählt er aus seiner frühen Jugend:

„In meiner Kindheit erzeugte sich in mir die Ansicht, es sei genug an einem Gott überhaupt, Christus sei überflüssig. Gott selbst aber war in meiner Vorstellung eine Naturkraft, das Prinzip der Natur, welches erst im Menschenkopf zur höchsten Vollendung gelange. Wenn somit in einem unwissenden, denkblöden Kinderkopf rationalistische und pantheistische Religionsansichten zusammengerinnen können, so scheint Rationalismus und Pantheismus nicht durch tiefes, sondern durch seichtes Denken sich zu erzeugen" (Witterungen der Seele, S. 294). Alban machte mit dem jungen Volke, mit welchem er herumlief, allerlei Zeitvertreib ausfindig, und zwar je nach den Jahreszeiten, wie dieß bei der Kinderwelt üblich ist. Im Herbst insbesondere wurde „Rübengeist" gespielt. Ein dicker Kürbis oder eine große Rübe wurde ausgehöhlt, Augenlöcher und das Nasenloch hineingeschnitten und dann in der Dunkelheit ein Lichtlein in den hirnlosen Todtenkopf gestellt. „Obschon nun der feurig leuchtende Todtenkopf ein Kürbis war, Futter für die Schweine, so war er dennoch vor unsern Kinderaugen ganz respektabel und wurde mit Andacht und behaglichem Schauder angesehen, gleichsam als ein Gemisch von Tod und Teufel." Später übrigens kam Stolz mit den Geistern auf recht gespannten Fuß zu stehen. Er erzählt: „In meinen jüngern Jahren, da ich noch von dem zehrte, was mir durch Lehrer und Schulbücher beigebracht wurde, und mein eigener Verstand noch schwächlich an dem beigebrachten Vorurtheil klebte, hatte ich förmlich einen geheimen Grimm gegen Geistererzählungen. Später bin ich zur Einsicht gelangt, daß gerade das Verwerfen aller derartigen Erscheinungen Aberglaube und eine Art von specifischem Blödsinn ist. Ich weiß zwar wohl, daß ein großer Theil der Erzählungen von solchen Erscheinungen aus Täuschung und Einbildung hervorgegangen ist. Es kommen aber auch solche Erscheinungen vor, welche durch ganz wahrheitsliebende und besonnene Zeugen so sicher gestellt sind, wie nur eine geschichtliche Thatsache. Der Einwurf, solche Dinge seien unmöglich, weil man sie nicht erklären könne, ist geradezu unvernünftig; denn selbst die Erscheinungen in der Natur kann man größtentheils nicht erklären" (Kalender für Zeit und Ewigkeit, 1877, S. 68).

Im Köpfchen Albans spukten überhaupt wundersame Gedanken und Einfälle, wie sie bei anderen Kindern nicht vorkommen. Ihm fiel ein, Gott sei allmächtig, aber doch nicht im Stande, ein Haus zu bauen oder ein Buch zu machen. Religion und Religiosität waren von Kindesbeinen an der archimedische Punkt seines Wesens. Vor mir liegt eine im Jahre 1680 zu Augsburg herausgekommene Bilderbibel mit prächtigen Kupferstichen. Mit dieser Bibel hat der kleine Alban sich gar viel beschäftigt. Er bemalte manche Figuren und vergaß namentlich nicht, die Lichter zu färben und Christum mit zwei- und dreifachen Glorienscheinen auszuschmücken. Ueberall hat er nur eine einzige Farbe angewendet, nämlich Karmin. Aus den unter den Bildern angebrachten, häufig derben Versen hat Alban ganz zweifellos geistige Nahrung gesogen. Auch hineingeschrieben hat er Manches, und die Schriftzüge des Knaben sind fast ganz dieselben, wie die des Mannes; der Schreiber ist offenbar auch in dieser Hinsicht ein Kind geblieben. Von einem Kinde solcher Art ist glaubwürdig genug, was seine Schwester mir erzählte. Sie erinnert sich, daß Alban beim Gang zur Schule ihr erklärte: „Ich will etwas Rechtes lernen, und wenn ich einmal groß bin, mache ich Bücher und verdiene viel Geld." Als sie entgegnete, wenn sie einmal groß sei, so werde sie es ebenso machen und auch viel Geld verdienen, da meinte er höhnisch: „Das lässest du aber bleiben!"

In der Scheuer des Nachbars wurde häufig Krieg geführt, Krieg zwischen Deutschen und Franzosen. Regelmäßig war Alban der Anführer der Deutschen und nicht minder regelmäßig trugen die Franzosen ihre Hiebe davon. Als die kleine Sophie es satt hatte, stets geprügelt zu werden und deßhalb auch einmal zu den Deutschen wollte, da herrschte er sie kategorisch an: „Nein, du bist ein Franzose und deßhalb mußt du deine Prügel haben." Auch in Flur und Feld, in Wald und Gebirg schlenderte er fleißig herum, zuweilen mit anderen Knaben, namentlich mit den drei Hauptkameraden, von deren wechselvollen und nichts weniger als freudigen Lebensschicksalen er einmal erzählt. Auch dem Grundelfang war er sehr zugethan, schon des Barfußgehens wegen (Besuch bei Sem, Cham und Japhet, S. 58 ff.). Am liebsten aber war er allein und schon damals am vergnügtesten, wenn die Sonne recht heiß über der Landschaft brütete. Da wurde ihm wohl um's Herz, da konnte er träumen und sinnen und phantasiren. Aus früher Jugend her erinnerte er sich, „wie der Sommermittag in einsamer Natur, wenn Alles schwieg und nur die Sonne über der stummen Pflanzenwelt glühte, stets denselben Eindruck von eigenthümlicher Schwermuth und unbestimmtem Sehnen in mir machte. Man meint beinahe in dem silbernen duftigen Schleier, aus Sonnenschein und Luft und Erdhauch gewoben, die stille Seele der Natur trauern zu sehen. Wenn nichts vorherrschend die Sinne oder Erinnerung bewegt, kann sich auch das in der Natur fühlbar machen, was seelenhaft und tief in ihr wohnt; sie steckt an mit ihrem Traumleben. Es ist dieses aber gerade das Trauern und Sehnen der ganzen Schöpfung, von welchem der Apostel im Römerbrief Kap. 8 spricht" (Spanisches für die gebildete Welt, S. 21).

Der kleine Alban wußte nicht immer recht, was er werden sollte, ob ein Postillon oder etwas Anderes. Gegenüber dem Vaterhause stand die Post; die gelbrothen Jacken der badischen Postillone gefielen ihm sehr, unvergleichlich mehr aber noch die Posthörner mit ihren lustigen oder auch schwermüthigen Volksweisen; dann dachte er wiederum, es sei eben doch schöner, einmal ein Prälat oder Bischof zu werden.

Anstatt wie andere Knaben auf die Schmetterlingsjagd zu gehen, suchte er Raupen. An den Schmetterlingen, diesen fliegenden Blumen, hatte er wohl Freude, doch größere Freude daran, Raupen aufzufüttern, bis sie sich einpuppten, und dann deren Verwandlungsproceß zu belauschen.

Auffallend, sehr auffallend sind die Klagen des Mannes über seine freudlose Kindheit und Jugend, Klagen, die in seinen Schriften sich immer wiederholen.

„Ich kann es nicht begreifen, warum man so vielmal den Seufzer zu lesen und zu hören bekommt, wie die Kindheit die **glücklichste** Lebenszeit gewesen sei. Mir kommt sie vor geplagt und wie ein Jammer, und die besten Augenblicke in der Kindheit waren armselige, mit Wasserfarben angestrichene Jugendfreudlein gegen manche Seelenzustände des Mannesalters. In meiner Jugend gährte der chronische Wunsch, in Nichts zurückkehren zu können; hingegen jetzt begreife ich den Ausspruch eines christlichen Philosophen, daß selbst dem Teufel die Existenz in der Verdammung noch für ein Gut gelte, das er dem Nichtsein vorziehe" (Spanisches für die gebildete Welt, S. 258). Noch weit schwermüthiger hat er Anfangs 1848 gefragt, wo denn ein Mensch sei, der gleich ihm eine so **bittere qualvolle Jugend** gelebt habe, und er hat geklagt, seine Seele sei in mancher Beziehung hart und kalt geworden, das finstere Geschick habe sein junges Herz vereist und in ihm das Gefühl des Mitleidens fast ganz ertödtet; er meine oft, daß er sich selbst nicht einmal zu lieben vermöge. „Meine Seele hat zu tief gelitten in der Jugend, sie kann nicht mehr recht genesen und nicht mehr recht frisch und freudig werden" (Witterungen der Seele, S. 482).

Aehnlich hatte er im Herbst 1845 über seine Jugend sich ausgelassen: er habe bei seinen einsamen Spaziergängen die bittere und qualvolle Klage oft ausgestoßen, er sei eine zu spät gesetzte Pflanze und müsse verwelken, während doch sein Frühling sein sollte (Witterungen der Seele, S. 277).

Und doch hatte Alban es besser als tausend andere Kinder und junge Leute. Schon als das jüngste und zugleich schwächliche Büblein war er der Augapfel seiner Mutter und der Liebling seines Vaters, eines trefflichen, wenn auch etwas trockenen Mannes. Das „Albänle" war aber nicht bloß der Liebling Aller im elterlichen Hause, sondern ganz besonders auch der seiner Pathin, sowie seines Vetters, jenes Handelsmannes, der ihm sogar Haus und Geschäft schenken wollte.

Der Vater hatte nichts dawider, als im Hungerjahre 1817 die Mutter für die Armen kesselweise kochte. Und er hatte auch nichts dawider, daß Alban später aus Rastatt den Sohn seines Hausherrn oder einen anderen Kameraden regelmäßig in die Vakanzen nach Bühl mitbrachte. Er pflegte jeder Tochter monatlich einen Kronenthaler zu schenken; weitaus die meisten dieser Thaler sind aber in den Taschen Albans verschwunden, als dieser den Studien oblag. Von solchen und ähnlichen Liebesbeweisen hat er weder geredet noch geschrieben, er hat bloß geklagt und gejammert. Woher aber nun sein Herzeleid?

Die einzige Stelle, worin er auf die Ursachen seines verkümmerten Jugendlebens hindeutet, ist folgende: "Noch gar nie in meinem Leben ist Liebe bei mir leidenschaftlich stark geworden, ich liebe nicht einmal meine Eltern in etwas höherem Grade. — Woher kommt dieses, da es doch gegen meinen Willen so ist? Woher kommt diese tiefe, schwere Kälte meiner Seele? Ich glaube, daß viel beigetragen hat, weil ich als Kind schon ohne Familie aufgewachsen bin; dann, daß ich als Kind nichts zu lieben, namentlich keine jüngeren Kinder um mich hatte. Endlich ganz besonders die geistige Angst und Noth, worin ich meine Jugend bis in den geistlichen Stand zubrachte. Es scheint, daß die Liebe nur im Sonnenschein der Jugendfreude allmählich gedeihen kann. Mir aber war der Himmel und die Erde finster und drohend in den schönsten Jahren, ich wünschte in das Nichts zurückkehren zu dürfen; und mit Entsetzen fand ich auch einmal den Wunsch in mir, daß es keinen Gott geben möge. Tiefer Schmerz, Bangigkeit, quälende Phantasien, unerträgliche Religionsbeängstigungen jagten die junge Seele lange Jahre; und jetzt noch denke ich mit innigem Mitleiden an das arme krankhafte Kind (denn das war ich auch im Jünglingsalter), das eine Waise seitens der Erde und des Himmels, ohne Gott und ohne Menschen umherlief und an sich selbst nagte und genagt wurde von zahllosen Schlangen und Gewürm quälender Gedanken. Darum kann mich auch jetzt nichts Irdisches mehr in Lustigkeit oder volle Freude versetzen — aber auch nichts in volle Liebe" (Witterungen der Seele, S. 300 ff.).

Diese Stelle ist eine der zahlreichen, welche beweisen, daß erstens Alban Stolz als Phantasiemensch sich selbst mitunter ganz einseitig auffaßte, namentlich in seinen Erinnerungen, und bald diese, bald jene Seite ausschließlich hervorkehrte; zweitens, daß er vermöge seiner nach innen gekehrten Natur für das äußere Leben überhaupt und namentlich für das Leben während der Kindheit und Jugend fast gar kein Gedächtniß besaß; aber sie deutet doch den eigentlichen Grund seiner Klagen an. Gar leicht könnte die Vermuthung aufsteigen, als wäre er von seinen Angehörigen lieblos oder gar hart behandelt worden. Allein solche Annahme wäre völlig grundlos. Nein, sein Herzeleid hatte eine ganz andere Quelle. Er war ein Ausnahmskind voll ernster Grübelei und wunderlicher Einfälle. Der Tod ist ihm erst später zu einer Schreckensgestalt geworden, dem Kinde war er ein harmloser Kamerad. In seinem Lernzimmer hatte Alban als Schmuck einen schwarzgetuschten Todtenkopf in natürlicher Größe, und als ihn einmal ein Anverwandter ermahnte, das grausige Ding aus den Augen zu schaffen, da begriff er diese Ermahnung durchaus nicht, er war zu jugendfrisch, um den Tod überhaupt zu fürchten. Seine Einfälle waren theils barock, theils tiefsinnig. Von dem im Vaterhause herrschenden christlichen Geiste, wie von der geweckten religiösen Richtung des Knaben zeugt folgende Stelle: „Als Kind fragte mich einmal mein Vater, da von den drei Weisen an ihrem Feste erzählt worden war, was ich dem Christkindchen opfern wolle. Da gab ich zur Antwort: ich wolle ein unartiges Wort, das ich mir angewöhnt und mir die Eltern schon mehrmals untersagt hatten, nicht mehr sagen" (Wilder Honig, S. 180)

Weiter überlegte er einmal ganz im Ernste, was interessanter sei und wichtiger aussähe, wenn man eine Schreibfeder hinter dem Ohr oder quer im Munde habe und dann sich vor dem Hause sehen lasse. "Auch kam ich als Kind schon gleichsam divinatorisch auf den Gedanken und den Versuch, in Andern lediglich durch die Fixirung meines Willens einen bestimmten Gedanken zu erregen, so meinen Vetter, wenn ich bei ihm aß, ohne sinnlich meinen Wunsch merken zu lassen, dahin zu bringen, daß er daran denke, mein Glas einzuschenken" (Witterungen der Seele, S. 323). Die eigentliche Quelle all' der namenlosen Seelenpein, von welcher Alban in seiner Kindheit und Jugend gefoltert worden, war die Thatsache, daß sein durch und durch dichterisches Wesen nicht begriffen wurde, daß man für seine zur religiösen Grübelei und Schwärmerei geneigte Natur keineswegs das richtige Verständniß besaß. Lange Jahre hindurch ist seine Seele ohne Leitung und Führung geblieben. Wohl schlummerte in seiner Mutter eine Dichterseele, doch die vielen Kinder und Geschäfte ließen dieselbe niemals zum Erwachen kommen. Der Vater, der Vetter Handelsmann, die Pathin, die Schulmeister, der Pfarrer selbst waren hausbackene Naturen, Kinder einer Zeit, welche im Geleise des Althergebrachten blieb und nur zu geneigt war, alles höhere, religiöse Leben als Schwärmerei, Ueberspanntheit und Unsinn zu verzollen. Mitten im Marktlärm des Lebens stand der junge Alban als ein Einsiedler da, dürstend und tastend nach Göttlichem und schwelgend einzig und allein am Busen der Natur, für deren vielerlei Sprachen eben nur ein Dichtergemüth Gehör besitzt und Verständniß gewinnt. Die Professoren in Rastatt und in Freiburg oder gar in Heidelberg waren keineswegs die Leute, bei denen ein solches Gemüth Aufschluß, Trost oder Hilfe hätte holen können. Aber er hatte ja seinen guten Schutzengel und wurde nach und nach bekannt und vertraut mit der Nachfolge Christi, mit den

Schriften eines Tauler, eines Geiler von Kaisersberg, eines
Suso und anderer Gottesmänner. Das hat er mir selbst
erzählt, freilich mit dem Zusatze, anfänglich habe durch solche
Schriften seine geistige Verworrenheit eher zugenommen und
wäre er ohne seine Liebe zum Gebete wahrscheinlich geistes-
krank geworden.

## Lyceist und Theologe.

„Rastatt ist mir auch in der Rückerinnerung fast zerstört,
obschon ich die acht Lehrjahre des Lyceums dort verleben
mußte, weil durch die Festungswerke Stadt und Umgegend
umgeformt und die prachtvollen uralten Eichenwaldungen,
wovon die Stadt umfangen war, ausgerodet sind" (Besuch
bei Sem, Cham und Japhet, S. 10). Als wir noch jung
waren, hatte das mittlere Schulwesen noch engen Zusammenhang mit der Kirche, freilich nur noch einen mehr äußerlichen. „An Mariä Geburt ziehen Schwalben und Studenten furt", lautete das Sprichwort, und an Allerseelen
pflegte das neue Schuljahr zu beginnen. So wanderte denn
auch im Spätherbst des Jahres 1818 der kleine Alban aus
dem Vaterorte durch Steinbach, das seither als die Heimath des Erbauers des Straßburger Münsters, Erwins, gegolten, vorüber an Sinzheim, dem Geburtsorte des verewigten Erzbisthumsverwesers Lothar Kübel. Die damals
noch weniger prächtige Bäderstadt im Thale der Oos, bis zum
Jahre 1870 mit Recht „Kleinparis" genannt, rechts liegen
lassend, trabte er mit seinem Ränzlein durch Oos, durch das
stille Sandweier; dann an einem herrlichen Eichenwald vorbei und es stand in ruhiger Majestät das Schloß von Rastatt vor seinen Augen, dessen vergoldeter Jupiter von der
höchsten Zinne weit in das Land hinaus glänzt. Gerade in
diesem Schlosse und zwar im nördlichen Seitenflügel desselben, bei dem braven Schloßaufseher Krämer, bekam er

sein Quartier mit Ignaz Hörth, seinem Landsmanne. An dieses Schloß hat Stolz viele Jahre später sich erinnert: „Versailles selbst ist breit, schwermüthig und erstorben. Ich habe jahrelang im Schloß von Rastatt gewohnt; man sagte dort, es sei nach dem Muster des Versailler Schlosses gebaut. Da ich nun selbst vergleichen konnte, fand ich solche Behauptung nicht bestätigt, hingegen mag man nicht leicht zwei Orte finden, die so genau ganz denselben Eindruck von Oede und todter Vergangenheit machen, als der weite Vorplatz des Versailler Palastes und der Schloßhof von Rastatt mit seiner menschenleeren Straße zur Ankerbrücke hinab." Die Schilberung ist naturgetreu. In den zwanziger und dreißiger Jahren war jedoch Rastatt nicht in all' seinen Theilen so menschenleer und langweilig wie heute, seitdem es Festung geworden ist. Besonders da, wo die Landstraße durch die Stadt zog, ging es lebhaft genug zu mit Frachtwagen, anderem Gefährt und Reisenden aller Art. Das Wirthshaus zum Pflug und ganz besonders das zur Laterne waren Jahr aus Jahr ein, Tag und Nacht kleine Heerlager von Fuhrleuten und Rossen. Die Rastatter waren ein behäbiges, gutherziges Völklein. Geld brachten ihnen besonders außer den Fuhrleuten und Soldaten die Studenten, denn das Lyceum war das beste im Lande und deßhalb gut besucht. Das Lyceumsgebäude, gegenüber der Schloßkirche im westlichen Schloßflügel, ist ein einfacher und doch stattlicher Bau, bestehend aus dem Hauptbau und zwei Seitenflügeln. Vor dem Lyceum stehen einige mächtige Linden. Wenige Schritte nur und man befindet sich im sogenannten Schloßgarten, einer weiten Grasfläche, damals von sehr reinlich gehaltenen Wegen durchschnitten. Zu beiden Seiten stunden herrliche Kastanienalleen, in deren kühlem Schatten Alban sich täglich tummelte, wie später auch ich. Dem Kriegsmoloch zum Opfer mußte jedoch die den Augen so wohlthuende weite Grasfläche zum öden Exerzierplatze werden, und demselben Moloch auch eine der Alleen zum Opfer fallen, sowie auch die riesigen Cedern bei der „Orangerie", welche Prinz Eugenius' berühmter Waffengefährte, der „Türkenlouis", eigenhändig gepflanzt haben soll.

Das Lyceum war eine Piaristenschule, bis im Jahre 1808 das Gymnasium von Baden nach Rastatt verlegt wurde. In demselben Spätjahre, in welchem Stolz in das Lyceum eintrat, wurde der geistliche Rath Joseph Lorenz aus Mahlberg Director. Diesem hat Stolz nachgerühmt: „Lorenz, der vieljährige Vorstand des Lyceums in Rastatt, hatte die Uebung, daß er, wenn ein Zögling Andere wegen erlittener Beleidigungen oder Unrechtes anklagte, nicht langwierige Verhöre anstellte, wo und wie groß das Unrecht sei, sondern kurzweg den strittigen Parteien zuredete, einander zu verzeihen und zum Zeichen des hergestellten Friedens einander die Hände zu geben" (Erziehungskunst, S. 125). Dieser tüchtige Schulmann bekam tüchtige Mitarbeiter, einen Winnefeld, Feldbausch und Andere und er brachte die Anstalt zu hoher Blüthe. Bis in die dreißiger Jahre hinein war auch das katholische Lehrerseminar, die sogenannte Präparandenschule, mit dem Lyceum verbunden. Der damalige Lehrplan war sicherlich besser als der heutige; heute wird nicht sowohl erzogen als dressirt; den Schüler zum selbstdenkenden Menschen zu machen, ist heute den besten Lehrern schon deßhalb unmöglich, weil die Masse, das zu Vielerlei der Gegenstände ihnen keine Zeit läßt.

Rastatt hatte eine treffliche Schule, doch einen und zwar einen großen Mangel hatte auch sie, welchen man freilich zum besten Theile auf das Kerbholz des Zeitgeistes schreiben muß. Die Schulzucht war strenge; man hielt damals dafür, die Buben müßten bei Zeiten mit Ruthe, Lineal und mit Meerrohr vertraut und nicht erst dann mit Püffen und Prügeln bekannt werden, wenn sie im Soldatenkittel stecken. Die gottesdienstlichen Uebungen waren pünktlich geregelt.

Bevor die Schüler in die Kirche marschirten, mußten sie sich im Oratorium versammeln; ein Professor las die Namen herab und schrieb die Fehlenden auf, welche dann unausbleiblich gemaßregelt wurden. An Sonn- und Feiertagen fand zweimaliger Gottesdienst statt; auch unter der Woche mußte einmal die heilige Messe besucht werden. Der Unterricht begann Morgens mit Gebet, und wir haben nicht erlebt, daß die wenigen protestantischen oder jüdischen Schüler durch das Anhören des katholischen Ave jemals einen Schaden erlitten hätten. Der Hauptmangel aber lag im Religionsunterrichte. Denn schon zu Stolzens Zeit war der ganze Unterricht keineswegs von christkatholischem Geiste durchdrungen und getragen, schon damals war thatsächlich der Religionsunterricht lediglich ein Lehrgegenstand für sich. Derselbe wurde so lau und gleichgültig, so ohne Geist und Leben ertheilt, daß uns beinahe die biblische Geschichte anwiderte, geschweige der kleine und der große „Batz", der „Jaumann" oder ein anderer Katechismus. Der beste Religionslehrer noch war ein Laie, Professor Wittmer, der den Religionsunterricht in den untern Klassen besorgte. Jedes Vierteljahr mußten wir beichten; aber manche erleichterten sich dieses Geschäft vermittelst gemeinsamer Sündenzettel oder kurzweg durch allgemeine Beichten, welche von diesem oder jenem Beichtvater angenommen wurden. Ebenso mußten jedes Vierteljahr die größeren Schüler auch dem Tische des Herrn sich nahen: weßhalb und wozu jedoch, das begriffen nur die Glücklichen, welche einen ausgiebigen religiösen Fond von Hause nach Rastatt mitgebracht. Und selbst solcher Fond ward mitunter aufgezehrt. „Als ich noch in Rastatt studirte und auch selbst in Universitätszeiten noch, da ich sonst fast nichts mehr betete, flehte ich doch täglich um Wahrheit, Tugend, Ruhm und Liebe. Später bin ich mehr und mehr von diesem Beten abgekommen; namentlich flehte ich nicht mehr um irdischen Ruhm, als ein frömmerer Sinn mein Verlangen darnach auslöschte" (Witterungen der Seele, S. 168). Ein Freund des Gebetes war Stolz auch in seiner trübsten Zeit und nicht minder ein Feind der Aeußerlichkeiten. Er konnte die damals üblichen weißen Flausröcke der Lyceisten nicht leiden, ebenso wenig das Tragen von Fingerringen und Ohrenringen, am wenigsten aber, wenn Angehörige kamen und bei dieser Gelegenheit die Professoren besuchten oder gar beschenkten. Er nannte das „schmieren wollen". Das übliche Kneipenleben und das Kartenspiel hatten für ihn kein Interesse; zum Tabakrauchen vermochten ihn selbst die Schnaken des Altrheines nicht zu zwingen. Dafür waren einsame Spaziergänge seine Lust. Und prächtige Spaziergänge boten schon in nächster Nähe die herrlichen Eichen- und Buchenwaldungen, reich an Singvögeln und Insekten aller Art, besonders an buntfarbigen Schmetterlingen und Käfern, wohl auch an Amphibien. Der Weg zur Schwimmschule führte durch Wald; der Weg nach Steinmauern ging von Rheinau an längs einem Walde, über den eine berühmte ungeheure Eiche ihre absterbenden Riesenarme emporreckte. Hatte man den Altrhein überstanden, in dessen stehendem dunkeln Gewässer neben zahlreichen Fischen manch unheimlich Thier sich regte und um dessen mächtigen Schilf flinke Libellen und ganze Wolken von Mosquitos tanzten, so gab es keinen schönern Spaziergang als den durch den Buchenwald nach Ottersdorf. Man weiß, welche Verehrung Stolz für das Meer hatte, wie ihm beim erstmaligen Anblicke des Meeres die Thränen unwillkürlich hervorstürzten. Den ersten Vorgeschmack vom Meere hat ihm der Vater Rhein geboten und daran hat er sich erinnert, als er im Sommer 1860 einmal den Schauinsland erkletterte. „Da ich den Rhein sah auf großer Höhe, wie er sich wie eine mächtige Silberschlange im Rheinthal hinzieht, wandelte mich die Erinnerung nicht bloß im Gedächtniß an, sondern auch lebendig im Gemüth, wie ich von Rastatt als halbfertiger Mensch nach Plittersdorf am Rhein einigemal kam und mich das große Gewässer ansprach gleich einer wiedergefundenen Heimath. Da hauchte es meine Seele an, wie Heimweh an jene Jugend" (Wilder Honig, S. 439). Daß das Gemüth des jungen Lyceisten in Rastatt nicht genas von Kämpfen und Zweifeln und deßhalb sich unglücklich fühlte, bezeugt er selbst: „In meinen jüngern Jahren, bis etwa in die siebente Schule, hatte ich ein sehr entschiedenes, lebhaft sich regendes Verlangen, gar nicht zu existiren, und wenn mir der Schöpfer damals die Macht gegeben hätte, gar nicht zu existiren, so hätte ich wahrscheinlich Gebrauch davon gemacht. Einige, denen ich es mittheilte, hielten es fast für unmöglich, diese Stimmung zu haben" (Witterungen der Seele, S. 60). Aber auch von leiblichem Unwohlsein ward er gepeinigt, namentlich einmal von wochenlangem Zahnweh, was er in einem seiner Kalender mit vielem Humor geschildert hat. Daß er von religiösen Zweifeln angefochten wurde, dafür sorgten nicht nur der armselige Religionsunterricht und ein kirchliches Tretmühlenleben, sondern noch etwas Anderes, nämlich ein der katholischen Kirche nicht besonders holder Geschichtsunterricht, sowie manche Aeußerungen gewisser Professoren. Offene Angriffe und Spöttereien wider die Kirche und deren Einrichtungen, wie sie heute in manchen Anstalten an der Tagesordnung sind, durfte zwar damals kein Lehrer wagen, zumal die Residenz nicht weit weg lag. Aber da war der Mathematiker, ein spindeldürres Männchen mit weingrünem Gesichte; hatte dieser ein bischen „hoch", was nicht gar selten vorkam, oder gerieth er in Wuth, was noch häufiger geschah, dann konnte man erfahren, daß er die „Jeschuite" und sogar die „Mischionäre" haßte aus ganzem Gemüthe und mit allen Kräften seiner Seele. Das hatte freilich nicht gar viel zu bedeuten, weil von zwanzig Schülern höchstens einer wußte, daß es Jesuiten gebe oder was ein Missionär sei. Anders verhielt es sich mit dem Lehrer des Französischen, demselben, welcher unsern Stolz mit der Note „mittelmäßig" bedacht hat. Dieses wandelnde Faß mit seinem rothen Kopfe war dem Elsaß entsprungen; es erzählte ungemein gerne, wie die Schüler des kaiserlichen Lyceums in Straßburg Montur getragen hätten, wie sie in militärischer Ordnung unter Trommelschlag den Lehrsälen zumarschirt seien und wie prächtig sich das ausgenommen habe. Daneben ließ er aber auch minder harmlose Dinge entschlüpfen. Der Mann war ein Voltärianer und besaß eine merkwürdige Fertigkeit, vermittelst Anspielungen, Vergleichungen und Spöttereien verderbliche Funken in junge Seelen zu schleudern.

Uebrigens würde man mit der Annahme sehr irren, Alban Stolz habe als Lyceist und Student seine Tage nur in melancholischem Hinbrüten zugebracht. Im Gegentheil. Humor und Neigung zur Satire waren ihm angeboren und machten sich in gar mancher Stunde geltend. Er suchte Gesellschaften nicht, dafür suchten die Gesellschaften ihn und er bewegte sich darin so frei, ungezwungen und liebenswürdig, daß er allgemein beliebt war. In Rastatt hat er sogar Tanzunterricht genommen und wir könnten die Namen seiner Tänzerinnen nennen. Zur Stunde noch erinnern sich einige alte Leute daselbst des „Albänle", wie er als Lyceist allgemein genannt wurde.

Stolz überstand glücklich die langen Jahre des Lyceums und um Mariä Geburt des Jahres 1827 sagte er Rastatt Ade, um sich nach Freiburg zu begeben. Später, als er im Hornung 1843 von Bruchsal nach der Dreisamstadt fuhr, schrieb er: „In Rastatt versenkte ich mich liebevoll in meine Jugendzeit und doch auch mit sanftem Schmerz, besonders als ich die Rheinstraße hinauffuhr zu den sandigen Tannenhügeln, wo ich in der Jugend so seltsam geschwärmt hatte. Auf dem Weg schlug der Postknecht ganz rasend auf ein Pferd, das nicht mehr fortkam. Der Posthalter in R. ist sehr dick und seine Pferde sind sehr dürr" (Witterungen

der Seele, S. 79). Stolz hat gar manchmal zurück=
gedacht an Wald und Flur von Rastatt, an jene Som=
mermorgen und jene Herbstdämmerungen, wo seine junge
Seele in wundersamer Poesie gährte und knospete, und noch
in den letzten Jahren seines Lebens hat er oft und gerne
von Rastatt erzählt. Und als er im Jahre 1850 auf seiner
Reise nach Spanien in Avignon angelangt war und vor
dem höchst seltsamen Palaste stand, in welchem die Päpste
sieben Jahrzehnte lang gehaust, da flogen seine Gedanken
zurück in das stille Piaristenkloster an der Murg: „Viel
stärker als geschichtliche Kuriosität trieb mich persönliches
Interesse, dieses wunderliche Bauwerk zu sehen. Es war
nämlich dasselbe Gegenstand der ersten, mit Reißkohle aus=
geführten und unter Rahmen und Glas gebrachten Zeichnung,
welche ich als elfjähriger Knabe mit zähem Fleiß zu Stande
brachte, da ich an dem sandigen Ufer der Murg zur Kunst
und Wissenschaft abgerichtet wurde. Das lange Zeichnen
und Schattiren hat der Kinderseele selber die Abbildung
unverwüstlich eingeätzt; aber auch nicht die leiseste Ahnung,
daß ich den wundersamen Bau selbst einmal zu sehen be=
komme, wetterleuchtete durch meinen Kopf; ich wußte kaum,
in welchem Welttheil Avignon liege. Als ich nun das alte
Schloß erblickte, war es mir, wie wenn ich nach langen
Jahren ein Wohnhaus meiner frühen Jugend wieder sähe.
Und weil es ganz einsam und verlassen dasteht und drin und
ringsherum Alles todt ist, so meinte ich, das ginge mich
selber an, und ich fühlte mich angehaucht von der ruhigen
Schwermuth und dem unbestimmten Leid, das man auf einem
eingegangenen Kirchhof fühlt. Mein Zeichenlehrer ist gestorben,
der, dem ich das Bild geschenkt habe, ist gestorben, das Schloß
ist gestorben und meine Jugend ist gestorben; ich stand da
wie ein abgeschiedener Geist vor dem eingesunkenen Grab sei=
nes eigenen Leichnams" (Spanisches für die gebildete Welt,
S. 44 ff.).

Werfen wir nun einen Blick auf die Dreisamstadt.

Das damalige Freiburg, in welches Alban 1827 einwanderte, war sehr ein anderes als das heutige. Der Schloßberg war vergleichsweise eine mit Hecken überwucherte Wüste, zu welcher gar steile und schmale Pfade emporführten. Auf ihm hauste eine erhebliche Anzahl Schlangen, weniger die unschuldige Ringelnatter als giftige Ottern; die Zahl der Schmetterlinge hieß Legion, darunter der längst verschwundene Apollo. Vom Kanonenplatz aus sah man drüben beim Josephsbergle ein winziges Dörflein mit nicht siebenzig Häusern, meist Hütten, denen der Dunghaufen selten fehlte — die Wiehre. Vom Schiff herab, längs dem städtischen Holzfloß[1] standen nur wenige Häuser und zwar im ächtesten Schwarzwälderstyl mit gebräunten Seiten und tief herabreichenden Stroh- und Schindeldächern; die letzte dieser Hütten sah ich selbst noch dicht vor dem Schwabenthor. Schaute man vom Kanonenplatz rechts hinüber nach dem Hebsack, so sah man den Kirchthurm von Herdern und dieses Dörflein selbst, etwas größer als die Wiehre, aber lange nicht so schmuck wie heute. "Venedig steht im Wasser und Herdern steht im Dreck", lautete damals ein Spruch. Man denke sich nicht bloß die seit 1860 entstandenen Stadtviertel weg, sondern auch alle südwestlich vom Alleegarten liegenden Straßen; weg ferner die Fortsetzung der Eisenbahnstraße vom Schmeck-am-Becher" an; weg alles, das jenseits des ehemaligen Klosters St. Ursula bis zum Kommandantenhaus steht: dann hat man ungefähr die Linie des alten Remparts, von welchem ein winziges Stückchen bei der Villa Thoma noch übrig geblieben. Der mit prächtigen Weinbergen umkränzte Rempart war im Ganzen und Großen die Marke der Stadt. Weit stärker

---

[1] Ein vom Kirchzartenerthal herabkommender, vom Schützen abwärts längs der Landstraße sich hinziehender und endlich zum Deichelenweiher sich auswachsender Kanal, welcher alle Arten von Holz der Stadt zuführte.

als heutzutage liefen Bäche mitten durch die Straßen; in
diesen Bächen schnatterten Enten und Gänse, auch an frei
herumlaufendem Hühnervolk fehlte es nicht und wehmüthig
schaute mancher Hund den prächtigen Abfällen nach, welche
der Metzger in das Bächlein zu schleudern pflegte. Nicht
bloß die melodischen Klänge der Glocken und der Uhren ver=
nahm man auf dem Schloßberg, sondern auch die minder an=
genehmen Töne, mit welchen der zwar nicht "göttliche", aber
doch städtische Sauhirt und der Kuhhirt ihre Pflegbefohlenen
zusammenbliesen, um mit ihnen auf die Weide zu fahren.
Gras durfte sich in den Straßen blicken lassen, ohne daß
Jemand eine "Gefährdung der öffentlichen Ruhe und Ord=
nung" darin erblickte. Stallungen auf der Straßenseite,
sowie etwelche Dunghaufen haben meine jungen Augen auch
noch gesehen. Das um sein herrliches Münster gelagerte
Freiburg war damals viel reicher an Thürmen und Thoren
als das heutige; der Katzenthurm, das Christophsthor, das
Predigerthor u. s. f. waren noch am Leben. In jener zu=
rückgebliebenen Zeit gab es in der Dreisamstadt nur eine
einzige Straße, nämlich die Kaiserstraße, sonst lauter Gassen
und Gäßlein mit theilweise jetzt ganz verschollenen Namen:
Dauphingasse, fauler Pelz, Fälklingsgasse, Kähnergasse,
Lehenerthörle, Wammersgasse, Wolfshöhle und Auf der Zinne.
Keine tausend Häuser zählte Freiburg und schwerlich acht=
tausend ständige Einwohner; lebhaft ging es aber doch her,
denn an Schreibervolk und Soldaten fehlte es schon damals
nicht und noch weniger an Studenten. Außer der Hochschule
und dem Lyceum gab es auch noch ein polytechnisches Insti=
tut. Die Zahl der Protestanten war gering. Von alter
Zeit her durfte der Jude innerhalb der beneidenswerthen
Stadt nicht einmal übernachten, ansässige Norddeutsche waren
kaum zu finden, dafür durften leibhaftige Kapuziner und
Franziskaner in ihrer Ordenstracht herumwandeln bis zu
ihrem — Aussterben.

Die eigentlichen Freiburger waren zum guten Theile Rebleute und sonstige Landwirthschafter, schier jeder Bürger besaß damals etwas Feld, dicht vor den Thoren beginnt ja noch heute die Herrschaft des Wein- und Feldbaues; doch an zunftmäßigen Gewerben war kein Mangel. Seit langem sind der Puderfabrikant verschollen, der Granatenbohrer und der Granatenpolirer, der Siegellackmacher, Kartenmaler, der Knopfmacher, Potaschensieder, Waffenschleifer und Waffenschmied. Die Zahl der Zünfte betrug zwölf: Schmiedzunft, Handlungs-, Schneider-, Metzger-, Bäcker-, Schuster-, Küfer-, Tuchmacher-, Gerberzunft, dann die vielgewerbige Zum-Mond, die sehr zahlreiche Rebzunft und endlich die Malerzunft. Wie ungeheuer viel der Freiburger alten Schlages auf sein städtisches Bürgerrecht gab, ließe sich heute kaum mehr beschreiben. Wer kein "Burger" war, galt kaum recht als Mensch, jedenfalls aber als verdächtiger Lump. Außer den zünftigen Bürgern und Wittfrauen saßen Guldenbürger und Hintersaßen in der Stadt. Die Feuerwehr war gut geordnet und nichts weniger als eine Art Soldatenspielerei. Es gab ein bürgerliches Ehrenkorps, welches seinen Stab, seine Musik, zwei Kompagnien Infanterie, seine Artillerie und sogar gegen vierzig Reiter hatte mit schmucken Waffen und großartigen Monturen. Am Frohnleichnamsfeste glitzerte es damals von Uniformen und Orden. Der Häuptling der Freiburger Kanoniere war in den dreißiger und vierziger Jahren Albans Freund, Professor Schwörer. Die Zünfte mit ihren Fahnen und Patronen erschienen vollzählig. Die kulturphilisterliche "Confessionslosigkeit" konnte sich damals noch nicht breit machen, deßhalb zeigten Magistrat und Hochschule wenig Lücken. Die Bürgersoldaten aber marschirten auf, um bei den Evangelien ihr Pelotonfeuer abzugeben, das zwar meistens nicht ganz schulgerecht, aber doch immer gut gemeint war. Stolz, und später der Verfasser, haben mehr als einmal beobachtet, wie mancher der Wackeren mit den Wimpern zuckte oder die Augen zubrückte, wenn Feuer kommandirt wurde, und erst wieder recht zu sich kam, wenn das schreckliche Rottengeknatter glücklich überstanden war. — Im Uebrigen lebte man in der Dreisamstadt gut und unglaublich billig. Vom heutigen Wohnungswucher keine Spur; um 3 Pfennige kaufte man sich einen Schoppen Weißbier, um 5 Pfennige einen Schoppen guten Braunbieres; der Schoppen Wein um 18 Pfennige war sehr gut, der um 24 vortrefflich, der um 30 vollends schon ein Luxus, zu welchem nur reichere Leute sich verstiegen. Und dabei hat es damals weder Bierschmierer gegeben noch Weinjuden. Das Pfund Forellen habe ich noch selbst um 30 bis 36 Pfennige, das Pfund Butter um 21 gekauft, Holz und Obst, kurz alle nothwendigen Lebensbedürfnisse waren im Vergleich zu heute fast geschenkt zu bekommen. Der liberale Krebsfortschritt mit seinem Weltwucher und seiner Judenzärtlichkeit hat solchem Volksglück das gründlichste Ende bereitet.

Um Allerheiligen 1827 kam Stolz nach Freiburg, um sich drei Jahre lang in der Theologie „abrichten" zu lassen. Nebenbei hat er auch philologische Vorlesungen besucht, zumal er die griechische Sprache sehr liebte; auch naturwissenschaftlichen Fächern hat er hier wie später in Heidelberg seinen Eifer zugewandt. Die ganze Zeit hindurch hauste er in einer Mansarde bei Kaufmann Krebs am Münsterplatz. Mit ihm genoß die herrliche Aussicht auf den Schloßberg wie auf das nahe Münster sein alter Stubenkamerad Hörth. Ihre Hauptkameraden, J. B. Maier aus Endingen und Anton Eberhard aus Bruchsal, wohnten in verschiedenen Gassen. Von seinem Studentenleben wußte Stolz blutwenig zu erzählen, weil er eben gar kein solches geführt hat. Er war ein rechter Stubensitzer, der fleißig studirte, Abends mit dem Sohne des Hausherrn gerne Neunerstein spielte oder einsam gegen Sanct Georgen spazierte, am liebsten bei recht schlechtem Wetter.

Seiner Professoren gedenkt er in seinen Schriften sehr selten. Einmal klagt er über die „leidige Theologie und heillose Lectüre", welche ihn innerlich zerreißen half, und in einer Anmerkung erzählt er von Leonhard Hug, „der bekanntlich das Glaubensrevier nicht zu weit steckte", derselbe habe in der Vorlesung einmal gesagt, es sei wundersam, wie richtig und genau die Nonne von Dülmen die Orte des Leidens Christi bezeichnet habe. Eine bedeutsame Stelle haben die Zuhörer von Stolz später zu hören bekommen: „Ich kannte zwei junge Männer, welche mit einander verwandt waren und welche beide Theologie studirten. Der Eine studirte noch zu einer Zeit, da in Freiburg die theologische Facultät aus Männern zusammengesetzt war, wovon der eine zum Protestantismus, der andere zum Ronge übertrat, und beide vorräthige Weiber nahmen. Jener Studirende, wie mancher andere aus seiner Zeit, kam dann in das Priesterthum mit ruinirtem Glauben, er glaubte nicht einmal mehr an die Gottheit Christi. Als Vikar blieb er ohne sittliche Verirrung einige Zeit ein ehrsamer Rationalist; nach einiger Zeit wurde er vollständig gläubiger Katholik und ein höchst würdiger, eifriger Priester bis an sein Lebensende. — Der Andere kam viel später auf die Universität, als nur positiv gläubige Professoren die Theologie lehrten, so daß die Zuhörer im Glauben nur gefördert und angeregt werden konnten. Dieser jüngere Vetter aber gerieth in solchen Leichtsinn und Liederlichkeit, daß er ganz abgewiesen werden mußte und zuletzt nach Amerika ging; wie er sich dort gebettet hat, weiß ich nicht. — Warum ich dieß erzähle? Die Eltern des ersten der beiden Theologen beteten täglich jahrelang mit einander, daß ihr Sohn ein rechter Priester werden möge. Die Eltern des Andern gehörten einem Stande und einer ganz weltlichen Sinnesart an, wo von jenem Gebetsernst keine Rede war" (Erziehungskunst, S. 296).

Je weniger wir von dem Studenten Alban zu berichten

wissen, desto sach- und zeitgemäßer scheint es zu sein, seine Professoren und Kursgenossen näher zu beleuchten.

Den Vortritt möge der Lehrer der Kirchengeschichte, Freiherr Alexander von Reichlin-Meldegg, haben.

Dieser hatte im Jahre 1823 die Priesterweihe empfangen. Er durfte sofort in das Lehramt eintreten, da der Professor der Kirchengeschichte plötzlich erblindet war, und wurde ungewöhnlich rasch befördert. Allerdings konnten Geist und Kenntnisse nebst mancher löblichen Eigenschaft ihm so wenig wie seinem Collegen Schreiber abgesprochen werden, aber ohne zwei Beschützer könnte man sich die rasche Laufbahn doch nicht erklären. Der eine war ein Geistlicher, der schon bejahrte Franz Xaver Werk aus Steinbach bei Bühl, dessen Amtsnachfolger Stolz bereinst werden sollte. Werk hatte noch in Heidelberg docirt und wurde dann nebst Dereser und Schnappinger 1807 in Freiburg untergebracht. Er stieß auf Schwierigkeiten, nicht etwa deßwegen, weil er der Aufklärung stark huldigte, sondern weil ihm der Doctorhut der Theologie mangelte. Aber er siegte, denn seine Stütze war der standhafte Beschützer Reichlin-Meldeggs, der Hofgerichtsdirector von Hartmann. Dieser Beamte war in Karlsruhe nahezu allmächtig und ein ächter rationalistischer Heißsporn. Der Katholik, welcher das Kreuzschlagen verlernt, war seiner Gunst sicher. Werk lehrte Pastoral und Pädagogik bis in sein hohes Alter. Er wußte viel, hatte aber sehr wenig geistig verbaut und war im Ganzen ein lederner Schulmeister. In noch weit höherem Grade als er genoß Reichlin-Meldegg die Gunst des Herrn von Hartmann; er war bei diesem Manne Hauslehrer gewesen und blieb mit ihm in den intimsten Beziehungen.

Wie lehrte nun Reichlin-Meldegg christkatholische Kirchengeschichte? Er behandelte die Geschichte Roms von Romulus herab bis Tiberius; dann die heiligen Opferbräuche

Roms von Numa an wiederum bis Tiberius; hierauf die Geschichte aller philosophischen Secten, von der jonischen bis auf die neuplatonische, endlich die Geschichte der Israeliten von Abraham bis Jesu. Hierauf wurde das Christenthum abgewandelt. Dasselbe stammt her von einem gekreuzigten Juden, bereitet seine Erscheinung vor durch die Geschwätzigkeit einer alten Prophetin und wird Staatsreligion durch Konstantin, den kaiserlichen Mörder seiner Gattin und seines Sohnes. — Sohn der Gottheit nannte sich Jesus im Gefühle seiner Kraft; er war ein Jude und lehrte auch eine Art Judenthum; er band sich an den orthodoxen Lehrbegriff der Abrahamiden, welcher ihm bis zum Ende seines Lebens in mancher Beziehung maßgebend blieb. Seine Lehre von einem Reiche Gottes trug er in unbestimmten Ausdrücken vor und wußte sie den Sinnlichen und Gebildeten ansprechend zu machen. Die Menschenvergötterung der Heiden erleichterte die Apotheose Christi, ebenso wie ihre Art der Personifikation die Lehre vom heiligen Geiste. Plato sprach von Gott als der ersten Ursache der Dinge, von der Vernunft als dem Logos, und von dem Geiste als der Seele des Weltalls. Hierin konnte der vergötternde Christ später für eine Apotheose der drei Personen eine hinlängliche Rechtfertigung finden. Genau wie Paulus in Heidelberg schloß Reichlin-Melbegg die Geschichte Jesu auf Erden: eine Wolke entzog ihn den Blicken seiner ergriffenen Schüler, welche in seiner Entfernung eine Aufnahme in den Himmel sahen. Laut dem Freiburger Kirchengeschichtslehrer hatten die Christen lange keinen Lehrbegriff. Die Verfolgungen der Heiden und die noch nicht verrauchte Begeisterung für die noch nahe Zeit des hochgeschätzten Urchristenthums erlaubte den Christianern die Festsetzung eines dogmatischen Lehrgebäudes in den ersten christlichen Jahrhunderten nicht. Der Lehrbegriff der Christen aber ist wesentlich ein Sammelsurium heidnischer Bräuche und jüdischer Meinungen.

Die Leistungen Reichlins als Schrifterklärer waren seinen Leistungen als Lehrer der Kirchengeschichte vollkommen würdig. Ungestört konnte er von Semester zu Semester sein Unwesen forttreiben, bis endlich er selbst dem Fasse den Boden ausstieß. Es geschah dieß durch einen langathmigen Artikel in der zu Aschaffenburg erscheinenden „Allgemeinen Kirchenzeitung" vom 6. Juni 1830, den Reichlin=Meldegg mit seinem vollen Namen unterzeichnete. Nach einer unqualificirbaren Einleitung kommen Vorschläge zu Verbesserungen „in unserer deutsch=katholischen Kirche".

Weit länger schon als Reichlin trieben Hofrath Amann und Professor Heinrich Schreiber ihr Unwesen. Die Hochschule Freiburg zählte im Sommer 1829 492 Inländer und 120 Ausländer, zusammen 612 Studenten, darunter 201 Theologen; im Winterhalbjahr 1829—1830 519 Inländer und 111 Ausländer, somit 630 Studenten, darunter 214 Theologen; im Sommersemester 1830 418 Inländer und 111 Ausländer, zusammen 592, wovon 213 Studirende der Theologie; im Winterhalbjahr 1830—1831 studirten 497 Inländische und 93 Ausländische, zusammen 590, worunter 200 Theologen. Man mußte nicht bloß im badischen Lande, welcher Geist die Freiburger Professorenschaft überhaupt und die Mehrzahl der theologischen Lehrer insbesondere beherrschte. Die Zahl der Theologen aber beweist, in welchem Umfange die Kirche und das katholische Volk unter diesen Umständen geschädigt wurden. Wer sich am wenigsten darüber bekümmert zu haben scheint, war der Erzbisthumsverweser von Wessenberg. Es ist richtig, daß diesem die rechte Handhabe zum Eingreifen abging, aber die Gleichgültigkeit war denn doch begreiflich von einem Manne, der trotz seines persönlich durch und durch edeln Charakters den ebenso kirchlich gesinnten als energischen Hermann von Vicari lahm legte, indem er ihn zum Fascikelbinder degradirte, dafür aber den Münsterpfarrrector Willibald Straßer, sowie den Spitalpfarrer Dominik Kuenzer zu seinen Vertrauten hatte[1]. Der Zorn, daß nicht Wessenberg, sondern Bernhard Boll Erzbischof wurde, mag Reichlin und Schreiber mitveranlaßt haben, ihre Meinungen durch den Druck zu verbreiten. Nicht zu ihrem Glücke, denn Erzbischof Bernhard war ein treuer Oberhirte. In Sachen Reichlins wendete er sich an den Großherzog als den „Schutzherrn der katholischen Kirche". Die am 6. August 1830 vom Schloß Favorite aus ertheilte Antwort lautete sehr huldvoll. Nun gerieth die Angelegenheit Reichlin-Melbeggs um so rascher in Fluß, weil er den ersten Band seiner sogenannten Kirchengeschichte im Druck hatte erscheinen lassen. Am 28. Juni frug ihn der Erzbischof brieflich, ob er wirklich der Verfasser der „Geschichte des Christenthums" und ob er bereit sei, zu widerrufen und sein Glaubensbekenntniß zu erneuern? Am 3. Juli erwiederte der Gefragte mit Nein; er wollte nach richtiger Ketzerart disputiren. Am 7. Juli stellte der Erzbischof die Anfrage, ob er noch Alles mit aufrichtigem Herzen glaube, was er vor seiner Priesterweihe zu glauben beschworen habe? Erst am 31. Dezember, also am letzten Tage des Jahres, erhielt der Erzbischof von Reichlin-Melbegg die Erwiederung, seine religiösen Grundsätze seien nicht mehr dieselben, zu denen er sich vor acht Jahren bei der Priesterweihe bekannt habe. Dem Schreiben war eine 28 Quartseiten umfassende Abhandlung beigelegt, worin die Ursachen der Sinnesänderung begründet sein sollten. Der Inhalt dieses Elaborates ist in zwei Schriftchen verarbeitet, welche Reichlin-Melbegg nach seinem Abfalle zum Protestantismus in Heidelberg erscheinen ließ. In der protestantischen Kirche zu Freiburg hat er sein Nichtglaubensbekenntniß abgelegt; er betheuerte nämlich Artikel

---

[1] Hermann von Vicari wurde allerdings Official, doch warum? Er war der tüchtigste Kanonist, und als die Ehescheidungsangelegenheit der Exkönigin Hortense, der Mutter des dritten Napoleon, in Gang kam, der Einzige, welcher solch einen Prozeß zu führen vermochte.

für Artikel, nicht zu glauben, was die katholische Kirche lehrt, und dieß war ausreichend, um ihn in die evangelische Kirche aufzunehmen. Erzbischof Bernhard machte den Austritt Reichlin-Meldeggs aus dem katholischen Kirchenverbande der Geistlichkeit bekannt, damit sie denselben weiter keine geistlichen Functionen vornehmen ließ. Am 20. Februar 1832 aber wendete sich der Erzbischof unter klarer Darlegung der Sachlage nochmals an den Landesherrn. Schon am 29. Februar kam die briefliche und bald darauf die thatsächliche Antwort des durch und durch rechtlich und edel gesinnten Großherzogs.

Reichlin-Meldegg wurde als Lehrer der Philosophie nach Heidelberg versetzt und zwar mit der ausdrücklichen Weisung, sich in seinen schriftlichen wie mündlichen Vorträgen aller höhnischen und lästernden Ausfälle gegen die katholische Kirche zu enthalten. Seine Rolle war ausgespielt; zu meiner Zeit las er am Neckarstrande ein Skandalcolleg über Goethe's Faust.

Nicht viel besser als der Lehrer der Kirchengeschichte war der Professor des Kirchenrechts, Amann. Dieser ehemalige bayerische Kreisrichter aus der Schule des Grafen Montgelas, eines der wüthendsten „Kulturkämpfer" der ersten Jahrzehnte des laufenden Jahrhunderts, mühte sich leidenschaftlich ab, seinen Hörern einzutrichtern, der Kirche stehe dem Staate gegenüber keinerlei Recht zu. Dabei würzte er seine Vorträge mit Ausfällen gegen die ehrwürdigsten Institute, namentlich gegen die Hierarchie und den Cölibat; auch an Ausfällen gegen geistliche Collegen ließ er es nicht fehlen. Uebrigens war Geistesverwirrung bei ihm eine angeerbte Krankheit. Er trieb es immer ärger und wurde im Jahre 1839 auch in seiner Eigenschaft als Oberbibliothekar von der Bibliothek-Kommission für irrsinnig erklärt. Schon Erzbischof Bernhard hatte die Entfernung Amanns angestrebt, dann trat Erzbischof Ignaz gegen ihn auf. Dieser bat von

Rippoldsau aus bringend um Amanns Entfernung von der kirchenrechtlichen Lehrkanzel, jedoch mit ungeschmälerter Belassung des bisherigen Gehaltes aus Rücksicht auf dessen starke Familie. Schließlich erklärte der Erzbischof, wenn er eine Fehlbitte thue, so sehe er sich gezwungen, denjenigen Theologen, welche Amanns Vorlesungen hörten, die Aufnahme in das Priesterseminar sowie die Ertheilung der Priesterweihe zu versagen.

Das erzbischöfliche Schreiben ist datirt vom 8. August 1839. Am 11. Oktober hatte ein Schreiben des Staatsraths Nebenius den Erzbischof in die freudigste und tröstlichste Stimmung versetzt, allein es geschah nichts. Ende November 1839 aber schimpfte Amann in öffentlicher Vorlesung wieder ganz grimmig und bald war es stadtbekannt, daß er den 74jährigen Papst Gregor einen Sultan genannt hatte. Unterm 5. Dezember schrieb Erzbischof Ignaz wiederum an den Staatsrath Nebenius: er müsse als Erzbischof wegen der Beschimpfung des Papstes beim Ministerium klagbar werden. Er könne um so weniger schweigen, da er seit einem halben Jahre in Rom verklagt und überhaupt bei einem großen Theile des Volkes, wie bei der Geistlichkeit, als Schmeichler der Regierung verschrieen sei. Um nicht als förmlicher Kläger auftreten zu müssen, bleibe ihm nur übrig, den Theologen den Besuch der Vorlesungen Amanns zu verbieten. Am 19. Jänner 1840 erneuerte der Erzbischof beim Ministerium des Innern seine Bitte vom 8. August, die man gar keiner Antwort gewürdigt hatte. Auch dem Ministerium machte er die Mittheilung, daß er in Rom wegen seiner zu großen Nachsicht und Duldung verklagt sei. Täglich erwarte er die Aufforderung, sich zu rechtfertigen und wolle doch in Sachen Amanns die Schuld nicht gerne auf das Ministerium wälzen. Der Schluß des Schreibens lautete: „Wenn die hohe Stelle mein bisheriges Benehmen, jede Berührung mit Rom zu vermeiden, nur billigen kann, um bei den allgemein kirchlichen Wirren den gefährlichen Fragen über gemischte Ehen auszuweichen, so ist ebenfalls auch von Seite der Regierung keine Veranlassung zu geben, welche die Ruhe und den Frieden zwischen Staat und Kirche stören könnte." Das half; Amann hörte auf, neben dem wackern Professor Buß Kirchenrecht zu lesen. Er wurde abseits geschoben, huldigte im Mai 1849 mit Feuereifer der provisorischen Regierung und starb noch im gleichen Jahre in der Irrenanstalt. — Neben Karl von Rotteck war die größte Berühmtheit wohl Leonhard Hug. Bezüglich der ausgebreiteten Gelehrsamkeit, des reichen Geistes sowie des praktischen Blickes dieses Mannes war nur Eine Stimme bei Freund und Feind. Ob er aber wirklich ein gläubiger katholischer Christ gewesen, das weiß nur Gott. Auf Alban Stolz wie später auf mich hat er keinen günstigen Eindruck gemacht. Wir beide hofften einen großen Gelehrten zu sehen und zu hören, dem die Gottesliebe aus dem Antlitz leuchtete. Welche Enttäuschung! Noch heute sehe ich den alten Hug in den Hörsal treten im grauen Frack und in grauen Kniehosen, noch heute klingt in meinen Ohren sein ganz freigehaltener, fließender Vortrag, welcher in den ersten Sätzen den Mann des eminenten Wissens bekundete. Aber er flocht in seine Rede triviale, ja zotenhafte Dinge ein. Seine „Einleitung in das Neue Testament" enthält eine klassische Schilderung der Persönlichkeit Jesu Christi, welche mir und Andern wesentlich genützt hat; aber wie reimt sich solche Schilderung mit Hugs Ende? Die Erzählung, er sei ohne Empfang der Sterbesacramente verschieden, ist leider keine Fabel. Auf dem alten Friedhofe zu Freiburg sieht man Hugs Büste, sowie die seines Collegen Hirscher — beide Meisterwerke des alten Knittel. Ein größerer Gegensatz zwischen zwei Antlitzen läßt sich kaum denken, als das an Voltaire erinnernde Hugs, der nach dem so ernsten und edlen Hirscher hinüberschaut.

Unter allen Lehrern unseres Stolz hat keiner mehr und

länger von sich reden gemacht, als Heinrich Schreiber. Dieser las christliche Moral theils nach Wankers Lehrbuch theils nach eigenen Heften, ferner die Geschichte der Moral ganz nach eigenen Heften, endlich allgemeine Religionslehre nach Vernunft und Offenbarung, sehr nach eigenen Heften. Es wäre ein großes Glück für Schreiber gewesen, wenn er sich auf das Gebiet der Geschichte gänzlich zurückgezogen hätte, denn dieses war sein Revier. Als Lehrer der Moral aber wurde er ein Hauptagitator der schweren kirchlichen Stürme der dreißiger und vierziger Jahre. In seinem Lehrbuche der Moraltheologie konnte man unter Anderm schwarz auf weiß lesen, die Ehelosigkeit der Priester sei widernatürlich, widerrechtlich und unsittlich zugleich. Erst Erzbischof Demeter setzte durch, daß Schreiber aufhören mußte, Professor der Moraltheologie zu sein.

Im Vergleich zu den übrigen Lehrern Albans steht Ludwig Buchegger da als ein weißer Rabe in der Geschichte der Freiburger Universität. Dieser ehemalige Schüler des Benedictinerklosters Rheinau lehrte Dogmatik und zwar nach dem für seine Zeit vortrefflichen Lehrbuche des ausgezeichneten Lateiners Engelbert Klüpfel. Schüler Bucheggers erzählten mir, auch er sei ein Sohn seiner Zeit und von ihrem verneinenden Geiste angeweht gewesen. Er habe geglaubt, jedes Dogma prüfen zu müssen „mit dem Senkblei der Vernunft und dem Richtscheit des Verstandes". Und als die spekulative Theologie aufgekommen, da habe Buchegger eben auch mitthun wollen, um so mehr, weil er von Manchem wegen seines Festhaltens am Positiven und Vernachlässigung des Speculativen und Philosophischen bisher verhöhnt worden war. Nachdem er die Lehre der Kirche auseinandergesetzt, habe er einen Philosophen nach dem andern citirt, damit er seine Meinung kundgebe, ähnlich wie Raff in seiner Naturgeschichte die Thiere von sich selbst erzählen läßt. Die Philosophen waren jedoch bei Weitem nicht so gefällig und gesprächig wie Raff's Thiere: sie wußten meistens gar nichts zu sagen, die Schlußfolgerung ergab sich von selbst. Im Ganzen aber war Buchegger ein gläubiger, kirchentreuer Lehrer, der gelegentlich muthig für seine Ueberzeugung auftrat. Als seine Collegen die Universitätskirche den Protestanten einräumen wollten, da legte er beharrlich Protest ein. Dafür wurde er — der erste Fall dieser Art! — bei der Prorectorswahl 1827 übergangen, obwohl die Reihe an ihm war; Großherzog Ludwig machte aber kurzen Proceß und ernannte den Nichtgewählten zum Prorector.

Nach dieser treuen Schilderung der theologischen Zustände in Freiburg kann es Niemanden wundern, daß Alban Stolz im Herbst 1830 der Prüfung für das Seminar sich nicht unterzog, sondern der „leidigen Theologie" den Rücken kehrte und nach Heidelberg wanderte zu „Creuzer und Compagnie". Auch sein Freund Hörth, der spätere Apostat, sowie J. B. Maier blieben aus dem Seminar. Das dreiblätterige Kleeblatt fand sich erst zwei Jahre später daselbst zusammen. Ihre Kursgenossen aber machten als Seminaristen erhebliches Aufsehen. Nur zur Charakteristik des Zeitgeistes, unter welchem der Theologe Stolz aufwuchs, sei erwähnt, daß 51 von diesen Seminaristen (von 61) eine Dank-Adresse an einen Pfarrer schickten, welcher an die badische Ständeversammlung eine Petition um Aufhebung des Cölibates gerichtet haben sollte; die 10 Nichtunterzeichner waren nicht gegen den Inhalt, sondern nur gegen die Form des Schriftstückes. Den Unterzeichnern ward vom Ordinariate freigestellt, entweder das Seminar zu verlassen, oder feierlich zu versprechen, als Priester ein sittliches Leben zu führen.

Als die Zeit der Priesterweihe herannahte, konnte Regens Dürr mit „bestem Gewissen" (wie die Acten sich ausdrücken), dem Erzbischof dafür gut stehen, daß seine Alumnen derselben würdig seien. Damit war freilich die Sache selbst nicht abgethan, die Cölibatstürmerei ging ihren Gang.

Schon im Jahre 1828 hatten 29 Laien aus Freiburg eine Petition an die zweite Kammer gerichtet. Die Kammer aber hatte sich für incompetent erklärt. Dieselbe Petition wurde am 23. Weinmonat 1831 dem Abgeordneten Duttlinger zugesendet, dießmal bedeckt mit den Unterschriften von 23 Auch-Katholiken aus Freiburg, nämlich von 11 Universitäts-Professoren und dem Universitäts-Amtmann, 8 Hofgerichts-Advokaten, 2 Aerzten und einem Gymnasiumslehrer. Die Petition war unterstützt durch die beistimmenden Vollmachten und Vota von 156 katholischen Geistlichen. Diese 156 Widersacher des Cölibates waren meist ältere, theilweise sehr betagte Herren, und die Zahl erscheint im Vergleich zu den mehr als 1100 Priestern, welche in der Erzbiöcese vorhanden waren, nicht als sehr bedeutend. Wären die Stände und die Regierung den Cölibatstürmern an die Hand gegangen, dann hätte die Angelegenheit freilich ein recht ernstes Gesicht bekommen können.

Später figurirte als Handlanger eines neuen Cölibatsturmes derselbe Balthasar Henn, der 1833 als Seminarist das Dankschreiben abgefaßt. Er war Pfarrer von Andelshofen und zugleich Lehrer an der höheren Bürgerschule zu Ueberlingen und veröffentlichte eine Petition vom 21. Mai 1837, worin er nicht um Aufhebung des Cölibatgesetzes bat, sondern nur um einige Milde für solche katholische Geistliche, welche sich verehelichen und dabei doch von ihrer Kirche nicht abfallen wollten.

## Am Neckarstrand und dann im Priesterseminar.

Während der Experimentirstaat Baden von kirchlichen Wirren heimgesucht war, die immer ärger wurden, verweilte Stolz in der Musenstadt am Neckar. Er war nunmehr ganz sein eigener Herr, indem seiner bereits im Jahre 1822 verstorbenen guten Mutter im Frühjahr 1830 auch sein Vater in die Ewigkeit nachgefolgt war. Abgesehen davon, daß er für das Seminar zu jung war, mußte ihn bei seinem melancholischen Lebensernst und seiner hohen Vorstellung von der Aufgabe und Würde des Priesters schon sein Seelenzustand von dem Eintritte in dasselbe abhalten.

Was man von einer Art Liebesroman ihm nachredet, daran ist so viel Wahres als an der Fabel, er sei früher ein Widersacher der barmherzigen Schwestern gewesen, oder als die neueste Erfindung, er habe nicht sowohl aus eigenen Mitteln großartige Wohlthaten gespendet als aus Sammelgeldern und für seine Person ein bedeutendes Vermögen hinterlassen! — „Zartbesaitete" Seelen, die keinen Sinn für überirdische Ideale haben und vermeinen, der Mann ohne Weib müsse unglücklich sein, mögen an den bemerkten Liebesroman glauben. Wir wollen darum die Hauptstelle, worin er seine Anschauung in Frage der „Liebe" ausspricht, hersetzen und wiederholen nur für Fernstehende, daß Offenheit und Wahrhaftigkeit zu Stolzens glänzendsten Eigenschaften gehörten. „Es kommt mir als etwas Schmachvolles in unserer Zeit vor, als eine Krankheit im Christenthum, daß man aus der Geschlechtsliebe sich so viel macht. Romane und Schauspiele wissen selten mehr etwas durchzuführen, wo die Liebe nicht die Hauptrolle bekommt und der Angel ist, um welchen sich das Ganze dreht. Selbst die Lieder wissen, die Kriegslieder abgerechnet, fast nur vom Mädchen zu singen. Es scheint, daß man ein Heide oder ein nahezu heiliger Christ sein müsse, um von der verliebten Sucht unangesteckt zu bleiben oder gesund zu werden. Ich kann zu einzelnen Personen des weiblichen Geschlechtes eine oberflächliche Achtung und Zuneigung hegen — aber im Ganzen verachte ich dieses Geschlecht vielleicht mehr, als recht ist. Ich galt als Kind schon für einen Weiberfeind und habe mir auch mein Lebenlang bis jetzt hierin keine Blößen gegeben — wann ich je mit Verliebtheit verwandte Gefühle hatte, so waren sie höchst oberflächlich und unstät. Der Grund bei mir ist kein Heidenthum und kein Christenthum, eher ein zurückgebliebenes Element von Kindheit" (Witterungen der Seele, S. 341).

Seinen Studenten gegenüber pflegte er sich folgendermaßen zu expectoriren: „Es ist merkwürdig, wie man einer Art Fieberhitze des Gemüths, nämlich der geschlechtlichen Verliebtheit, den Namen Liebe geben mag, da der Mensch in diesem Zustand gleichsam grimmig selbstsüchtig ist, wie sonst fast nie in seinem Leben. Die gesteigerte Verliebtheit läßt Eltern, Freunde, selbst Gott zurückstehen gegen die angebetete Person; und selbst diese ist nicht des Lebens sicher, wenn sie Anlaß zur Eifersucht gibt, oder wenn der brünstige Liebhaber sie nicht bekommen kann. Die geschlechtliche Verliebtheit regt sich auch bei Kindern, besonders bei Mädchen oft sehr früh schon. Wenn das Kind sonst noch unverdorben ist, so scheint seine große Vorliebe, sein Begehren zu liebkosen und von der geliebten Person geliebkost zu werden, harmloser Natur; aber der Untergrund ist eben schon geschlechtliche Gährung; dazu kommt noch die Eitelkeit, einer vermeintlich so schönen, bedeutenden Person zu gefallen" (Erziehungskunst, S. 201). Ja noch mehr: Alban Stolz hat bis in sein reiferes Mannesalter hinein die Ehe als etwas den Menschen in mancher Hinsicht Herabwürdigendes betrachtet. Er hat, wiewohl die Ehe des Neuen Bundes ein Sakrament ist, doch insofern Recht gehabt, als dieselbe Folge des Sündenfalles ist. Wollte man überhaupt alle Auslassungen zusammenstellen, welche in Stolzens Schriften über das weibliche Geschlecht enthalten sind, so hätten wir ganz sicher ein eigenes Buch vor uns. Bis an sein Ende war ihm, und zwar mit vollstem Rechte, besonders das religionslose Weib die widerwärtigste aller widerwärtigen Erscheinungen.

Stolz hatte Kämpfe zu bestehen, von denen Kulturphilister und andere Alltagsmenschen keine Ahnung besitzen, Kämpfe, die sich in seinen Schriften spiegeln: „Es gibt Zustände, wo man sich in der Welt nicht mehr als Mensch fühlt, sondern als eine abgeschiedene Seele, die noch im Leichnam haftet. In einem solchen Zustande war ich in Heidelberg, zur Zeit als die Geburtswehen zum Glauben in mir wütheten." Wütheten! das ist der richtige Ausdruck. Noch im Herbst 1850 hat er daran gedacht, wie trüb in Heidelberg Alles war, wie der schreckliche Glast aus der Ewigkeit herüber in die fleisch= umgebene Seele wetterleuchtete. Gar oft hat er an Heidel= berg gedacht, an das unendlich qualvolle Ringen seiner Seele dort, an die höllischen Schmerzen und die himmlischen Funken, wie sie in wildem Geistesfieber über ihn hinwogten und ihm einmal ein leibliches Fieber wirklich zuzogen. In seiner tiefen Seelennoth legte sich ihm schmeichelnd und lockend der Gedanke an das Herz, in ein Kloster zu gehen, und dieser Gedanke tröstete ihn, wie zwischen schwarzen Wolken ein Riß, der den blauen Himmel zeigt. Immer und immer wieder kam ihm der Gedanke, daß die Zelle eines Klosters ihm Frieden brächte. „Wie wollte ich da in süßer Melancholie die letzten Jahre mich nach Gott sehnen und still Alles tragen, was an mich und über mich dahinfluthet. Und wer weiß, ob nicht Gott den verwelkten Zweig erwählt, um daraus einen starken Baum erstehen zu lassen!" Solche Kloster= sehnsucht war die natürliche Frucht seines melancholischen Temperamentes und seiner Liebe zur Einsamkeit. Gott hat seinen Wunsch niemals erfüllt und, wie immer, es am besten mit ihm gemeint, denn das Aufgeben des eigenen Willens, wie es das Klosterleben erheischt, und das eintönige Leben nach der Uhr mit Verzichtleistung auf einsame Spaziergänge wären Dinge gewesen, welchen er in die Länge weit weniger als ein gewöhnlicher Mensch sich hätte zu fügen vermocht.

Heidelbergs nächste Umgebung ist reich an prächtigen Spaziergängen: wir erinnern an die Bergstraße und an das Neckarthal, den Philosophenweg und den Riesenstein, an den

Schloßgarten und den Gang nach dem Wolfsbrunnen, den
Königsstuhl mit seiner weiten Aussicht über die grünen
Wellenhügel des Odenwaldes. — Diese Punkte alle sind
wohl jedem Naturfreunde unvergeßlich, der sie kennen ge=
lernt. Aber auch größere Ausflüge hat Stolz fleißig unter=
nommen, namentlich in den Odenwald und das Neckarthal
hinauf, und ist unter Anderem in jener eisenbahnlosen
Zeit zum ersten Male nach Frankfurt am Main ge=
wandert.

So wenig als zu Freiburg hat ihn in Heidelberg das
Leben und Treiben der Studentenschaft bekümmert, nur mit
Studenten aus Kurhessen scheint er einigen Umgang gepflogen
zu haben; jedenfalls hat er mit solchen den Kosttisch getheilt
und eine besondere Liebe für deren Heimath gefaßt, was er
sich selbst nicht zu erklären vermochte. Er schreibt in seinem
„Besuch": „Ich habe seit meinen Heidelberger Jahren bis
auf den heutigen Tag ein stetiges Vorurtheil und Vorliebe
für dieses Volk; ich halte dafür, daß in den Kurhessen eine
ganz besondere Begabung und Gemüthskraft liege, das Beste,
was man an uns rühmen mag. Und doch hat kein deutscher
Stamm eine schwermüthigere Geschichte. Das Stück, wo eine
Mutter ihr Kind zum Metzgen verkauft, um Schnapsgeld
zu bekommen, ist an den Söhnen dieses armen Volkes tausend=
weis ausgeübt worden — von einem Landesvater." Stolz
erzählt, in Heidelberg habe ihm ein Student protestantischer
Confession eine tadelnde Bemerkung gemacht über etwas, das
er im katholischen Gottesdienste wahrgenommen. Er wies
aber demselben die Bedeutung und die Zweckmäßigkeit so
bündig nach, daß er keine Einwendung dagegen mehr zu
machen wußte, sondern bloß meinte, das werde doch jedenfalls
zugegeben werden müssen, daß der protestantische Glaube bei
weitem vorzüglicher sei als der katholische. Stolz bemerkt
hierzu von diesem Studenten: „Sein Vorurtheil war so fest=
genagelt, daß er sogar vom Katholiken dieß Zugeständniß

erwartete. Selbst wenn man Leuten, die mit solchen Vor=
urtheilen behaftet sind, einige Besinnung beigebracht hat, so
geht es wie mit dem Bandwurm. Der Bandwurm im Gehirn
wächst morgen wieder nach, wenn auch heute ein Stück ab=
gegangen ist." Er erzählt weiter, man habe in Heidelberg
den protestantischen Theologen mitunter solche Lehrer gesetzt,
die es als erste Aufgabe erachteten, ihre Zuhörer vom letzten
Rest christlichen Glaubens zu befreien. Die protestantischen
Theologen wurden noch gründlicher als die Studenten anderer
Fakultäten im Glauben ruinirt. Ein vorher christgläubiger
Mediciner erklärte ihm später, jetzt sei er erst des Lebens froh,
seit er einigemal bei dem „denkgläubigen" Paulus hospitirt
und dieser ihn vom Glauben operirt habe (Erziehungskunst,
S. 315). Auch in Heidelberg hat Stolz keinen Versuch ge=
macht, mit Professoren in nähere Berührung zu kommen.
Und doch waren unter den Philologen der berühmte Sym=
boliker Creuzer und noch mehr Felix Bähr ebenso liebens=
würdige als zugängliche Männer.

Heidelberg ist der Ort, wo Stolz seinen „göttlichen Aus=
gang" gefunden, am Neckarstrande trat die für sein ganzes
Leben entscheidende Wendung seines innern Wesens zum Bessern
ein. Das „Nachtgebet" widmet der Heidelberger Zeit elf
halbe Seiten, wovon schier drei auf ein Gespräch mit einem
andern Studenten über die Empfindung beziehungsweise den
Zustand der Seele nach dem Tode kommen. Weiter erzählt
Alban, wie er einmal mit einem Theologen aus Württemberg
über die beiderseitigen Zweifel bezüglich der Gottheit
Christi gesprochen. (Der Theologe wurde dann durch Paulus
ungläubig.) In seinen großen Qualen und Aengsten verspürte
Alban einmal plötzlich die Einsprechung, die er für eine
unermeßliche Gnade ansah, das Kämpfen mit den Zweifeln
aufzugeben. In ihm reifte der feste Entschluß: ich will
mich der Autorität der Kirche unterwerfen und
jeden Zweifel unter Berufung auf diese Autorität zurück=

weisen; damit ist dann ein im Ganzen fester, ruhiger Glaube eingekehrt, der fortan Stand hielt.

Stolz fühlte sich selbst als eine kleine Welt in der großen und beobachtete jedes Regen und Bewegen in letzterer um so richtiger, je weniger die Außenwelt ihn zu fesseln vermochte. So enthalten denn auch seine Schriften sehr zahlreiche Aufschreibungen über den Einfluß, welchen Sonnenschein und Kälte, Sturm und Nebel, kurz das Wetter zu allen Jahreszeiten auf seine Seelenstimmung ausübten. So schreibt er: „Ich habe es zum ersten Mal in Heidelberg gefühlt und fühle es jetzt wieder, daß, wenn es Schnee werfen will oder wirft, ich einen ganz eigenen Gemüthszustand von freudigen Ahnungen, Hoffnung, gleichsam ein leises Nahen des Himmels bekomme."

Auch sein Traumleben war häufig ein Reflex seines Innern, seines steten Lebens und Schwebens in überirdischen Regionen. So hatte er einmal in Heidelberg einen wirklich bemerkenswerthen Traum. Mehrere Personen brachten ihm eine Krone, die Krone war von einem silberigen Stoff, vergleichbar dem Mark der Binsen und in zwei Stücke zerbrochen. Er richtete sich im Bett empor, suchte mit einem Band die Krone auf seinem Haupte zurechtzubringen und sah die Personen fragend an, ob sie ihm gut stehe. Diese blickten ihn aber an mit jenem tiefen Mitleid und jener Trauer, wie man einen Nervenfieberkranken betrachtet, der rettungslos phantasirt (Witterungen der Seele, S. 485).

Wiederholt erzählt er auch, was er von einer Verwandten in Bühl geträumt. Diese erschien ihm sonntäglich gekleidet und von ungewöhnlich frischem und gesundem Aussehen. Sie fragte ihn, ob er keine Fahrgelegenheit wisse, um zu ihren Verwandten nach Gengenbach zu kommen. Am Morgen traf ein Brief seines Bruders ein, laut welchem dieselbe gestorben war.

Am 6. November 1830 hatte Stolz in Heidelberg sich

immatrikuliren lassen, am 3. September 1832 holte er beim Universitätsamt sein Sittenzeugniß. Er hängte die Philologie an den Nagel, der „Juristerei" hatte er ohnehin keinen Geschmack abgewinnen können. Bezüglich seiner Philologie hat er im Herbst 1839, als es sich um seine Berufung an das Lyceum zu Rastatt handelte, Folgendes nach Karlsruhe geschrieben: „Den philologischen Concurs habe ich nicht gemacht, weil ich bei meiner Entlassung aus dem Seminar und auch später nicht im Sinn hatte, mich um eine Lehrstelle in eigentlich philologischen Fächern zu bewerben. Und obgleich ich aus Neigung und zur eigenen Bildung auch bisher mit klassischer, naturwissenschaftlicher und anthropologischer Lektüre in freien Stunden mich gern befaßt habe, so wäre ich doch nicht wohl im Stand, jetzt noch in allen Zweigen, worin bei einem philologischen Concurs Proben abgelegt sollen werden, ein befriedigendes Examen zu bestehen. Ja ich möchte mich nicht einmal gern bestimmt anerbieten, im Falle meiner Aufnahme an das Lyceum, wenigstens später eine Prüfung abzulegen, denn ich würde als Anfänger im Lehrfach meine Zeit und Mühe lieber ungetheilt den Unterrichtszweigen zuwenden, welche mir angewiesen würden, als mich wieder in allen, auch in solchen Fächern des Lehrgebietes gehörig einzustudiren, in welchen bei einem gewöhnlichen Concurs geprüft würde, ich aber nie zu unterrichten hätte." Sein Entschluß, sich dem geistlichen Stande zu widmen, war gefaßt. Er unterzog sich in Freiburg dem Seminarconcurs, welchen er mit vorzüglichem Erfolg bestand, dann kehrte er in sein Vaterstädtchen zurück, um alles Nöthige fertigmachen zu lassen. Wie viel aber zu einem wahren Priester gehöre, dieß trat um so gewaltiger vor das Seelenauge Stolzens, je ernster und großartiger er die Aufgabe des Priesters auffaßte. Kein Wunder, daß er abermals schwere Seelenkämpfe zu bestehen hatte. Erst in der Nacht vor der Abreise überkam ihn eine süße Seelenruhe und jetzt erst durfte die Sutane vollends fertiggemacht werden. In Bühl fragte ihn eine Anverwandte: Nun, Herr Alban, Sie haben sich also doch entschlossen, Geistlicher zu werden? Ja, aber ein ganzer! — war seine Antwort.

Von seinem Seminarsjahre sind in den bisher gedruckten Schriften nur zwei Erinnerungen vorhanden. Es war am Frohnleichnamstage 1842, als er zu Bruchsal in der Hof= kirche an den Altar trat. Wie er nun die schöne Zierde des Altars sah und den edlen Gesang hörte, welchen er einstens im Seminar gehört hatte, da faßte es ihn und rührte seine Seele auf, so daß ihm die Thränen kamen (Witterungen der Seele, S. 30). Zwanzig Jahre später verweilte er einmal im Benedictinerstift Mariastein. Indem er an all die Einschränkungen und Mühen dachte, denen die Ordensleute sich unterwerfen, da fragte er sich selbst: „Muß denn dieß Alles nicht einmal große Früchte tragen — von denen wir bequeme Weltgeistliche nichts bekommen? Es macht einen ernsten Eindruck, wenn man hört, wie diese Männer nicht einmal in den nahen eingeschlossenen Grasgarten gehen dürfen, ohne jedesmal besondere Erlaubniß eingeholt zu haben; und doch geht es. Wenn ich an meine Seminariumszeit denke, so wußte ich mich auch darein zu schicken, obschon wir es nicht viel anders hatten. Doch wurde der Unterschied dadurch groß, daß wir von der Hoffnung zehrten, bald einmal frei= gelassen zu werden — aber denken müssen, immer in diesen Mauern bis zum Tode eingeschlossen zu bleiben, das mag schwer sein. Aber wer weiß, ob es bei mir nicht ginge?" (Dürre Kräuter, S. 576.)

Nicht weniger als 68 Theologen hatten sich für das Seminarjahr 1833 gemeldet, von welchen 61 später die Priesterweihe empfingen. In den Seminaracten finden wir die Bemerkung, daß ihm nicht nur der Impfschein, sondern auch der Deliberationsschein fehle; die Förmlichkeit des letztern durfte er mit Recht für seine Person als überflüssig erachten.

In der Conduitenliste, welche von den Seminarvorständen: Regens Dürr, Subregens Matthäus Michl und den Repetitoren Karl Rombach und Klenkler am 5. August 1833 aufgestellt worden, begegnen wir der Notiz, daß seine Aufführung tadellos gewesen, sein Charakter „gesetzt, aber etwas einbilderisch" sei. Letzterer Ausdruck erinnert mich an eine jener Grillen, die ihm lieb geworden und die er zähe festhielt. Er behauptete nämlich, der geistliche Rath Werk, dessen Amtsnachfolger er geworden, habe ihn bereinst durchfallen lassen in denselben Fächern, welche er nunmehr lehre. Als ich mich einmal erbot, ihm das schnurgerade Gegentheil dieser Meinung actenmäßig nachzuweisen, da wurde er unwillig und fuhr mich an: „Ich gebe nichts auf euer Papier!" — Diese Liste aber charakterisirt weiter bezüglich der Predigt „ziemlich gut mit mühevoller Skizze" und bezüglich der Katechese „sehr gut, nur monolog". Von all seinen Seminargenossen haben nur drei von sich reden machen: Ambros Oschwald aus Mundelfingen bei Donaueschingen. Dieser gründete in den fünfziger Jahren vermöge seiner frommen Schwärmerei einen sogenannten magnetischen Verein, schrieb zwei aftermystische Schriften und gerieth in den besten Zug, Haupt einer eigenen, nach ihm benannten Sekte zu werden, deren Anhänger und noch mehr Anhängerinnen in religiössittlicher und socialer Beziehung sich ganz kurios benahmen. Gemaßregelt wanderte Oschwald nach Amerika aus und starb, nachdem er sich wieder gefunden, nach eifervollem Wirken im Frieden mit der Kirche. Georg Würmle, von Heuweiler bei Freiburg, den die Seminarvorstände als einen gesetzten, mit etwas gelehrtem Dünkel behafteten Theologen charakterisirten, wurde in den vierziger Jahren Rongeaner und ist verschollen. Dem Stubengenossen Albans, Hörth, scheint das Staatskirchenrecht Amanns in Fleisch und Blut übergegangen zu sein. Wir werden diesem Seminargefährten Albans noch weiter begegnen.

Am 16. August 1833 hat Weihbischof Hermann von Vicari unserm Alban Stolz und dessen Genossen die Priesterweihe ertheilt. — Es war außer jenem Tage, welchen er 22 Jahre später zu Jerusalem am Grabe unseres Erlösers erlebt, der schönste Tag seiner Erdenpilgerfahrt.

## Vikarsjahre.

Ganz Bühl freute sich auf die Primiz des Neupriesters Alban. Aber seine Eltern ruhten im Grabe und so las er, von Natur aus selbst jedem Scheine von Ostentation abhold, seine erste Messe in der Bühler Pfarrkirche eines schönen Morgens um 6 Uhr in aller Stille. Bevor aber unser Jungpriester in die Pastoration eintrat, machte er noch eine Reise. Zuerst wanderte er an den Kaiserstuhl im Breisgau, wo er in Sasbach am Rhein zum erstenmal die Kanzel bestieg. „Es war eine hölzerne Predigt über die Selbstverleugnung, ohne innerliche Theilnahme und Frömmigkeit, bloß um meine Aufgabe, zu predigen, abzuthun. Wenn eine Schwarzwälder Orgel das abspielt, wozu das Register an der Walze gezogen wird, so hat der Kasten und die ganze Mechanik gerade so viel Interesse und Empfindung für die Melodie, als ich für den Inhalt der Predigt und das Seelenheil meiner Zuhörer hatte. Ob meine Worte auch nur einem einzigen derselben etwas nützten, das weiß ich nicht und dachte auch nicht daran. Gott hat große Langmuth an mir geübt und hat 40 Jahre gewartet, ob nicht die Sache sich bessere. Es ist wohl in den Leistungen besser geworden durch das mehr entwickelte Talent; ich habe auch mehr Bewußtsein, daß ich einen Herrn und Aufträge von ihm habe. Früher lebte ich wie ein junger Poet und zehrte gleich der ausgehungerten Biene vom Honig meines Talents, ohne ernstlich daran zu denken, daß Talent und Arbeit für Andere mir gegeben und aufgegeben sind" (Dürre Kräuter, S. 242). Ist diese im

Juni 1873 niedergeschriebene Stelle nicht eine sprechende Probe der mitunter höchst einseitigen Selbstkritik, womit Alban Stolz nicht selten sich gegeißelt hat? —

Vom Kaiserstuhl begab er sich hinüber in die Schweiz, zunächst nach Einsiedeln, wo er in der Muttergotteskapelle celebrirte; hierauf stieg er mit seinem Kameraden Maier aus Endingen auf den weltbekannten Rigi, wo er aber kein günstiges Wetter traf. Welch tiefen Sinn für die Natur und welch religiöses Gefühl den Neupriester beseelten, offenbaren die Worte, womit er seine Rigifahrt mittheilt: „Am Fenster sah ich, wie der Wind graue Klumpen Wolken vor sich herkugelte und schleuderte dick und dünn. Wenn aber manchmal ein Nebel zerriß, da konnte man ein wenig durchblinzeln hinaus und hinab auf die Erde. Wie im Traum oft wundervolle Gegenden schön, als lägen sie im Himmel, sich dem entzückten Geiste zeigen und durch den finstern Schlaf und Schlummer blitzen, so war es auch hier im Wachen. Seen und Berge und Sonnenglanz und Himmelsbläue schaute man durch den zerrissenen Vorhang des Nebels, und wenn man sich dann in ihrem Anblick verlieren und vergessen wollte, dann flog fledermausartig, neibig und boshaft wieder der farb- und formlose Dampf herbei und zeigte sein widerliches Grau und Leere. So kam und ging es oft. Zuletzt wurden wir müde darüber und gingen hoffnungslos fort. Wir stiegen bergab gegen Küßnacht hin; je tiefer wir kamen, desto heller wurde es, weil die Wolken sich nur am Kopf des Rigi angesaugt hatten. Endlich öffnete sich die nördliche Gegend in Klarheit und Sonnenschein; vor Erstaunen setzte ich mich nieder und schrieb: Ein Paradies liegt vor mir ausgebreitet. Seen und Flüsse und Berge und Sonnenschein und Glockenton. O Gott, wie herrlich mußt du erst sein, der du so Herrliches erschaffen kannst! O Jesus, wie groß mußt du sein, der du alles dieses verachten kannst! Wie es läutet, wie es tönt in meiner Seele, der Glockenton, die Landschaften und die Seen!

Wie herrliche Musik, so stimmt auch diese hohe Musik der Gegenden zur tiefen Liebe der Tugend! Wie sie sich kränzen um die Seen die herrlichen Gegenden! Den Himmel oder sein Abbild habe ich vielleicht jetzt zum letztenmal gesehen! Viele, viele Thränen möchte ich weinen, daß du nicht ewig bist, du herrlicher Anblick!" (Dürre Kräuter, S. 544.)

Während seiner Wanderfahrt hatte ihn die Kirchenbehörde als Vikar für Oberkirch bestimmt, die Anweisung jedoch wieder abgeändert. Aus der Schweiz zurückgekehrt, bezog Stolz sofort die ihm übertragene Vikarsstelle in Rothen= fels an dem Eingang des herrlichen Murgthales. So ward Rothenfels mit seinen Filialen Gaggenau und dem entfernter liegenden Bischweier der Schauplatz seiner „ersten Seelsorgerliebe und Seelsorgerfreuden". Arbeit gab es genug, denn der Pfarrort selbst zählte gegen 3000, Gaggenau fast 1200 und Bischweier über 500 Seelen; in Rothenfels wie in Gaggenau waren je über 200, in Bischweier über 100 Schulkinder zu unterrichten. Der Pfarrer Gläß, ein Sohn des nahen Baden=Baden, war ein guter Greis, dem sein Alter kaum noch gestattete, die heilige Messe zu lesen und hie und da ein wenig im Beichtstuhle zu sitzen. Die ganze Arbeitslast lag auf den Schultern der beiden Kapläne, unseres Stolz und des Kaplans Ludwig Zwiebelhofer, eines gebürtigen Rastatters. Aber die beiden jungen Priester arbeiteten dermaßen rüstig und eifrig, daß der alte Pfarrer einmal erklärte, er werde bald sterben, denn er habe es zu gut bekommen für diese Erde durch seine beiden Kapläne. In Gaggenau war das Nervenfieber ausgebrochen; Stolz bedung sich aus, daß er allein darin pastorire, und erwarb sich im Fluge alle Herzen durch seinen Eifer und seine Furchtlosigkeit im Krankenbesuch. Er schreibt darüber am 31. August 1842: „So weich und wehmüthig und schmerzlich hat sich noch selten die Sehnsucht und das liebende Andenken an jene meine schönste Lebenszeit geregt, wie am heutigen

Tag — und da ich nun nachsehe, so ist es die Zeit, wo das Gaggenauer Nervenfieber begonnen hatte — ein Sonntag, da ich ein solches Versehen hatte, vielleicht den armen Knaben Benedict, wo ich mich den andern Tag angesteckt fühlte."
Trotz aller Arbeit vernachlässigte Stolz doch keineswegs das Studium. Zeitungen und dergleichen leichtes Lesefutter verschmähend, beschäftigte er sich besonders mit dem heiligen Augustinus, namentlich mit der Schrift: De civitate Dei, und fand noch Muße genug, sein Tagebuch fortzuführen.

Man wollte ihn im Wintermonat 1834 nach Ettlingen befördern, er bat aber bleiben zu dürfen und die Bitte ward erhört. Weßhalb er so gerne in Rothenfels weilte, hat er uns ebenfalls gesagt: „Das Leben und die Menschen waren mir so freundlich, wie nirgend sonst, und ich selbst hatte einen so hellen und freundlichen Sinn. Ich war wie ein unschuldiges Kind, so froh und freudig für Gott und so fröhlich für das Leben. Ach wohl steht noch der Ort, und noch rauscht das Wasser im Fluß hinab, aber die Menschen, die Zeiten und ich selber sind nicht mehr wie damals. Wie war ich geliebt im Haus und außer dem Haus, wie war mir das Schulhaus in Gaggenau so fröhlich, und das süße Kirchlein mit dem lieblichen Orgelspiel des L.! Wie gern, mit welcher Lust und Feuer hielt ich den Unterricht bei jenen Kindern! Wie saßen sie hin in entschlossenem Ernst, ja ihre ganze Seele meinem Vortrag hinzugeben — wie machten sie mir Ehre, da ich Christenlehre einmal in Rothenfels mit ihnen hielt — wie entschlossen und freudig machte ich die Runde zwischen Kranken und Todtensärgen, da das Nervenfieber in Gaggenau wüthete, und wie lieb wurde ich den Leuten, manche junge Männer liebten und verehrten mich wie einen Heiligen; und welche Gesundheit und fast übermüthige Furchtlosigkeit hatte damals Gott über mich ausgegossen, so daß ich fast mit eigener Lust die Gefahr der Ansteckung aufsuchte, selbst kranke Kinder wollten mich bei sich haben. Wie gerne hatten mich selbst die Protestanten und suchten meine Gesellschaft! und wenn ich dann einsam auf der Wiese gegen den Eichelberg oder am waldigen Felsen dahinging, wie wohlig, wie still, wie jugendlich heiter sank die Seele an Gottes Herz und ruhte zufrieden in der Gegenwart" (Witterungen der Seele, S. 46).

Aber das Glück sollte nicht lange währen! Bald erfüllte sich die Prophezeiung des alten Pfarrers, derselbe starb am 28. April 1835. Am Sonntag den 3. Mai führte Stolz zum erstenmale Erstkommunikanten zum Tische des Herrn. Wenige Tage später traf ihn wie ein Donnerschlag die Nachricht, er sei nach Neusatz versetzt. Diese Nachricht kam in der That sehr unerwartet, unerwartet dem trefflichen Dekan Streit drüben in Muggensturm, unerwartet den beiden Kaplänen in Rothenfels. Um die Sache rückgängig zu machen, sandte Stolz eine Bittschrift an das Ordinariat, welche ihn in seiner Geradheit und Freimüthigkeit, wie in seiner Bescheidenheit und Uneigennützigkeit so recht kennzeichnete. Dieselbe lautete:

"Gestern den 16. Mai kam uns, Zwiebelhofer und Unterzeichnetem, die Ordinariatsverfügung in Betreff der Verwesung der hiesigen Pfarrei zu. Es war uns dieselbe um so unerwarteter, da Herr Dekan Streit einigemal die Zusicherung gab, daß das hochwürdigste Ordinariat in Betracht der Gründe, welche er für unser Hierbleiben demselben vorgestellt habe, unbezweifelt uns die Verwesung der hiesigen Pfarrei anvertrauen werde — weßhalb wir uns auch mit allem versahen, was zur Führung eines Hauswesens nöthig ist, und einen Garten mit einem Stück Feld in Pacht nahmen. Da das hochwürdigste Ordinariat bei dergleichen Verfügungen gewiß nicht gesonnen ist, mehr das bessere Auskommen einzelner, wenn auch schon gedienter Seelsorger zu berücksichtigen, als das geistige Wohl einer Pfarrgemeinde, und ich die Ueberzeugung habe, daß, wenn das hochwürdigste Ordinariat mit den individuellen Verhältnissen der hiesigen Pfarrei genauer bekannt wäre, dasselbe einen Wechsel der Seelsorger gegenwärtig für nachtheilig erkennen würde: so erlaube ich mir, in dieser Beziehung Einiges anzuführen. Zu einer guten Besorgung einer Pfarrei ist vor Allem bekanntlich nothwendig, daß die Seelsorger selbst mit einander in gutem Vernehmen stehen; nun kann ich mit gutem Gewissen erklären, daß seit einem Jahre (wie lange Zwiebelhofer schon hier pastorirt) wir beide Kapläne nicht ein einziges Mal Zwistigkeiten hatten, sondern stets in bestem Vernehmen standen. — Ferner bin ich nun über ein und ein halbes Jahr in dieser Pfarrei angestellt und hatte besonders auch während dem in Gaggenau heftig grassirenden Nervenfieber Gelegenheit, mir sowohl genaue Kenntniß des sittlichen Zustandes der Pfarrangehörigen, als auch ihre Liebe und Zutrauen zu erwerben, was doch gewiß die Wirksamkeit eines Seelsorgers mehr als verdoppelt. Der hierher bestimmte Pfarrverweser B. ist vielleicht in mancher Hinsicht tüchtiger zur Seelsorge als ich — aber Kenntniß und Zutrauen der Untergebenen kann sich auch der Beste nur in geraumer Zeit erwerben, und bis es ein Pfarrverweser dahin gebracht hat, so muß er vermöge der Art seines Dienstes den Ort wieder verlassen. — Der sittliche Zustand der zwei Orte Rothenfels und Gaggenau erfordert einen sehr sorgfältigen Unterricht und Erziehung der Jugend; diesem widmete ich mich mit Eifer und Anstrengung, indem ich in jeder Klasse der mir anvertrauten Schulen wöchentlich dreimal Religionsunterricht ertheilte. Wenn nun auch ein Anderer ebenso fleißig meine Arbeit hierin fortsetzt, was ungewiß ist, so ist im Kinderunterricht ein Wechsel, wenn auch der besten Lehrer, stets sehr nachtheilig — da hierin nur fortgesetzter gleichmäßiger Eindruck von bleibender Wirkung sein kann. — Wir beide, Zwiebelhofer und ich, haben, wenn auch nur unter dem Namen von Kaplänen, die Pfarrei schon über ein Jahr verwaltet, indem der verstorbene Herr Pfarrer nichts verrichtete als Messelesen und in seltenen Fällen Beicht saß — deßwegen wäre ein Zweifel an unserer Tauglichkeit unter jetzigen Umständen ungerecht. Daher kam es, daß die Nachricht von der Abänderung in dieser Hinsicht bei Allen, die davon hörten, nicht nur einen ungünstigen Eindruck machte, sondern bei Manchen die Stimmung erregte, als sei Personalbegünstigung die Ursache davon — ich erkläre hier und habe es auch Anderen erklärt, daß ich dieser Meinung nicht bin, und erkenne es für ganz recht, daß dem älteren Priester ein besserer Platz gebührt als dem jüngeren; allein wenn die Umstände und ein umgekehrtes Verfahren dem Wohle einer Pfarrei zuträglicher zu sein scheint, so ist es auch Pflicht des älteren Priesters, zu verzichten, indem ein jeder nicht das Seinige, sondern das allgemeine Wohl suchen soll. Als mir im letzten Winter ein Antrag auf eine bessere Stelle gemacht wurde, nahm ich dieselbe nicht an, weil ich den Wechsel für nachtheilig hielt für die Gemeinde. — Da nun meine Stelle einträglicher geworden ist, so ersuche ich nicht deßhalb das hochwürdigste Ordinariat, mich zu belassen, sondern wieder aus dem ersteren Grunde."

Am 19. Mai hatte er die Eingabe niedergeschrieben, nach wenigen Tagen aber eröffnete ihm der Dekan, es habe bei dem Beschluß sein Bewenden. Zwiebelhofer durfte bleiben und zwar als Vikar eines Pfarrverwesers, der gar keine eigene Haushaltung führte. Stolz mußte wandern. Am Sonntag den 31. Mai las er in Rothenfels die letzte Messe. Die einzelnen Abschiede schrieb er besonders auf, z. B. Abschied von den Schulkindern in Gaggenau und Rothenfels — Abschied von der Christenlehre (quelle tristesse!) — Adieu, Adieu!

Aber am Murgthal hing sein Herz, das Murgthal konnte er nie vergessen. „Was weht mich an?" schrieb er am 13. Juli 1843; „ach, es ist neu erwacht und nach seiner Ruhe mit größerer Kraft, das Heimweh nach dem Murgthal, nach den dunkeln Waldungen und den gothischen Häusern von Gernsbach. O süßes Thal, o liebes Ufer, o ahnungsvolles Rauschen im Fluß und in Tannenwipfeln; o ständ' ich dort und könnte jene Luft athmen und wonnig mich umschauen; ständ' ich dort, ach, nur auf dem Kirchhofe von Gaggenau Morgens früh, wenn die Lebendigen noch schlafen, oder Abends, wenn vor der Dämmerung mich das Auge nicht mehr erkennen kann, oder wenn schon der Mond heraufgezogen ist. Ach, dürfte ich dort stehen eine Stunde lang und weinen an den Gräbern derer, die ich, die mich so lieb gehabt und dann gestorben sind. Die Lebenden sind mir entwachsen und sind nicht mehr, wer sie waren, als ich unter ihnen lebte, aber die Todten sind geblieben. O glückliches Thal, du jugendliches Leben! wo bist du jetzt? Andere Tage sind gekommen, andere Wellen rauschen zwischen Felsen dahin und alle Blätter deines Grüns sind schon lange verwelkt, und neues Laubwerk, neue Menschen, neue Luft und neue Wolken ziehen über das Thal hin. Nur die theuern Menschen, die vor neun Jahren vor meinen Augen in inniger Liebe zu mir in's Grab gesunken, nur sie ruhen noch am alten Platze und warten auf den Ruf zum Auferstehen. Wie schmerzlich, wie weh ist das Andenken, daß verschwunden sind jene wunderschönen Zeiten und jene Menschen, und ich nicht mehr schaue jene dunkeln Berge, jene hohen Wälder! Welch eine kranke Sehnsucht ist erwacht; wie im Fieberschauer hat es mich ergriffen und zieht mich hin, wohin ich nicht kann, und zieht mich fort, wohin der Windstrom weht, in jene Bergesbuchten im schönsten Thale der Murg!" (Witterungen der Seele, S. 100.)

Die Pfarrei Neusatz, wo Stolz am 1. Juni 1835, am Montag vor Pfingsten, als Vikar aufzog, liegt, wenn man die Pfarrkirche in's Auge faßt, nur vier Kilometer von Bühl entfernt. Sie besteht aus vielen Zinken und Gehöften, und ist bis zu sechs Kilometer von der Pfarrkirche entfernt.

Sie umfaßt das ganze Neusatzer Thal, welches südlich von den Ausläufern der mächtigen Hornisgründe, nördlich von dem Bühlerthäler-Gebirge gebildet wird und bei Ottersweier in die Rheinebene mündet. Es ist eines der schönsten der kleineren Thäler des mittleren Schwarzwaldes. An den Bergabhängen gedeiht ein vorzüglicher Wein; zahme Kastanien und Kirschen werden in Menge gezogen und bringen, wenn die Ernte nur einigermaßen ergiebig ist, viel Geld in's Thal. Auch viel Kirschenwasser wurde gebrannt und mehr als genug getrunken; ein Theil des „Vaterunser" ist aus Schnaps-predigten destillirt, welche Stolz in Neusatz gehalten hat.

Von einem Bergvorsprung gegen Norden schauen die Trümmer der Windeck in das Rheinthal herab; die Ruine gehört mit den dabei stehenden Häusern noch nach Neusatz. Am Fuße der Burg und des Berges zieht sich die Filiale Waldmatt hin, ein Fleckchen Erde, „so idyllisch wie sein Name". Unten im Thale lag das Hubbad, damals ein beliebtes Bad, heute eine Kreispflegeanstalt. Hinter dem Hubbad gelangt man auf die Höhe des Stübig mit herrlicher Aussicht in das Rheinthal und nach den Vogesen, in den „Witterungen der Seele" mehrfach genannt. Wo das Thal in die Rheinebene mündet, ruht unter alten Lindenbäumen die schöne Wallfahrtskirche Maria-Linden, „wo selten ein Wanderer vorüberzieht, ohne ein Gebet ausgeathmet und himmlischen Trost eingeathmet zu haben"!

Neusatz war bis 1783 eine Filiale der uralten und aus-gedehnten Pfarrei Ottersweier. Die Pfarrkirche steht mitten im Thale und wurde 1785 im Stile der damaligen Zeit erbaut; heute ist sie etwas zu enge für die Gemeinde, welche schon in den dreißiger Jahren 1400 Seelen zählte. Nördlich von der Pfarrkirche liegt das burgähnliche „wild-romantische" Pfarrhaus. Es soll ehemals ein Schlößchen der Herren von Windeck gewesen sein. Als die Pfarrei er-richtet wurde, kaufte die Gemeinde die kleine Burg und machte sie zum Pfarrhof. Zur Stunde noch sind der Burggraben, die Vorrichtung zur ehemaligen Fallbrücke und andere Ueberbleibsel der alten Herrlichkeit zu sehen.

Am 1. Juni zog Stolz in Neusatz auf. Er hatte die Versetzung als eine Hiobspost betrachtet und war „mißfidel", als er sich der Burg näherte. Warum? „Ich kannte einen Pfarrer, der bei schwacher Geistesconstitution und scheinbarer Gutmüthigkeit vor Allem seine Hunde liebte; diese bekamen nach dem Mittagessen ‚Kaffee mit Zucker', nicht weil sie es gern soffen, sondern weil sie an diese Zärtlichkeit sich gewöhnen mußten. Seine Hunde waren gleichsam die vorderste Region seines Interesses. — Dann kam er; die Tafel war höchst üppig besetzt; er suchte darin nicht bloß sinnlichen Genuß, sondern auch eine Ovation für seinen hungerigen Ehrgeiz; er wollte gelten, in Mangel der Möglichkeit anderer Geltung, für einen prächtig gastfreundlichen Pfarrer. — Nach den Hunden und ihm kamen die Dienstboten; diese waren (wenigstens zwei davon) fett wie Schweine. Hingegen den Vikar hielt er, außer Speis und Trank, spärlich, wenn er auch noch so viel arbeiten mußte: den Armen aber gab er bei großem Vermögen, soweit bekannt ist, wenig. Zugleich hörte er sich unendlich gern reden, so daß seine Unterhaltung bei dem mageren blöden Inhalt unbeschreiblich langweilig wurde, wie Mangelkraut im Wasser gekocht. Und was das Unerträglichste war: er war ein unzeitig geschüttelter Klostergeistlicher, ein Mann, der meinte, die seichte, josephinische Aufklärung, worein seine Jugend fiel, sei die höchste Weisheit; darum gab er frömmeren Leuten herbe Antworten, als wäre strengeres Christenthum eine größere Sünde als dieß und jenes Laster. Ich richte damit nicht, sondern ich vergegenwärtige nur; wohl mag er viel weniger Schuld vor Gott haben in Betracht seines armen Talentes und der ungesunden Jugendumgebung, als ich habe, wenn ich erwäge, welche Gnaden von weltlichem und von innerem Geschick ich gehabt und unfruchtbar absorbirt habe" (Witterungen der Seele, S. 437). Und bei diesem Pfarrer hat Alban Stolz, der den Namen oder die Pfarrei desselben in seinen Schriften nirgends auch nur angedeutet hat, eine Reihe von Jahren geduldig ausgehalten, ein Kunststück, welches vor und nach ihm kein Zweiter fertig gebracht! Der Mann war ein Straßburger und gleich vielen Anderen durch den Sturm der Revolution über den Rhein geweht worden. Er selbst hatte mehr als 20 Jahre Vikar sein müssen, bis es ihm endlich gelang, das badische Bürgerrecht und dann eine Pfründe zu erlangen. Lange Jahre der Dürftigkeit und eigene harte Behandlung mögen ihn hart gegen seine Vikare gemacht haben. Zum Vikarsgehalte steuerte er Summa Summarum fünf Gulden (8 Mk. 75 Pfg.) bei. Er war viel zu alt, um in die Geschäfte der Seelsorge mit einigem Erfolge einzugreifen, aber er dachte nicht daran, seinem Vikar etwas von den Stolgebühren abzutreten. Stolz machte ihm hierüber den Standpunkt wiederholt klar, aber der Kirchenbehörde gegenüber hat er geschwiegen und niemals etwas gefordert, zumal er eigenes Geld besaß. Seine Nachfolger fuhren anders dazwischen und brachten es dahin, daß der Pfarrer von Oben herab gezwungen wurde, zu geben, was ihnen gebührte.

Schon am Tage nach seiner Ankunft besuchte Stolz die Schulen, nämlich die bei der Kirche, sowie die andere auf Neusatzeck, welche eine halbe Stunde weiter entfernt auf der Höhe des Gebirges liegt. Schon im August wurde der alte Herr ernstlich krank und nun lag die ganze Last der Geschäfte auf den Schultern des kleinen, schwächlichen Vikars, der selbst sehr viel leidend war und besonders an Brust- und Halsbeschwerden litt. Stolz medicinirte viel und dachte noch unendlich mehr an Tod und Gericht. Aber alles Unwohlsein hielt ihn nicht ab, zu jeder Jahreszeit so früh aufzustehen, daß die Leute sich darob wunderten, und alle Geschäfte auf das Gewissenhafteste zu besorgen. So lange der Pfarrer zu celebriren vermochte, las Stolz nicht jeden Tag die heilige Messe, weil er sich dessen für unwürdig hielt, stets aber wohnte er der Pfarrmesse bei. Seine Seelenwitterungen pflegte er, wenn auch kurz, so doch fleißig aufzuzeichnen, z. B.: „missa pia! — Aufgethaut die Seele, wohlgemuth! — Andächtig, schwunghaft! — Am Weißen Sonntag 1841: Thränen im Amt, Leuchten in der Seele! — Bleierne Stimmung! — Trüb und doch mit Gott!" — Neusatz war der Ort, „wo ich unter rauhem Volke selbst ein rauhes, hartes Leben 77 Monate lang führte, wenig und selten freundlich, gegen mich nicht und gegen Andere nicht. Ich war da ein Jünger des Vorläufers Johannes. Dort haben die großen Sünden und edelsten Tugenden, mit welchen ich zu thun bekam, die Gedanken zu meinem Kalender angesäet und ausgetrieben" (Besuch bei Sem, Cham und Japhet, S. 10). Rauhes Volk! Die Leute im Gebirge pflegen lange nicht so zahm zu sein, wie die der Niederungen. An Wilderern, Raufhändeln, ja an Mord und Todschlag war in Neusatz und in den benachbarten Thälern weitum kein Mangel, am wenigsten aber an Säufern und wohl auch Säuferinnen. Der treffliche Wein war wohlfeil, das Kirschen- und Zwetschgenwasser auch nicht zu verachten. Ein Spruch der Gegend lautet sehr bezeichnend: „D'r Wing moh mi", d. h. der Wein mag mich. Stolz erzählt namentlich in seinen Kalendern manches Erlebniß aus seiner dortigen Seelsorgerlaufbahn. So beispielsweise von dem prächtigen Burschen in Waldmatt, der vom Kästenbaum herabstürzte und unter grimmigen Schmerzen sterben mußte (Jahrg. 1845); weiter von alten ausgedienten Wilderern, welche ihm ihr Herz offenbarten und erzählten, der Gewinnst sei das Geringste gewesen, das sie getrieben habe; es habe, wie wenn sie verhext gewesen wären, eine wundersame Begierde sie innerlich gehetzt und gejagt, umherzuschweifen und das Wild und die Gefahr aufzusuchen (Jahrg. 1846). Ferner von dem schlimmen Ehemann, der seine Frau dergestalt schlug, daß sie alsgemach den Verstand verlor, und den er aufsuchte, um ihm Vorhalt und Zuspruch zu machen. Der übelberüchtigte Mensch suchte seine Unschuld in eigener Weise an das Tageslicht zu stellen: „Er erzählte darum dem Kaplan ein Begebniß aus seinem früheren Lebenslauf, woran letzterer ganz augenscheinlich abnehmen könne, wie über alle Maßen gutherzig er, der Ehemann, stets gewesen. Vor mehreren Jahren sei er nämlich mit seinem Weib in's Ungarland ausgewandert, um daselbst sein Glück zu probiren. Da seien sie mitsammen wohl eine halbe Stunde lang neben dem Donaufluß hergegangen. Nun sei es ihm stark in den Sinn gekommen, hier könne er sich gar leicht seiner Frau entledigen, er dürfe ihr nur von hinten einen Stoß geben, auf daß sie in das Wasser stürze und ersaufe. Dessenungeachtet aber, daß kein einziger Mensch um den Weg war, und ungeachtet, daß er zu einer solchen eheweiblichen Erleichterung keine üble Lust gehabt, so habe es ihm die übermäßige Güte seines Herzens nicht zugelassen. Der Hochwürden könne klärlich daraus ersehen, wie übel er berichtet sei, wenn er ihn als einen solchen ansehe, welcher nicht wisse, wie ein guter Ehemann sein solle." Weiter von dem Burschen, der in sehr kalter Winternacht den Hilferuf eines todmüden Kameraden nicht beachtete und ihn erfrieren ließ, ein Jahr darauf aber nicht weit von der Stelle im Wald erschossen wurde. Dann von einer Heidin, welche von Christus gar nichts gewußt und gemeint hat, sie müsse eben in der Sünde und zur Verdammung rettungslos dahinsterben (Jahrg. 1847). Endlich vom leichtsinnigen und verwilderten Buben eines Scheerenschleifers, der an entsetzlich engem Odem litt und dem die Leute am Ende kein Wort des Trostes mehr wußten. Und wie es dann tödtlich still war und nur noch der Kranke jammerte und nach Luft schnappte, so seufzte der Bub: wenn nur ich es hätte! „Wie er so sagte, da ist er schön und edel geworden in meinen Augen, und wenn ich unser Herrgott gewesen wäre, so hätt' ich ihm fast alle seine Sünden verziehen, um dieses Wortes willen. Es sind wohl jetzt 20 Jahre, daß der Bub so geredet; aber die Verehrung für sein Wort ist in mir noch so frisch wie von gestern" (Jahrg. 1858). Von Neusatz gilt, was er seinen Zuhörern zu erzählen pflegte: „In einer abgelegenen Berggegend hatte ich einem Mädchen eine Strafe dictirt, da stand dessen sonst schüchterne Schwester auf und bat aus freiem Herzensantrieb selbst um die Strafe, damit die Schwester verschont bleibe. Der Lehrer nahm den Tausch an und gab der Stellvertreterin die verordneten Streiche auf die Hand, aber viel gelinder als die eigentlich Strafbare sie bekommen hätte. Den übrigen Kindern gefiel diese Art von Liebesäußerung so sehr, daß diese freiwillige Uebernahme der Strafe Anderer ordentlich Mode wurde in der Schule — gewiß eine schöne, kindliche, gleichsam spielende Vorübung für das, was der Apostel (Galat. 6) fordert: Es trage Einer des Andern Lasten, und so werdet ihr erfüllen das Gesetz Christi" (Erziehungskunst, S. 291).

Unser Vikar pflegte schon Montags sich auf die Predigt vorzubereiten und oft schon Donnerstags mit dem Auswendiglernen zu beginnen, weil er viel mit seinem Gedächtnisse zu kämpfen hatte. Trotzdem predigte er, wenn der Pfarrer bettlägerig war, an jedem Sonn- und Feiertag zweimal, mitunter freilich auch aus dem Stegreif. Auch bezüglich seiner Predigten schrieb er Notizen auf, z. B.: „Süße Predigt! — consternirt! — schlechte Homilie, nicht geweiht und gebetet genug! — Mißstimmung, schauderhafte Predigt!" — Die Themata seiner Kanzelvorträge waren für ihn bezeichnend, z. B.: Kann man anders werden und wie? — Heuchelei im Beichtstuhl — Die Natur ein Buch — Das Leben ein Trauerspiel — Der Rebstock und der Mensch — Stufen im Schlechtsein — Gottähnlichkeit — Vergleich der göttlichen und der sinnlichen Liebe.

Kein Beichtkind konnte jemals erzählen, es sei von Alban Stolz kurz abgefertigt worden; dieser verfuhr mit einer solchen Gründlichkeit, ja Umständlichkeit, daß manche geistliche Herren meinten, man dürfe ihm wie dem seligen Jais nachsagen, er habe das Beichthören gar nie recht gelernt. Laut seinen Aufzeichnungen saß er oft 4—5 Stunden, einmal sogar von Nachmittag 1 Uhr bis Abend halb sieben Uhr im Beichtstuhle. Er hat viele sogenannten kindliche Beichten abgenommen, von denen man in jenen Tagen noch nicht viel wußte. In seinen Aufzeichnungen lesen wir: Herb gearbeitet, erschöpft! — sehr müde für Gott! — süße Beichternte! — So sehr er auch mit Geschäften überladen, schwächlich und oft kränklich war, so konnte er doch vieles Fasten notiren. Häufig begegnen wir der Bemerkung: „Heiter beim Fasten! — kein Frühstück genommen! — Am Tage vor Weihnachten 1837: Strenges Fasten, ohne Schaden! — Aschermittwoch 1839: Ernstlich fasten angefangen!"

Obwohl Stolz erst in Bruchsal, also mehrere Jahre nach der Priesterweihe, mit dem Brevier bekannt wurde, so war er trotzdem durch und durch ein Mann des Gebetes und der Betrachtung. Zahllose Stellen seiner Schriften legen hierfür beredtes Zeugniß ab. Schon die wenigen Worte der Erinnerung an 1836, welche er im Wintermonat 1851 niederschrieb, könnten als Beweis genügen: „Ich denke wieder lebendig und warm hinunter an jenen Weihnachtsabend auf schneeiger Bergeshöhe, als ich in's Versehen ging nach der alten Glashütte. Unendlich einfach war die Sonne und die Musik, sie griff aber in die tiefste Seele. Es schwebte eine röthliche Wolke an der Kuppe der Hornisgrinde, und aus weiter Ferne von Bühl herauf tönte das Gewühl aller Glocken. Es ist unbeschreiblich, was ich da empfunden und geahnt habe, ich kann es auch mit nichts Anderm aus meinem Leben vergleichen. Und obgleich der Eindruck keineswegs heftig war, sondern leise und träumerisch, so scheint er von Jahr zu Jahr in der

Erinnerung stärker und lebendiger zu werden. Jedoch ist es eigentlich keine Erinnerung, was ich jetzt und sonst schon im Winter darüber fühle, sondern es ist lebendig und wesentlich in der Seele stecken geblieben und wächst gleichsam an Stärke, und wird zu seiner Zeit sichtbar, wie ein Planet seine Umlaufs- und Erscheinungszeit hat" (Wilder Honig, S. 112 ff.). Wie unvergeßlich ihm dieser Weihnachtsabend war, beweisen die Stellen in verschiedenen seiner Schriften, welche demselben gewidmet sind.

Was ihn tröstete und erhob, so daß er gegen die Mühsale und Armseligkeiten des Erdendaseins wie gefeit war, das drücken folgende Worte aus, die er an seine Seele richtete: „Besinne dich einmal, in welcher Gesellschaft bist du am fröhlichsten noch gewesen? — war es zu Hause bei deinen Verwandten, oder war es, wenn etliche Freunde dich besuchten? — war es bei F. oder H. oder L.? oder war es in den frohen Stunden auf der Windeck? — Nein, so heiter du auch in diesen Gesellschaften warst, deine Freude hatte etwas Erdhaftes an sich, abgesehen, daß sie manchmal Zeit verschlang. Meine glücklichsten Stunden waren in der Kirche und in der Einsamkeit, wo ich mit Gott mich unterhielt; auf dem Stübi, wenn Abends die Sonne in den Schooß der Vogesen sank und wie zum Abschied mit ihren freundlichen Strahlen noch unser schönes Gebirg küßte, oder auf dem Pfad am Gebersberg, wenn die Dämmerung ihren Schleier um die Berge zog, oder in Waldesnacht zwischen dunkeln Tannen, oder östlich auf dem Rebberg am rothen Kreuz, wo ich mein Thal schaute, wie es Felsen, Busch und Wald und Wohnungen der Menschen umarmte. Da war es dir oft so wohl, wie es vielleicht Tausenden von Menschen nie geworden ist, von der Wiege bis zum Grab. Oder wo ist eine Freude, die so himmlisch war wie die Seligkeit, welche mich vor Maria Himmelfahrt auf den Boden herabzog, daß ich hinkniete im Waldestempel und mich Gott weihte? Also bei Gott findest du die schönsten Freuden. Was willst du jetzt thun? — Gott, ich will dein gehören, dich suchen, dich lieben, mit dir sprechen Tag und Nacht, und in dir mich freuen, dir allein gefallen" (Witterungen der Seele, S. 5 ff.).

Ein unermüdlicher Arbeiter war Stolz besonders in der Schule. Sorgfältig bereitete er sich auf den Religionsunterricht vor, und war der Lehrer krank, so hielt er für denselben Schule; ja sogar Sonntags, wo er doch in der Regel angestrengt genug war, hielt er die sogenannte Sonntags- oder Fortbildungsschule ab. Für seine Strenge im Religionsunterricht wurde ihm nach langen Jahren noch aus Amerika herüber gedankt, für seinen Eifer in der Schule überhaupt belohnte ihn ein ministerielles Belobungsschreiben, datirt vom 15. Christmonat 1836.

Am 22. Juni 1837 hielt der Dekan von Ottersweier in Neusatz eine Pfarr- und Kirchen-Visitation ab. Der Pfarrer konnte unserm Stolz nur das beste Zeugniß ausstellen: er sei ein wahrer Eiferer für das Gute, befolge alle erzbischöflichen Verordnungen genau und pünktlich und ihm sei das Predigen ganz und gar überlassen. Die Lehrer beider Schulen waren brav. Die Schulkinder besuchten täglich, insofern sie nicht gar zu weit weg wohnten, die heilige Messe. Schüler, welche ordentlich zu schreiben und zu lesen verstanden, schrieben auf, was sie von der Predigt behalten hatten und brachten den Aufsatz in die Schule. Den Schülern der obern Klasse hat Stolz bisweilen aufgegeben, Werke der Selbstverläugnung zu üben; sie mußten ihm alsdann in der folgenden Stunde Rechenschaft darüber ablegen, was sie aus Liebe zu Gott gethan oder unterlassen hätten. Hauptlehrer Gutmann in Ottersweier, damals Unterlehrer in Neusatz, rühmt noch heute Stolzens Thätigkeit in der Schule bei den Kleinsten sehr. — Kein einziges Pfarrkind entzog sich seinen österlichen Pflichten, viele beichteten mehrmals im Jahre und verdankten ihm eine gute Lebensrichtung. Seine Christenlehre wurde nicht bloß von den Christenlehrpflichtigen, sondern fast von der ganzen Gemeinde besucht.

In der Kirche herrschten Stille und Ordnung. Der sittliche Zustand der Pfarrgemeinde wird als ziemlich gut bezeichnet, über die Sonntagsfeier war nicht zu klagen. Vom Wildern, Raufen und Saufen sagen die Acten kein Wort, wohl aber, daß die Tanzbelustigungen im Abgange seien. An dieser Besserung war der alte Pfarrer ebenso unschuldig als der Vikar schuldig. Früher gellte die Klarinette und brummte der Baß gar oft in den Wirthshäusern von Neusatz und in der Hub zur Sommerszeit alle acht oder vierzehn Tage. Während das junge Volk im unteren Stocke tanzte und tobte und schließlich auf dem Heimgange allerlei Unfug trieb, that sich der alte Pfarrer im obern Stocke am Weine gütlich und ließ die Dinge ihren Gang gehen. Wenn trotzdem die Zahl der unehelichen Geburten im Jahre 1836 noch $1/_6$ der Gesammtzahl betrug, so ist zu beachten, daß einmal das Heirathen damals noch sehr erschwert war und daß die meisten Mädchen in auswärtigen Diensten zu Falle kamen.

Jahr um Jahr verstrich unserm Stolz unter mühevoller Arbeit und heißem Gebet, vielfach auch unter körperlichen Leiden. Gar oft und süß strahlte dagegen Gottes Blick in seine Seele, und er wußte nicht, ob das eine Wirkung sei der Einsamkeit, der Bergesluft und der reichlichen Arbeit für Gott, oder des frommen Gebetes, welches manches Pfarrkind für ihn zum Himmel emporsandte. Auch konnte er in Neusatz und noch später beten mit einschneidender, durchbrechender Gewalt: „Es war nicht ein Anklopfen mehr, es war ein Einstoßen der Thüre." Doch mehr und mehr fühlte er, daß eine Aenderung noththue, wenn das „Granitleben" ihn nicht leiblich und geistig ganz herabbringen sollte.

Im Herbst 1839 schlug der geistliche Professor Buchbunger in Rastatt den Vikar Stolz für eine Lehrstelle am Lyceum vor, wobei er den Religionsunterricht in den fünf erſten Klaſſen wöchentlich in ſechs Stunden zu geben gehabt hätte, und fragte brieflich in Neuſatz an, ob er dazu bereit ſei. Stolz aber ſchrieb unterm 22. Oktober an den Miniſterial=rath Karl Zell: „Ich habe ſeit meinem Eintritt in den geiſt=lichen Stand mir es zur unabänderlichen Aufgabe gemacht, meine Thätigkeit vor allem Andern der unmittel=baren Begründung und Verbreitung von Reli=gion und Sittlichkeit zu widmen. Weil mir demnach eine ſolche Stelle die wünſchenswertheſte ſein mußte, wo für dieſe meine Hauptbeſtrebung am meiſten Befriedigung zu hoffen war, ſo zog ich es vor, bei meinem Austritt aus dem Se=minar die Seelſorge zu betreiben, obgleich ich außer einiger Thätigkeit in der Philologie während meines theologiſchen Curſes zu Freiburg noch zwei Jahre mit philologiſchen und denſelben verwandten Studien zu Heidelberg zugebracht hatte. Nur in dem Falle würde ich gerne eine Lehrſtelle an einer höheren Lehranſtalt übernehmen, wenn mir da vorzugs=weiſe der Religionsunterricht anvertraut würde. Denn ich erkenne es klar, wie ſo viel an einer gründlich religiöſen Bildung junger Leute gelegen iſt, denen einmal ſelbſt wieder ein größerer Wirkungskreis zu Theil wird, und könnte da zugleich meine Bemühungen für religiöſen Unter=richt und Bildung mit den Kenntniſſen noch unterſtützen, welche ich mir außer der Theologie noch zu erwerben geſucht habe, und die zum Theil jetzt brach liegen müſſen. Allein ich fände nur Befriedigung, wenn man mir den religiöſen Unterricht aller Klaſſen zutheilte. Denn nur ſo könnte ich etwas Tüchtiges hierin leiſten, wenn ich das, was ich bei den jüngeren Schülern begonnen habe, bei den gereifteren im gleichen Geiſt und im Zuſammenhang tiefer begründen und fortführen dürfte. Ich ſehe freilich die Unbeſcheidenheit mei=ner Forderung ein, indem ich ein Vertrauen da in Anſpruch nehme, das zu verdienen ich noch keine Gelegenheit hatte, und einem noch unerprobten Lehrkandidaten möchte man nicht wohl so leicht die religiöse Bildung einer so bedeutenden Anstalt, wenigstens dem Unterrichte nach, allein anvertrauen. Doch möchte mir wenigstens in Aussicht gestellt werden, daß, wenn man Ursache hat, mit meinen Leistungen im Religionsunterricht der unteren Klassen zufrieden zu sein, mir in späterer Zeit der Unterricht aller Klassen überlassen werde." Alban Stolz blieb in Neusatz, denn Joseph Beck, der spätere Oberstudienrath und Apostat, war durchaus nicht gesonnen, den Unterricht in der Religion oder vielmehr in der Religionsphilosophie, welchen er in den oberen Klassen ertheilte, aufzugeben oder auch nur die Aussicht zu eröffnen, daß er denselben in späterer Zeit aufgeben werde.

Stolz hat über sein „Granitleben" in Neusatz im Christmonat 1845 geschrieben: „Wild, heftig, kalt brausten meine Tage in strenger Thätigkeit dahin; ja selbst die Nacht jagte mich vom Bett auf in's Versehen, nicht nur zur Ascese mich zwingend, sondern mir auch in der nächtlichen Kirche unter dem Sternenhimmel und am Sterbelager des Kranken gewaltig in die Seele donnernd. Wäre ich in Neusatz geblieben, das harte, eiserne Leben wäre mehr und mehr in die Tiefe meiner Seele gedrungen und hätte sie versteinert." Das Jahr 1841 bezeichnete den Wendepunkt seiner Erdenpilgerfahrt. Im August hat er in Freiburg den Pfarrconcurs gemacht, und zwar mit solcher Auszeichnung, daß der unvergeßliche Hirscher auf ihn aufmerksam wurde und ihm später zu etwas Besserem verhalf als zu einer Pfarrei. Von 43 Geistlichen war er der einzige, welcher die Note „vorzüglich" davontrug. Bereits im Juli 1841 hatte der treffliche Ministerialrath Zell den Vikar Alban Stolz brieflich gefragt, ob er nicht geneigt wäre, eine Lehrstelle am Gymnasium zu Bruchsal zu übernehmen. Stolz säumte nicht, seinem Gönner zu antworten. Er habe, schrieb er, noch dieselbe Ansicht und Gesinnung wie damals, als er nach Rastatt hätte gehen sollen: „Ich bin nämlich auch jetzt entschlossen,

4**

bei einer derartigen Angelegenheit, wo ein Wirkungskreis mit einem anderen vertauscht kann werden, insoweit die Wahl mir überlassen ist, mich nicht durch persönlichen Vortheil oder Neigung leiten zu lassen, sondern lediglich durch die Ueberzeugung, welcher Entscheid dem Willen Gottes gemäß ist. Ich muß also in Betreff Ihres gütigen Antrages vor Allem erwägen, ob ich unter den angegebenen Verhältnissen das mir verliehene Maß von Kräften und Kenntnissen nützlicher verwende und mit allseitigerem Vortheil, als an meiner gegenwärtigen Stelle." Er erklärte sich bereit, in verschiedenen Lehrgegenständen Unterricht zu ertheilen, besonders im Griechischen, Französischen, oder auch in der Physik, aber als Hauptgegenstand seiner Beschäftigung wünschte er die religiöse und sittliche Bildung der Zöglinge, somit den Religionsunterricht und zwar in allen Klassen. Laut Zells Schreiben hätte Stolz sich in Bruchsal mit einem andern Herrn in den Religionsunterricht theilen sollen, allein dazu verstund er sich nicht, eher hätte er auf seinem harten Posten noch länger ausgehalten. Jedenfalls wollte er hoffen dürfen, daß man ihm wenigstens später den Religionsunterricht einer ganzen Anstalt und namentlich einer größeren, wie z. B. Konstanz, übertrage. Andere Rücksichten kannte er nicht. „Was den Gehalt anbetrifft, so würde ich darauf um so weniger genau sehen, da ich hier bisher immer den kleinstmöglichen bezogen habe." Er erbot sich, nach Karlsruhe hinabzukommen, um die Angelegenheit weiter zu besprechen, reiste auch wirklich hinunter und der Erfolg war seine Berufung an das Gymnasium zu Bruchsal, in dem man ihm den Religionsunterricht vollständig übertrug.

Ehe wir ihn von Neusatz scheiden sehen, müssen wir noch eines seiner Lieblinge gedenken, der in mehreren seiner Schriften wehmüthig herumflattert und von dem er unter Anderm im „Bilderbuch Gottes" erzählt: „Als ich noch im Pfarrhaus zu Neusatz wohnte — es steht mitten in einem Garten drin unten an einem Berg — da hat es einmal einen langen Schneewinter gegeben und manches Vögelein hat nicht recht gewußt, was es machen soll und wo seine Nahrung suchen vor lauter Schnee. Und auf die Art haben sie das Betteln angefangen; wenn ich Nußkerne vor das Fenster gelegt habe, so sind die Meisen und Finken gekommen und sind nicht davongeflogen, wenn sie mich auch hinter den Scheiben gesehen hätten. Ja, mit einem gar netten, wisperen Blaumeislein habe ich es so weit gebracht, daß es mir auf die Hand gesessen und ich es zuweilen ganz sachte in's Zimmer hineingenommen habe. Wenn's mir recht ist, so hat es mir zuweilen am Fenster geklopft. Und wo ich dann im Frühjahr im Garten auf und ab spazieren gegangen bin, so ist ein Vögelein auf einem andern Baum neben dem Weg gesessen und hat ganz lieblich zuweilen Laut gegeben, als wolle es mich grüßen — ich meinte das Blaumeislein daran zu erkennen. Und als das liebe Ding auf einmal nicht mehr kam — wahrscheinlich ist ihm ein Unglück passirt — war es mir gar leid.

„Was hat den kleinen, ungezogenen Vogel zu mir geführt und gemacht, daß er sein wildes Blaumeisen-Temperament abgelegt hat, und ganz zahm geworden ist, fast wie ein Herrenhündlein? Antwort: Der viele Schnee, die Noth. Sonst mag das Thier in der Freiheit nichts von dem Menschen wissen. Wo Menschen sich sehen lassen, macht es unter den Thiergeschlechtern allenthalben Verdruß und Flucht; der Vogel und das Eichhörnchen, der Igel und der Dachs, der Aal und die Forelle, ja selbst der elendeste Käfer — Alles macht sich davon, wenn das Haupt der Schöpfung, das Ebenbild Gottes sich sehen läßt. So ist es aber laut der heiligen Schrift ursprünglich nicht gewesen."

In der letzten Woche des Weinmonats 1841 nahm er Abschied. Darüber bemerkt er kurz und doch Alles sagend: „Viel Liebe und Thränen, gottergeben!" Aber er schied nur dem Leibe nach, immer und immer wieder kehrte er zurück zu den Thälern und Höhen, wo er glückliche Jahre zugebracht, von denen er schreibt: „Welch süßes Glück, wenn ich nach schwerem mühevollem Tag, wenn ich am Sonntag Abend hinaufstieg in jenen Waldberg hinter unserm Haus! Die ewige Ruhe lebte ich dort, sei es auch nur stundenlang gewesen. Meine Seele badete sich und wiegte sich in der Natur und in Gott. Der Tag war ein christliches Leben und der Abend war die Ruhe der Seligen. Selbst die Müdigkeit, die leiblich und seelisch mich ergriffen hatte von der Anstrengung, selbst diese war mir angenehm und half mich trösten, denn ich war für Gott müde geworden" (Witterungen der Seele, S. 288).

Auf die Neusatzer Jahre blickte er noch Jahrzehnte später mit Neid zurück, da er damals thätiger und strenger gegen sich gewesen sei. Er selbst äußerte sich, sein steinalter Principal habe schwerlich so oft an den Tod gedacht als er, der junge Vikar. Noch im April 1852 schrieb er: „Ich habe wohl den strengsten Lebensernst gegen mich geübt, als ich in Neusatz war, wo ich wochenlang anders nicht mit Menschen in Gespräch und Verkehr kam, als im Dienst" (Wilder Honig, S. 128). Er konnte Herrenwies und den tief melancholischen Mummelsee so wenig vergessen, als die bleiche Windeck, den Gebersberg oder das Bühlerthal, am wenigsten aber jene schöne Kirche, in welcher er manchmal einsam gebetet. „Wo das Thal sich gegen die Bahn mündet, steht an der Landstraße die schöne Wallfahrtskirche Maria=Linde, so lieblich wie ihr Name. Die Rebleute an den Bergen umher behaupten, so weit die Glocken von Maria=Linde ihren Ton tragen, so weit sei Berg und Flur stets vor Hagelschlag gesichert. Ich bin auch manchmal in jener einsamen Kirche gewesen" (Besuch bei Sem, Cham und Japhet, S. 10).

Stolz kehrte manchmal nach Neusatz zurück, besonders

als sein Studiengenosse Bäber[1] daselbst Pfarrer war. Dieser, ein Freiburger, geboren am 6. November 1807, studirte in seiner Vaterstadt Theologie und Philologie. Gerade so wenig wie auf Stolz hatten manche Professoren auf ihn dauernden Einfluß geübt, denn auch er war ein gottinniges Gemüth und ein Mann des Gebetes. Nachdem Bäber an mehreren Orten Vikar gewesen, wurde er Pädagogiumslehrer in Baden, Gymnasiallehrer in Bruchsal und gegen Ende 1837 Lyceumslehrer in seiner Vaterstadt. Er hörte gerne Beicht und bekam solchen Zulauf, daß es gewissen Herren gar nicht gefiel. Im August 1843 bedeutete ihm der Oberkirchenrath, er möge vom Lehrfache zur Seelsorge übergehen. Am 16. August 1845 enthob ihn ein Ministerialerlaß plötzlich von der Ertheilung des Religionsunterrichtes. Alle Vorstellungen fruchteten nichts, als daß ihm die Pfarrei Neusatz verliehen wurde, obwohl er um dieselbe gar nicht angehalten hatte. Mit Leib und Leben hatte Bäber an seinem Lehramt gehangen, allein man ließ ihm bloß die Wahl, ganz ohne Stelle oder Pfarrer von Neusatz zu sein. Am 17. September 1846 ließ er sich investiren. Er wurde rasch ein weit und breit in Anspruch genommener Beichtvater. Unter unabsehbaren Schwierigkeiten erbaute Bäber auf Neusatzeck in der Nähe des sogenannten Wolkenkreuzes eine Kirche, welche Anfangs 1864 eingeweiht wurde. Er wendete sein ganzes Vermögen an, um ein eigenes Kaplaneibeneficium Neusatzeck zu stiften. Am 16. April 1867 rief Gott seinen treuen Diener zu sich, am 16. Christmonat 1869 traf die Errichtungsurkunde der Kaplanei in Neusatz ein.

Stolz hat unter Anderm in der Kirche von Neusatz seine „Dorfpredigt auf das neue Jahr" 1855 gehalten (Kleinigkeiten, I. S. 330). Noch im November 1859 erinnerte er

---

[1] Joseph Joh. Bäber, Pfarrer in Neusatz, von Dr. Joseph Anton Keller. Freiburg i. Br. bei Dilger. 1878.

sich in seinem Tagebuche eines lieben Mädchens aus Neusatz. Der Vater desselben war ein ebenso armer als roher und zorniger Mensch. Er wurde in einen Wildererprozeß verwickelt, sein schüchternes Kind sollte bei Amt aussagen, er sei daheim gewesen, ließ sich aber durch nichts dazu bewegen, weil das Lügen eine Sünde sei. Dasselbe Mädchen begehrte vor seiner ersten Communion von der Mutter, sie solle ihm nur ein geringes Zeug zum Kleide kaufen, denn man dürfe beim heiligen Abendmahl nicht hoffärtig sein. Im Herbst 1860 besuchte ihn eine Jungfrau aus Neusatz, welche in Ingenbohl in das Noviziat trat. Er hatte dieselbe noch zur ersten Communion vorbereitet und seither nicht mehr gesehen. Trotzdem konnte sie ihm erzählen, sie habe unaufhörlich für ihn gebetet. Eine der größten Herzenserquickungen Albans war die Gewißheit, daß er bei einer Menge frommer Personen Gegenstand des täglichen Gebetes sei. Auf das Gebet Anderer für ihn hat er sehr viel gegeben. Wenn ich bedenke, „wie ungewöhnlich gefahrvoll und verantwortlich meine Person gestellt ist durch die Lebens- und Berufsverhältnisse, und wie zahllos die Sünden und Folgen derselben sein mögen, die ich in Leichtsinn und Trägheit angestiftet habe, so sehe ich meine moralische Existenz getragen durch eine ungeheure Spannung; auf der einen Seite drücken die Verschuldung und maßloser Undank meine Seele der Verwerfung entgegen, auf der andern Seite wahren und halten mich die unaufhörlichen Fürbitten und füllen immer neue Frist und Gnaden in die verdienstlose Seele" (Wilber Honig, S. 453).

Noch heute hat man in Neusatz nicht vergessen, wie bereinst Vikar Stolz in die Tasche gegriffen. Armen Kranken bezahlte er den Arzt und die Medizin, mehr als einem armen jungen Paar verhalf er zu einem guten Anfang ihrer Haushaltung. Aber noch in den letzten Jahren seines Lebens schickte er dem Pfarrer Lorenz von Neusatz Geld für die

Armen, bald zwanzig, bald fünfzig, zusammen mehrere hundert Mark. Er meinte dabei, er sei in Neusatz für das Almosengeben noch nicht geweckt gewesen und wolle nun diesen Fehler in etwas gut machen.

## In Bruchsal.

Für Stolzens pädagogische Ausbildung war es vortheilhaft, daß er an das Gymnasium in Bruchsal kam. Director Rokk war ein ganz vorzüglicher Schulmann, der namentlich auch die seltene Gabe besaß, selbst minder talentvolle Schüler zu Mathematikern heranzubilden. Unserem Stolz war und blieb er gewogen und hatte keinen Antheil an den Ränken, welche gegen diesen geschmiedet wurden.

Stolz hatte vor Allem den Religionsunterricht zu besorgen, dazu in der ersten Klasse die Anfangsgründe des Lateinischen, in der dritten die des Französischen und in der vierten die des Griechischen zu lehren. Die Zahl seiner Unterrichtsstunden betrug vierundzwanzig. Den Religionsunterricht ertheilte er nach Hirschers Katechismus. Er pflegte den Schülern zu diktiren und dabei sehr viele Schriftstellen auswendig lernen zu lassen. Nicht nur geisttödtende Correcturen der Aufgaben seiner Schüler nahmen seine Zeit in Anspruch, auch an Sonn- und Feiertagen war er ein geplagter Mann. In der Hofkirche hatte er für die Zöglinge nur den Morgengottesdienst abzuhalten, doch sein Seeleneifer bewog ihn, aus freien Stücken sich anzubieten, auch Nachmittagsgottesdienst einzuführen. Sein Religionsunterricht war gut, wie die jeweiligen Prüfungen bewiesen. Aber auch in anderer Beziehung wirkte er vortrefflich. Waren beispielsweise die Schüler der oberen Klassen bedeutend auf das Wirthshaus versessen, so kam diese Unsitte sichtlich in Abgang, seitdem Stolz da war. Als dieser später gar nicht mehr in Bruchsal bleiben, sondern Pfarrverweser in Wertheim werden wollte, empfahl ihn der erzbischöfliche Schulkommissär und Decan Gugert, der Bruder des weltbekannten Arztes zu Baden-Baden, unterm 31. Oktober 1842 dem Generalvikariat auf das wärmste. Er meinte, zum Frommen der Anstalt sollte Stolz in Bruchsal bleiben, „der nicht nur durch seine theologischen Kenntnisse und seinen Lehreifer, sondern auch durch sein musterhaftes, wahrhaft priesterliches Betragen rühmlichst sich auszeichnet und sowohl von den Schülern der Anstalt als auch im Publikum allgemein geachtet ist"! Stolz hatte die Last von Zweien zu tragen, da ein zweiter Geistlicher für die Anstalt nöthig war. Seine ganze Besoldung betrug aber Summa Summarum 500 Gulden (857 Mk. 14 Pfg.).

Der Sprung aus der harten, aber poetischen Seelsorge in das weit bequemere Schulmeisterleben mit seinen dürren Aufgaben war zu stark, daher wurde er gar leicht und oft wiederum zur Beute religiöser Melancholie. „Ich habe Zeiten, wo die Seele sich stark gehoben fühlt, und aufwärts gezogen zu Gott, so daß es ihr ein Leichtes, ja etwas Angenehmes ist, zu beten und gute Entschließungen zu machen, mich zu verläugnen, sie darf kaum nachhelfen, wie wenn man im Strome dem Meere zufährt. Dann nach einigen Tagen schon kommen dunkle, trübe Stimmungen, wo ich nicht nur mich gar nicht gehoben fühle und mir der Blick nach Oben grau verhängt ist, sondern die Seele scheint in eine Strömung der Hölle gefallen, indem die niedrigsten feindseligen Anwandlungen sie bestürmen und meistens auch fortreißen. Nach acht oder vierzehn Tagen geht dann das Wetter wieder auf: Wehmuth, Sehnsucht, Drang nach Oben kehrt wieder ein." Und weiter: „Wie gern versenk' ich mich in Alles, was düstere Melancholie in mir anregt und nährt! Was soll aber das werden? — Das ist kein Samenkorn, sondern nur trübes Mondesscheinen, an dem kein Gewächs gedeihen mag. Auf! O bedenk es, meine Seele — jetzt stehest du auf dem Höhepunkt des Lebens — und da du anfingest, ernstlich zu Gott aufzustreben, da hat es nicht Stand gehalten, und du bist wieder behaglichem Taglöhnerleben anheimgefallen, wo du kein höheres Verlangen zunächst hast, als täglich zufrieden und wohl dich zu befinden. Könnt' ich mit ungeheurer todtenerweckender Stimme meine Seele anrufen, und mit gewaltigem Wort sie beschwören: Wach auf, steh auf, ermanne dich — die Kälte faßt dich an; wenn du länger schläfst, so tödtet dich Frost, du merkst es nicht. Ja, steh auf — besinne dich! (Witterungen der Seele, S. 57, 65.)

Mit tiefer Wehmuth schaute er auf seine Vikarsjahre zurück. „Ein schmerzlich Lied, eine lange Klage möchte in mir tönen — ach! was habe ich gewonnen? das kann ich nicht sagen — was habe ich verloren? ach, es verliert sich mehr und mehr die süße Wonne in Gott, wie sie sonst wie Sternenglanz in der einsamen Seele funkelte — der fromme ernste Sinn, wie ich ihn mir sonst sammelte in der Kirche oder am Krankenbette und Sarge, und es blickt mich kein süßes Herz mit freundlichem Aug mehr an, es dankt mir keine liebende Seele mehr und Niemand sehnt sich mehr nach mir. Geh vorüber, geh vorbei — daran ist es nicht gelegen, ob die Tage freundlicher sind oder trüber; sie sind ja hier mühe- und sorgenloser — aber daran ist gelegen, daß meine Seele verwildert, weltlich und üppig wird." Alles entleidete ihm, eine schwere Gleichgültigkeit gegen alles Religiöse lag auf ihm, wie noch nie seit seiner Priesterweihe. Er klagte, es sei ihm ein fremder Frohndienst, den Religions-Unterricht zu halten, ja manchmal sehe er diesen Unterricht für seine unangenehmste Last an, weil sein Herz nicht dabei sei; Glaube, Hoffnung und Liebe zur Wirksamkeit bei seinen Schülern seien verwelkt. Er schreibt es theilweise dem Umstande zu, daß die Gebete so vieler Lieben in Neusatz und Waldmatt allmählich aufhören, weil sie ihn nicht mehr sähen und seiner sich seltener erinnerten. Seine Stellung behagte ihm nicht: „Was ich für das Reich Gottes hier zu thun habe, ist der Quantität nach viel weniger, als was ich sonst zu thun habe — und schlimmer noch ist es, daß ich dieses Wenige mit geringer und oft gar keiner Lust und Eifer vollführe." Aber ihm verblieben dennoch die Tröstungen der Religion. Er schrieb am 13. Mai 1842: „Gestern nach der Morgenschule ging ich auf die Höhe hinter der Kaserne, müde von der Anstrengung des Unterrichts. Eine melancholische Stimmung, die mir aber doch lieb war, hatte ihre Flügel brütend über meine Seele ausgebreitet. Vieles erwog ich in religiösem Sinnen, — und es schwebte still und fast traurig der bittende Wunsch zur heiligen Jungfrau, daß ich sie auch gern von Herzen verehren möchte, wie schon so Viele gethan hatten, ich wisse aber nicht, wie ich es anstellen solle: da gab es mir Antwort in die Seele hinein. Es ging mir die Erkenntniß auf still und lieblich, wie der Mond Nachts hinter dem Gebirg heraufkommt: die Jungfrau sei die Heiligste und Herrlichste vor Gott unter allen Menschen, und doch war ihr Leben nur einfach und ohne Glanz. Sei es also ein Wahn von mir gewesen, daß ich bisher geglaubt habe, nur als Missionär oder starker Eiferer durch gewaltige Erfolge meines Wirkens etwas vor Gott werden zu können; und als sei meine jetzige Stelle nicht die rechte, welche für mich bestimmt sei und für mein Streben; das sei eine Verblendung und Wahn gewesen, vielleicht aus Hochmuth entsprungen. Ich solle ruhig und getreu die Pflichten meiner jetzigen Stellung erfüllen, nicht über Träumen von künftigen Thaten die Gelegenheit der Gegenwart versäumen. Harmonie mit Gott ist im niederen Stande so rein und wohlklingend wie im hohen Stand. Und es ist mir ferner die Erkenntniß gekommen, daß ich zu viel auf mein Predigen gehalten habe, indem ich mich fast zudrängte, in Gemeinden, die mich nichts angehen, zu predigen, denn der Erfolg sei fast keiner. Und so ist mir nun der Trieb und die Aengstlichkeit, keinen Sonntag ungepredigt vorübergehen zu lassen, genommen, und ich kann ruhig es Andern überlassen, das Wort Gottes zu verkünden" (Witterungen der Seele, S. 25 ff.).

Sein Wesen, das er selbst gar oft als „stachelig" und sogar als „borstig" verunglimpft hat, im Bunde mit rückhaltlosem Freimuthe, verhalfen ihm in Bruchsal, wie später in Freiburg, zu Gegnern und Unannehmlichkeiten, worauf er manchmal anspielt. Schon aus diesem Grunde wünschte er sich in weite Fernen. „Wieder erwacht der dämmerhafte Wunsch, viel gegenwärtig zu sein, am Fuß des Rigi, in Goldau zu wohnen, und auf dem Meer um schöne Inseln zu schiffen, — und Liebe und Schmerz zu theilen in so mancher Familie auf frommen Dörfern, und in Waldeinsamkeit als Einsiedler jahrelang keinen Menschen zu sehen und dem stillen Strom des Gemüths zuzusehen — und in Italien zu wohnen, und im Nebel auf schroffen Felsen von Norwegen und der Insel Rügen zu hausen" (Witterungen der Seele, S. 20). Wehmüthig kehrte er im Geiste an die Ufer der Murg zurück, schon der Name Rothenfels oder Gaggenau füllte seine Augen mit Thränen, denn holde und süße Tage hatte er dort verlebt, lieblich auf der Erde und freundlich für den Himmel. Er klagt: „Wie anders ist es jetzt geworden! Damals war ich als Priester in meiner Kindheit, und ein lebendiger Keim des Guten grünte hoffnungsvoll in mir. Wie eifrig war ich, wie freudig zum Dienst des Herrn und der Menschen, wie entschieden rang ich, ganz mich Gott hinzugeben, wie gewissenhaft suchte ich des Nächsten Ehre zu vertheidigen, es that mir weh, wenn ich Andere tadeln hörte; wie gern verläugnete ich mich beim Essen, wie genügsam war ich und suchte keinerlei Vergnügen. Ach, diese Blüthe ist verwelkt." Als er einmal in einer Schule einfach und ruhig die Gesänge singen hörte, die er bereinst in Neusatz am Frohnleichnamstage gehört hatte, da kamen sie ihm vor wie ein wehmüthiges Trostlied, sie tönten an seine Seele wie die

Wellen süßer Frühlingsluft. Er sehnte sich fort, möchte an einen neuen Ort versetzt werden, am liebsten möchte er in die **Seelsorge zurückkehren.** Den Grund gibt er selbst an: "Als ich gestern einsam im Park spazieren ging, kam mir recht anschaulich und eindringlich der Gedanke, wie ich eben doch auch einen solchen Beruf wählen solle, dessen Geschäfte meiner Neigung und Fähigkeit angemessen sind, z. B. Pastoration. Hier muß ich den größten Theil meiner Amtsthätigkeit mit Unterrichts-Gegenständen mich befassen, **die mich nicht interessiren,** und die der Talentloseste ebenso gut, wo nicht besser, besorgen kann. So viele Geistliche haben keine Lust zur Pastoration, — sollte ich ihnen nicht hier Platz machen?" (Witterungen der Seele, S. 63.) Gar manchen Tag saß er einsam daheim, froher als im Gewühl der Menschen, denn er konnte beten so aus dem Herzensgrunde, wie nach seiner Meinung in späteren Jahren selten mehr.

Außer Gott und der Natur tröstete ihn der Anblick seiner kleinen Studenten. Er liebte sie und las die heilige Messe für sie; manchmal kam ihm der Gedanke, es sei seine Pflicht, nicht in die Pastoration zu gehen, sondern in der Lehranstalt zu bleiben, in der er doch manche Freude erlebte. Als er beispielsweise am 23. August im Religionsunterricht von der katholischen Mission sprach und namentlich von der Einrichtung, daß auch der Arme daran theilnehmen könne, da standen mehrere Schüler der dritten Klasse auf und forderten, auch mitthun zu dürfen, er solle ihre Beiträge annehmen. Sie thaten dieß, ohne daß er sie auch nur mit einer Silbe dazu aufgefordert hätte. Diese dritte Klasse schien ihm überhaupt regen Sinn für das Confessionelle zu haben, wie denn unter Anderm die katholischen Schüler für einen protestantischen Mitschüler ernste Zurechtweisung begehrten, weil er einen Juden durch Spott über seine Religionsgebräuche gekränkt habe. Und noch kurz vor seinem Scheiden am 30. Jänner 1843 konnte er schreiben: "Heute überströmte es mich während des Unterrichts in der ersten Klasse mit süßer Wonne — und auch jetzt noch ist es mir innig wohl; aber es fiel mir auch ein, daß dieses weiche süße Denken und Fühlen zu Gott wohl ein Genuß, aber noch gar kein Fortschritt zum Bessern sei, daß dieses nur im kräftigen Willen und Thun liegen könne" (Witterungen der Seele, S. 77). Auch Körperleiden suchten ihn mitunter heim, wie er denn am 22. Hornung 1842 dermaßen vom Fieberfrost geschüttelt wurde und die linken Drüsen am Hinterkopf so schmerzhaft anschwollen, daß er eine Predigt in der Stadtkirche nicht halten zu können vermeinte. Er kniete nieder und bat Gott herzhaft, ihn gesund zu machen, damit er predigen könne. Die Nacht war voll Unruhe, Hitze und Frost; gegen Morgen konnte er schlafen und später die Kanzel als gesunder Mann besteigen. — Fortwährend wechselten gottinnige Stimmungen mit Sorgen und Scrupeln bezüglich seines Seelenheiles. So schrieb er Ende Jänner 1842: "Diesen Morgen zum erstenmal, seit ich hier bin, kam mir mein Seelenzustand beim Erwachen ernst und bedenklich vor, wie ich es oft in Neusatz fühlte. Das war mir fast lieb und ein Zeichen, daß es besser mit mir werde — denn dieser leichtsinnige Zustand, wo ich über mein Seelenheil nicht besorgt bin, war mir eigen, da ich nur los mit Gott verbunden oder ihm ganz abgewendet war, es kann also nicht der Weg zum Himmel sein. Zweierlei fällt mir in neuester Zeit auf, wie sinnlicher Weise das Geschick mich so sehr begünstigt, daß ich nicht nur ungewöhnlich gesund bin, sondern daß ich schon einigemale gerade beim Oeffnen meines Buches z. B. in der heiligen Messe die Stelle aufschlug, die ich wollte, ohne daß sie bezeichnet war — und daß es mir vorkommt, als wolle mir Gott jede Bitte gewähren, die ich ernstlich zu ihm wenden werde. Ja, selbst wenn da oder dort in unbedeutenden Dingen mein Wunsch nicht in Erfüllung geht, so ist mir dieses leicht erträglich" (Witterungen der Seele, S. 7). Er klagte sich an, weil er sich einen Feiertag in froher Gesellschaft gegönnt und vermeinte, dadurch wiederum Alles verloren zu haben, nachdem er vor acht Tagen „mit längst entwöhnter Wonne" zu neuem Leben in Gott erweckt worden war. Wie irrig diese Meinung gewesen, beweisen seine Aufzeichnungen zwei Tage später. Er schrieb am 1. Mai: „Wie aus der Quelle, so will aus meiner Seele Lust und wohlige Sehnsucht, Gefühl um Gefühl hervor sich drängen. Das Eis ist geschwunden, in Thränen will es warm und weich an's Tageslicht quellen. Was soll es werden, wie schwimmt meine Seele jetzt haltlos in einem wogenreichen See von Schmerz und Freude! — Und jetzt schau auf in diesem reichen Leben von Frühlingslust, schau auf an's einfache Kreuz, und schaue die drunter steht, dort magst du gesunden! — Jetzt bin ich hinaufgegangen über die einsame Höhe gegen Osten und habe da gebetet zu Jesus in meinem Innern und mit ihm gesprochen, und sieh, er gab mir Antwort, nicht mit Wortengemisch, sondern mit Wirklichkeiten, mit seinem Schöpferwort. Ich predigte heute in seinem Namen vom Anklopfen; und so wollte er mich denn auch nicht vergeblich anklopfen lassen — wie Sonnenstrahl und blaue Himmelsfläche zwischen grauen Wolken, so schaute es wieder mild und hoffnungsstrahlend in mich hinein. Die Brust wurde mir selbst wie eine Geisterglocke, die nicht Schall für das Ohr, sondern himmlisch erzeugte Gefühle tönte; es waren Bitten, Hoffnungen, süßes Empfinden, Wehmuth, Liebe in wogendem Gewühl, was sein Spiel begann" (Witterungen der Seele, S. 21). Die Auswahl der herrlichen Stellen, worin er die Seligkeit seines innern Lebens schildert, wird Einem ordentlich schwer, nicht minder die Auswahl jener, welche ihm von seiner Selbstverdemüthigung eingegeben wurden. Von letzteren nur eine: „Ich freue mich doch, daß ich einigermaßen meine Nichtigkeit ahne, da ich früher von dem Wahnsinn besessen war, Gott brauche die Gaben, die auf mich gelegt seien. Aber eine andere Täuschung mag es noch sein, was in mir festsitzt — ein hoch hinausgehendes Streben, als sei ich im Reich Gottes zu etwas Großem bestimmt, z. B. eine hohe Stufe von Vollkommenheit zu erreichen, während ich nicht einmal die geringen Pflichten meines Standes gehörig erfülle. Von Herzen wünsche ich aber, daß Gott die ganze Erbärmlichkeit meines eigenen Wesens mir offenbar mache. Kraft und Wahrheit — daran fehlt es mir (Witterungen der Seele, S. 25).

Die Umgebung Bruchsals ist zwar hübscher als die von Rastatt, aber bei weitem nicht so reizend wie die von Heidelberg oder gar Freiburg. Stolzens Dichterseele aber war im Stande, selbst einer öden Steppe Schönheiten abzulauschen. Auch in Bruchsal blieb er der Mutter Natur holder als tausend andere Menschenkinder, obgleich sein Verhältniß zu ihr bereits eine Aenderung erfahren hatte. „Früher war sie das Vaterland meiner Seele, nur da fand sie sich tief heimisch — jetzt aber ist es anders seit vielen Jahren schon — ich erblicke sie **unter mir**, die Seele hat sich mehr ihr entfremdet und emancipirt, und wenn sie in ihren Schooß sich liebend tauchen will, so wehrt es die Seele fast schmerzlich zurück mit dem tiefen Gefühle: das ist deine **Heimath** nicht mehr, du bist nicht mehr ein Keim, sondern mußt dem Himmel entgegenwachsen. Göthe blieb bis an's Ende ein Kind der Natur und Erde — ich kaum bis zu den Heidelberger Jahren." Und weiter: „**Es ist keine Ruhe und Friede in der Natur.** In kurzen Zügen gibt sie halben Genuß, und stoßt dann mit Ekel den Genießenden von sich oder packt ihn mit Ingrimm und zerreißt ihn in der Verwesung. Nur in Gott ist Ruhe und in ihm finde ich die Ideale von all dem Schönen, dessen Schlacke unsere Natur ist mit all ihrer Pracht . . . . . Sie ist die **tausendjährige Sirene, die sich jährlich schmückt mit wundervoller Herrlichkeit und leise Millionen jährlich hold an** sich und in Tod und Verderben zieht. Darum ist es Weisheit, was die Heiligen gethan haben, die Sinnlichkeit, das Thor, wodurch die Gewalt der Natur auf uns losbrängt, immer enger durch Abtödtung einzuschränken" (Witterungen der Seele, S. 27 ff.). Sein mystisches Wesen versenkte sich mehr und mehr in die Geheimnisse der Natur, in deren Beziehungen zu den Gestalten und Mächten des Jenseits: "Gestern ging ich weithin gegen ein fernes Thal abwärts blickend und aufwärts denkend, da sah ich ein schönes Sträußchen von Schlehblüthe, ich pflückte es ab — da hatte es gerade sieben Knospen und sieben Blätter. Als ich heute in Forst war, zog ich ein Maiblümchen aus einem großen Strauß — und sieh, es hatte gerade sieben Blümchen; da mir der Hund es zerbissen hatte, nahm ich ein anderes — und es hatte ebenfalls sieben Blümchen. Ich machte S. und L. darauf aufmerksam. Als wir von Hambrücken nach einigen Stunden zurückkehrten, wollte ich ein Eichenlaub abreißen, es riß aber ein ganzes Blättersträußchen ab — und es waren wieder gerade sieben Blätter daran. Nun fiel mir ein, ob nicht ein Geisterwesen mir seine Nähe dadurch ankündigen will, etwa Kath. B., das süße Kind, das mit sieben Jahren gestorben ist, und das mir als Schutzgeist sich durch Ahnung ohne äußerlichen Anlaß am 7. Januar dieses Jahres darstellte" (Witterungen der Seele, S. 28). Eine späte aber reife Frucht des regen Verkehrs mit seinem Schutzengel ist das innige fromme Gebetbüchlein "Der Mensch und sein Engel", und eine Frucht seines betrachtenden Lebens war wohl auch manche Traumerscheinung. So sah er in Bruchsal im Traume seine längst verstorbene Mutter und bald darauf sah er den Sarg seines Vaters unten an seinem Bette.

Das bedeutendste Ereigniß für die Bruchsaler ist im Jahre 1842 die Eröffnung der Eisenbahn gewesen. Viel Volk strömte bei dieser Gelegenheit zusammen, ein Bürger verschaffte unserm Professor einen Platz, von welchem aus er Alles sehr gut zu überblicken vermochte. Es dämmerte bereits, als der Zug von Heidelberg herauf endlich herankeuchte. Wie nun Stolz die schrillen Pfiffe hörte und das schwarze Ungethüm der Lokomotive mit ihren Gluthaugen sah, da rief er aus: „**Das ist gerade, als ob der Teufel leibhaftig herankäme!**" —

Während an den Ufern des Neckars vorherrschend die Schrecken des Jenseits sein Innerstes zerrissen hatten, wechselte in Bruchsal bei seinem inbrünstigen Streben nach Vollkommenheit mehr und mehr die Seelenangst mit Seelenfreuden. So am Frohnleichnamstage 1842: „Ich opferte die Messe, daß ich nie unwürdig communicire, für meine Dreizehn und für alle, die ich schon zum erstenmal an den Tisch des Herrn geführt hatte. Nachdem ich gefrühstückt, ging ich auf die Höhe neben der Reserve — der Himmel war trüb umhängt; der Rebvogel sang sein Heimwehlied und die Lerche ihr Gloria in der Höhe, und um mich war es ganz einsam, nur tönte von Stadt und Dorf her der Glocken Wechselgesang. Und so hielt ich meine Prozession — den Leib des Herrn in mir, selbst Monstranz und Altar. Da kamen **himmlisch wehmüthige und innige Gedanken**. Es kam mir, wie Gott mich so lange in Fluthen von Wohlthaten, geistigen und sinnlichen, leben läßt; warum ich denn an Gott selbst nicht genug bekommen könne, sondern so gern und leicht an sinnliche Genüsse mich hingebe; wie ich mich auch nur so lang in Christus freue, als mir süße Gefühle von ihm zuströmen; wie Gott nicht müde geworden sei, den tausendmal treulos Gewesenen immer wieder sanft zu locken; wie ich in der Jugend mit süßen Speisen sei aufgezogen worden, so nähre und ziehe mich Gott mit süßer Andacht. Jesus möge seine Stärke an mir flatterhaftem haltlosem Menschen zeigen, mir namentlich Herz geben, ihn muthig zu bekennen, er möge mich **ein Held werden lassen** . . . . . Als ich nach Haus kam, legte ich ein einfaches Röschen als Opfer zum Fuße meines eisernen Kruzifixes und fühlte mich aufgeregt und phantasiereich gestimmt, weßhalb ich die Communionrede schrieb" (Witterungen der Seele, S. 30 ff.). Er erzählt im Juli, es plänkle seit einiger Zeit häufiger als je in seinem Leben mit Unannehmlichkeiten, aber Gott stärke ihn und lege es ihm fast nahe, die Süßigkeit zu ahnen, welche darin verborgen liege, und er bringe es über sich, die Unannehmlichkeiten als eine Gnade anzusehen.

Wir sind in der Lage, auch auf dieses "Plänkeln" Licht zu werfen. Ein weltlicher Lehrer der Anstalt, seinen religiösen Ansichten feindlich, sagte ihm in's Gesicht, er werde ihn in Betreff des Religionsunterrichtes beim Oberstudienrath schildern, er müsse aus Bruchsal hinaus seiner Richtung und seiner Gesinnung wegen und — der Gutedel hat Wort gehalten. Von Karlsruhe aus wurde unserm Stolz insgeheim mitgetheilt, der Oberstudienrath habe in Freiburg den Antrag gestellt, ihn von Bruchsal wegzunehmen, da er als Lehrer den Erwartungen nicht entsprochen habe, und ihn durch den Vikar Franz Abele zu ersetzen. Die Kränkung war für Stolz um so schwerer, weil bei der Hauptprüfung gar kein Kommissär anwesend, Oberstudienrath Kärcher aber nur ein einzigesmal während des lateinischen Unterrichtes zugegen gewesen war. Seinem offenen entschiedenen Wesen gemäß forderte Stolz vom Direktor Roff[1] Erklärung. Dieser ermächtigte ihn, von Folgendem auch bei der Kirchenbehörde Gebrauch zu machen: Er habe niemals den Antrag gestellt, Stolz von Bruchsal zu entfernen, sondern nur, daß man einen weltlichen Lehrer versetze und an die Stelle desselben

---

[1] Eine prächtige Lebensbeschreibung dieses Ehrenmannes, der übrigens mit Stolzens religiös-kirchlicher Richtung nicht einverstanden war, hat dessen Amtsnachfolger, F. L. Dammert, Director des Gymnasiums in Freiburg, geliefert: Anton Roff, Ein Lebensbild von F. L. Dammert (Freiburg, Wangler, 1870).

den Abele berufe, damit zwei Geistliche da seien und der Gottesdienst ohne zu große Beschwerde gehörig gehalten werden könne. Ferner habe er niemals einen Bericht an den Oberstudienrath in Betreff der Amtsführung des Stolz abgegeben und weder schriftlich noch mündlich Unzufriedenheit darüber geäußert. Sollte man daher in Karlsruhe mit seiner Lehrweise nicht zufrieden sein, so könnte nur von protestantischer Seite in Betreff seines Religionsunterrichtes Ungünstiges hinterbracht worden sein. Und so war es auch, er war gründlich denuncirt, Oberstudienrath Kärcher aber (wie Schreiber dieses von diesem selbst vernahm) der Ueberzeugung, die Katholiken seien überhaupt Wasserköpfe. Als Ministerialrath Zell einmal abwesend und dessen Kollege Zahn kränklich war, da faßte Kärcher mit seinen zwei protestantischen Kollegen den Beschluß, Stolz aus Bruchsal hinauszuschaffen und ihn, obwohl er nahezu neun Dienstjahre hinter sich hatte, durch einen Neupriester zu ersetzen.

Stolz suchte in Freiburg Schutz und bat, daß man sich von dort bei dem Ministerium verwende, damit ihm eine geeignete Stelle angewiesen, oder, weil in seinen Verhältnissen die Versetzung auf eine Vikarstelle „einer Mißhandlung" gleich sähe, eine Pfarrverwaltung übertragen werde. Das Generalvikariat trat für ihn ein und das Ministerium verschob die Berufung des Priesters Abele vorerst bis zum Beginn des Sommerhalbjahres 1843.

Bei seinem Temperament hielt sein Gleichmuth nicht immer Stand. So wurde er am Morgen des 17. November im Bett wie ein scheues Wild getrieben und gejagt von feindlichen, grämlichen Einbildungen gegen den Gymnasial-Director und noch einen Anderen. Doch war bereits gesorgt, daß er in eine andere Lebensstellung kam. Er hatte sich schon im Sommer nach Karlsruhe gewendet, um versetzt zu werden, und zwar womöglich nach Rastatt. In Freiburg aber hatte er sich durch seinen Pfarrconcurs an Hirscher einen eben so einflußreichen als wohlwollenden Gönner und Beschützer erworben, der das Seinige that, um ihn in die Metropole zu bringen. Hirscher hatte ihm geschrieben, ob er nicht Repetent an dem neu errichteten Convict werden wolle, und Stolz hatte um so freudiger Ja gesagt, je herrlicher es ihm vorkam, auf Theologen, und durch diese auf die Menschheit wirken zu können. Am 15. Christmonat erbat sich die Aufsichts-Commission den Gymnasiallehrer Stolz als Repetenten vom Oberstudienrath, und diese Behörde säumte nicht, den Vikar Abele (dieser Herr lebt heute noch als Pfarrer) zum Amtsnachfolger zu ernennen. Am letzten Tage des Jahres 1842 schrieb Stolz an die Convicts-Direction in Freiburg. Er bat, seine Kost außerhalb des Convictes nehmen zu dürfen, da er in Bruchsal um seiner stets kränklichen Schwester Sophie willen ein eigenes Hauswesen angefangen habe und diese Schwester nicht wohl versorgen könne, wenn er sein Hauswesen nicht fortführe und für das Kostgeld Vergütung erhalte. Er hatte den Brief am frühesten Morgen geschrieben und fuhr hierauf nach Karlsruhe. Hier fand er freundliche Aufnahme, doch schien ihm Zell weniger herzlich als er gehofft, und von Rastatt wurde gar nicht geredet. Residenzluft hat unsern Stolz niemals lieblich angeweht, deßhalb machte er sich möglichst bald wieder aus der Stadt und gerieth, wie es ihm gar manchmal in seinem Leben widerfuhr, wider Wissen und Wollen auf den Kirchhof. Die Kapelle war verschlossen, weßhalb er den Weg nach Durlach einschlug. „Ein heftiger Westwind brauste, die Wolken dunkel, die Berge schwarz — und gegen Süden ein feurig Band am Himmel. Da betete meine Seele in sanfter, stiller Andacht. Ich dachte mit Schmerz, wie ich meine Pflicht das letzte Jahr vernachläßigt habe, und wie Gott so gut gegen mich war — und bat, er möchte mir das verzeihen und zu einem heiteren Wirken im neuen Beruf und Jahr verhelfen — und es kam mir wunderbar vor, daß Gott so hold sich zu mir neige, da ich doch so unheilig gelebt habe

— und so ging ich in der Dämmerung und Nacht dahin, und ein dämmervolles, wohliges Beten hob sich aus der Seele. Nacht und Sturm gefielen mir, und es flog mich ein Gefühl an, als wäre mir der Frühling und Sommer nicht mehr so lieb als die öde, graue Natur, denn aus ihr gedeihe leichter die Melancholie. — Und es fiel mir ein, alle diese Gefühle und Einfälle seien nicht ich, sondern das Schauende und Erkennende sei ich, wie auch Schmerzen des Leibes nicht ich sind" (Witterungen der Seele, S. 73 ff.). Es war bereits dunkel, als er in Durlach für seine dort begrabene Schwester Nanette betete.

Hirscher, wie der alte Werk, das Haupt der Aufsichts-Commission, hatten ihm schleunig zurückgeschrieben, es sei unthunlich, daß er eine Haushaltung führe. Dieß war vielleicht ein Schlag für seine Schwester, weit weniger für ihn. Anfangs Hornung war er endlich in der Lage, nach Freiburg abziehen zu können. Beim Abschiede erst hat er erfahren, wie lieb er den Leuten und insbesondere seinen Schülern gewesen. Von letzteren haben Manche den geistlichen Stand ergriffen, drei derselben leben noch heute als Pfarrer: Eduard und Gotthard Eglau und Ignaz Paul.

An seine Reise nach Freiburg mögen folgende nächtliche Gedanken erinnern: „Ich reiste mit dem Eilwagen und fuhr die Nacht hindurch bis Morgens früh. Um Mitternacht und nach Mitternacht war es gar still in den Ortschaften, durch die ich fuhr; nur hörte man zuweilen eine Uhr vom Kirchthurm schlagen, oder es bellte ein aufgeschreckter Hund. Die Häuser waren geschlossen, und schwarz und lichtlos die Fenster. Aber in diesen schlafenden Dörfern und Städten sah ich doch hie und da ein Haus, aus dessen Fenster die Helle eines Lichtes glimmte. Es war wohl dort ein schwer Krankes, in dessen Kammer die Lampe brannte, und es kam mir wie stille Trauer um das unbekannte Kranke; es fiel mir ein: „„Vielleicht kannst du im halben Schlaf und in verwirrenden

Träumen eine halbe Stunde dich vergessen; aber es wachen Fünf bei dir und warten auf dich. Es sitzt an deinem Bette müde und bekümmert eines deiner Angehörigen, um dich, wenn die Stunde schlägt, aufzuwecken und dir die Medicin zu geben, oder um dich zurückzuhalten, wenn du in der Fieberhitze fort willst, oder wenn du diese Nacht stirbst, damit Jemand bei dir sei. Und es wacht und wartet der Wurm im Eingeweide auf seine Lieblingsspeise, auf todtes Menschenfleisch. Und unsichtbar wartet der Tod auf die Stunde, wo er dein Herz stillstehen macht. Und es wacht und wartet da der Richter, um dir gleich dein Urtheil zu verkünden, wie du stirbst. Und fünftens wacht und wartet der Engel Gottes, dem der Tod deine Seele übergibt, daß er sie hinführe in eine von den vielen Wohnungen im Haus des himmlischen Vaters; — oder statt des Engels ein Anderer, der dich holen und an einen bösen Ort unterbringen wird."" So waren meine Gedanken" (Mixtur gegen Todesangst, S. 126). „Jetzt soll also ein **anderes neues** Leben beginnen (hatte Stolz um die Mitte December geschrieben), der Herr macht mir eine Thür auf und zeigt mir einen neuen Weg — die verlebten Schicksale **hoben mich nicht**, meine Bruchsaler Zeit **am wenigsten** —, ein neues Schicksal, andere Umgebungen, ein geistlicher Lebensplan soll, ach vielleicht das letzte Mittel sein, ob ich noch aufwärts zu ziehen bin, oder ob ich tiefer und für immer versinke in gewohnten, selbstsüchtigen Sinn und behaglichen Lebensgenuß." Und einem neueren, schöneren Leben, **wenigstens für längere Zeit**, ist er wirklich entgegengefahren. Aber Bruchsal hat er nicht vergessen, dessen Geläute und Kirchhof so wenig als die Bruchsaler sowie die Spaziergänge bei Nacht und Nebel, an welche er so gewöhnt war. Früher war der Nebel seiner für jede Wetterveränderung so empfindsamen Natur die verhaßteste Witterung von allen gewesen, dann war ihm derselbe fast lieb geworden, denn wenn die Außenwelt den Sinnen fast nichts gibt als nur das Ein-

fachfte und Unbedeutendfte, dann erwacht das innere Spiel der
Gedanken in lebendigerem Farbenfpiel und eine reiche, innere
Welt geht auf. Und am wenigften hat Stolz die Bruchfaler
felbft vergeffen. Ihre Mundart heimelte ihn an, fo oft er
fie hörte, und wiederholt hat er ihre Stadt befucht, ftets die
befte Aufnahme findend.

## Im Convict.

Schon der erfte Erzbifchof von Freiburg hatte fich mit dem
Gedanken getragen, mit dem Priefterfeminar ein Convict für
Theologen zu errichten. Jahre hindurch wurde zwifchen Freiburg
und Karlsruhe hin und her gefchrieben, ohne daß etwas zu
Stande kam. Nicht der Großherzog, wohl aber andere Herren
hegten fchwere Beforgniffe, durch eine derartige Anftalt könnte
zu viel Religion in das lichtberühmte Land hinausftrahlen,
und fie beftanden darauf, felbft der Convicts-Director müffe
ein von ihnen angeftellter Laie fein. Endlich kam die Verlegung des Priefter-Seminares nach St. Peter auf dem
Schwarzwalde zu Stande. Mit diefer Verlegung wurde das
Seminargebäude in Freiburg frei, zu einem Convict wie ge-
fchaffen. Weihbifchof v. Vicari und Hirfcher betrieben eifrig
die Errichtung eines folchen. Die Regierung zeigte fich geneigt
und fchickte endlich den Entwurf eines Statuts nach Freiburg.
Diefer Entwurf gefiel aber mit Ausnahme des diplomatifchen
Hug Niemanden. Der Bifchof follte mit der neuen Anftalt
durchaus nichts zu thun haben, während doch die Geld-
beiträge aus Kirchenmitteln floffen. Solchen Ausfchluß bezeichnete der Weihbifchof v. Vicari in einem eigenen Gutachten
als ebenfo unnatürlich als ungerecht, und der Erzbifchof wie
die Domherren ftimmten ihm bei. Ihnen konnte weiter nicht
gefallen, daß der Director und die Repetenten einfeitig
vom Minifterium angeftellt und alle Convicts-Angelegenheiten,
welche eine höhere Entfcheidung forderten, durch den akade-

mischen Senat und den Curator der Hochschule dem Ministerium des Innern vorgelegt werden sollten. Auf Hirschers Antrag wurden die Einreden wider das Statut dem Ministerium sofort vorgetragen. Am 10. Februar 1840 ging das Schriftstück nach Karlsruhe. Doch erst am 28. December kam die Antwort, welche ausweichend lautete. Am 9. Jänner 1841 genehmigte der Großherzog die Verlegung des Priester-Seminars nach St. Peter, sowie die Verwendung des bisherigen Seminargebäudes zu einem Convict. Am 13. Jänner schon stellte der Erzbischof Demeter die Alternative, daß entweder das Convict unter die bischöfliche Mitaufsicht und Mitwirksamkeit gestellt oder auf ein Convict überhaupt verzichtet und das Priester-Seminar einfach in Freiburg belassen werde. Hug wollte den Vermittler spielen, drang aber nicht durch. Hirscher faßte in einer ausführlichen Kritik des staatlichen Entwurfes seine Meinung in drei Punkte zusammen. Er forderte erstens wesentliche Abänderungen des Statuts; zweitens vorläufige Mittheilung der Hausordnung oder die Erklärung, daß ohne Zustimmung des Erzbischofs keine Hausordnung in's Leben treten sollte; drittens bestimmte, dem Bischof bezüglich des Convictes zustehende Rechte und Anerkennung dieser Rechte in dem organischen Statut. So lange nicht auf diese drei Forderungen eingegangen werde, ebenso lange werde der Bischof das theologische Collegium als solches nicht anerkennen. Am 12. März erschien Ministerialrath v. Stengel als Bevollmächtigter in Freiburg, und in der Conferenz vom 18. März gewann das Statut eine annehmbare Gestalt.

Als am 15. November 1842 das Seminar in St. Peter feierlich eröffnet wurde, war der bisherige Pfarrer von Waltershofen, Fidel Haiz, bereits zum Convicts-Director ernannt.

Im Hornung 1843 war Repetent Stolz in Freiburg eingetroffen, um am 1. März sein neues Amt anzutreten. Er schreibt: „In Freiburg angekommen, legte ich mich noch in das Bett, dann ging ich ohne Frühstück zuerst in das Münster und hörte die Messe, um dadurch meinen Eingang einzuweihen. Es wurde von den Kindern wieder die schöne Messe: ‚Herr, auf dein Wort erscheinen wir' schön gesungen. Im Seminar wurde ich freundlich empfangen, und es machte sich Alles leicht und nach Wunsch, namentlich daß mir **Moral** und **Pastoral** zugedacht war. **Hirscher** berührte mich beim Abschied freundlich an der Schulter und hieß mich ihn öfters besuchen, wir hätten Manches mit einander zu sprechen. Sehr freundlich nahm mich auch der Herr Erzbischof auf, und so war Gottes Hand sehr liebegut mit mir." — „Jetzt singt das **Silberglöckchen** wieder so schwellend und innig in das Ohr — so ganz anders als **vor zehn Jahren** — und sage ich es dankend, es klingt besser an, aber noch nicht **ganz gut**. Noch hat meine Seele nicht ausgegohren von der Gährung, in die sie versetzt ist worden durch die ganz neue Lage und Verhältnisse. Nur zwei Bedürfnisse sind es, um die zu bitten ihr deutliches Vorhandensein mich drängt: es ist, daß ich gegen S(ophie) recht wohlthätig und menschenfreundlich handle, und daß mir Gott klar und freudig werden lasse, was ich hier thun muß, um mir und Andern ein Retter zu werden" (Witterungen der Seele, S. 80).

Sein äußeres Glück fand ein Echo in der inneren Zufriedenheit und Seligkeit, die ihn besonders auf seinen einsamen Spaziergängen nicht selten zu Thränen brachte. Nach einem Spaziergange gegen Lehen schrieb er: „Wie sehr, wie innig spricht mich jetzt die Schönheit der Gegend, die Herrlichkeit des edlen Pappelbaumes von Stein, des Münsterthurms, an; wie lieblich kommen mir die Leute und ihre Sprache vor, wie freundlich blickt mir jedes Kinder-Angesicht entgegen, wie lebendig und italienisch schön kommt mir das Leben und die Trachten vor, wie es mir in den Gassen begegnet. O mein Gott, du bist sehr, sehr gütig; wie freue ich mich, wie danke ich dir für dieses holde Leben, und wie danke ich dir auch für alle Bedrängniß, die du früher mir zugesendet! Mit inniger Rührung und mit süßen Thränen denke ich jetzt daran, wie Leid und Verfolgung du mir geschickt hast, und durch dieses Leid und Verfolgung mich hieher in dieses Paradies gebracht. Von Herzen danke ich dir, und bitte dich für den Feind, daß du ihn auch führest zum Guten. Und wie von außen in Natur und Zustand mich so viel Liebes umgibt, so ist es auch mit den Menschen. Welch einen lieben Mann hast du mir an die Seite gegeben — hätte ich ihn mir selbst schaffen und bilden können, mein Wunsch hätte es nicht anders und besser gekonnt. Wie ließest du mich einen alten Freund (Hofrath Schwörer) wieder- und einen andern neuen (Buß) finden! Und wie nahe hast du mich gestellt dem mir hochverehrtesten Manne (Hirscher)! Wie süße Musik lässest du mich hören im Münster, wie schwimmt und wogt meine Seele in ihren Tönen wie die Weihe in blauer Luft! Und das ist noch lange nicht Alles; wie viele Freude mag mir das Talent bringen, das du in mich gelegt und sich nun erschlossen hat" (Witterungen der Seele, S. 83).

Mehr und mehr wurde er ein Sohn Mariens. Er war überzeugt, daß sie ihn schütze und an ihren Tagen eigene Geschenke für ihn erbitte; er flehte sie an, sie möge ihm geben von der Erkenntniß und Liebe zu Jesu, die sie selbst besitze. Er wurde einer solchen Himmelsstimmung theilhaftig, daß er fühlte, er würde sich nicht fürchten, wenn er jetzt sterben müßte, sondern kühn dem Tod sich überlassen. Der Herr zeigte ihm das gelobte Land der Liebe von ferne und er fühlte den Frieden und fühlte die Ruhe dieses Landes. Seine Seele strömte in Ergüssen aus, deren Gluth man auch bei einem Mystiker selten findet, so am 26. August 1843: „Ich bin aufgestanden, um meinen Herrn im heiligen Meßopfer in mich aufzunehmen; meine Brust soll ihn umarmen und umschließen: sie soll ein Tempel, ein Himmel werden, in welchem Gott selber wohnt und weilt. Wie juble ich auf und rufe ihm entgegen: ‚Laudate eum omnes angeli, laudate eum omnes volucres coeli!'"

„O Gott, was soll ich sagen — was bin ich für ein theures edles Wild, daß ich genährt und getränkt werde mit Fleisch und Blut eines Gottes! Was sollte aus mir gedeihen, da die Wurzeln meiner Seele solchen Nahrungssaft in sich saugen? Ach, ich weiß nichts zu sagen, als: mein Gott und mein Herr! und heiße Thränen quellen aus den Augen und süßer Schmerz aus der Brust. Ach, diese Thränen, die so reichlich fließen, es sind keine Schmerzensthränen und es sind keine Freudenthränen, es ist selige Wehmuth und schmerzliche Seligkeit, daß Gott so reich und voll himmlische Wonne über meine Seele mag gießen, für ein Leben voll Selbstsucht und voll Sünden! Mein Heiland, könnte ich jetzt mein Herz, meine Seele, mein ganzes Ich und Wesen in die Hand nehmen und könnte dir es schenken: wie gern, wie rasch würde ich dir es hingeben für immer, so freudig wie man dem Geliebtesten ein Veilchen, ein Vergißmeinnicht hingibt, das er freundlich begehrt zum Andenken. Wie wogt, wie tobt es in der Brust, wie Wellen in einander — süßer Schmerz und Himmelslust — und was soll es werden? ach, so süß nun diese Thränen fließen, so wohl es mir jetzt am Herzen Gottes ist, so leid es mir zu thun scheint, daß ich je von ihm gewichen bin — so ist all dieses vielleicht in wenig Tagen, in wenig Stunden wieder gewichen — und meine Seele wird finster gegen Gott und verstrickt sich auf's Neue in Sünde; vielleicht sind diese tief heraufgeseufzten Thränen ahnungsvolle Thränen um künftigen baldigen Fall. O vergiß es nie, du meine Seele, was der Herr an dir gethan hat! O Gott, o Jesus Christus!" (Witterungen der Seele, S. 86.) Mahnt dieser Hymnus nicht an des hl. Bernhard „Jesu, dein süß Gedächtniß macht"?

Die Himmelsstimmung hielt an, ja sie steigerte sich am Osterfeste: „Alleluja, ich bin gerettet! warum, mein

Herz, weinst du bei diesem Jubelruf fast wehmüthig? weinst du wohl ahnend, das sei das Lächeln und Singen eines Fieberkranken? Mein Herr — nein, ich habe schon Manches gehofft und gewünscht — es ist nicht so gekommen. Aber nun gründe und ruhe meine Hoffnung auf dir, dem Ewigen — gewiß, da kann ich nicht zu Schanden werden. Mein Heiland, wie süß, wie ätherisch erscheinst du mir seit gestern, wie umschließt meine Brust deinen Frohnleichnam so innig, so warm; wie gern will ich mich von dir innerlich zersetzen und durchbringen lassen; wie ahne ich allmählich, was Hoffnung, was Liebe ist — o du Liebhaber der nach Gott sich sehnenden Sünder, laß das Entsetzliche nicht geschehen, daß all dieses nichts wäre, als leeres Spiel der Phantasie!" (Witterungen der Seele, S. 89 ff.) Seine Seele schwamm in Gotttrunkenheit, sein Herz war zur jubelnden Lerche geworden, seine Brust ein blauer sonniger Himmel; selbst während des Essens trieb ihm die Gottesfreude Thränen in die Augen. Doch die Wirklichkeit machte ihn bald wieder nüchtern, melancholische Stimmungen kamen wieder über ihn und es regte sich in ihm abermals jene Sehnsucht nach dem Klosterleben, welche ihn schon in Heidelberg erfaßt und niemals ganz los ließ. Gerade der Umstand, daß das Convict mit einem Kloster gar wenig Aehnlichkeit hatte, mag beigetragen haben, die Klostersehnsucht zu nähren. Am 13. Juni mußte er erfahren, er sei ein Kapuziner und habe den Convictoren zugemuthet, alle sechs Wochen zu beichten und in der Beicht sonst allerlei Zeug geschwatzt. Die Verleumdung that ihm auf der einen Seite weh, im innersten Wesen aber wohl. Im Ganzen hatte er Alles, was er sich nur wünschen konnte, ja noch mehr, aber seine Freude an dem äußern Glück war keine dauerhafte. Ihn quälte ein Durst, der dürstet und weiß nicht wonach — ein Durst, der die Qual wohl fühlt, aber doch nicht weiß was ihm genügt. Klar wurde ihm allmählich nur, daß das Conviktsleben ihm nicht genüge. Er meinte, wenn er die Haushaltung mit seiner Schwester hätte fortführen können, dann wäre Vieles ganz anders. Er meinte aber sehr richtig weiter, er sei keineswegs, was er seinem Alter, Stand und Talent nach hätte werden können. Ein Ausflug in das Höllenthal wühlte sein Innerstes wiederum auf und seine ganze Sehnsucht nach Einsamkeit: „Es lebt in mir ein krankhaftes Dürsten nach der Schweiz, nach Italien und nach großen Waldgebirgen auf — und doch habe ich das Gefühl, daß auch dort nirgends Ruhe für mich zu finden ist. Nur melancholischer süßer Schmerz und ungestilltes Sehnen und Ahnen wäre es, was ich einsöge, wenn ich vor einem hohen einsamen Gebirge stände. Wie so manchmal schon ist in mir der Gedanke und das Wünschen gekommen, wäre ich ein Einsiedler in tiefem Waldgebirg oder am Mummelsee und kein Mensch beträte sonst jene Gegend! oder an einsamem vergessenen Meeresstrand! Was willst du denn, mein Herz?" (Witterungen der Seele, S. 97.) Im Juli wurde er dermaßen melancholisch, daß er seine innern Zustände verwehen ließ, anstatt sie auf den Blättern seines Tagebuches festzubannen. Mit tiefer Wehmuth dachte er zurück an das Murgthal und an die Windeck. Er war gesund und kaum 36 Jahre alt, aber klar wurde ihm bereits, daß er von Seite des Sinnenlebens nur noch zu verlieren habe, daß das kindliche jugendliche Wesen, „das mir als ständiger Charakter innewohnt", sich im Körper nicht mehr repräsentire, daß er somit altere.

Im September 1843 zog er zum Schwabenthor hinaus dem Schwarzwald zu. Er hatte einen Begleiter, aber nicht den richtigen. Es war ein seelenguter Mensch, der jedoch zu allem Ja sagte, die ewigen Jasager aber konnte Stolz nur schwer verdauen. Die Erinnerungen auch an diese Reise hat er in den Witterungen niedergelegt. Die zwei Reisenden kamen hinauf an den Titisee. „Ganz wunderbar war das

Kräuseln der Wellen im Sonnenschein, wie Flimmern von Millionen Lichtern, wie geschmolzenes Silber, wie wenn jeden Augenblick sonnige Flämmlein aus dem See auftauchten und jeden Augenblick erlöschten, um andern Platz zu machen. Es war ein schönes Feuerwerk aus Wasser und Sonnenschein geschaffen, und das Windeswehen in den Tannen am Ufer war die Musik — und das Ganze ein Melodrama der Gottesnatur. Fernher vom andern Ufer schallte die Axt im Wald und das Schellen der weidenden Kühe — wenn dann der Wind stärker wehte, so war ein großes Eilen, ein schnelleres Kommen und Vergehen des Flammenspiels. In dem dunkeln nicht Sonnenschein reflectirenden Theil des Wassers wallte es in karrirter Form und bot denselben Anblick, wie ein Fisch in seiner Schuppenzeichnung. Es ward mir da veranschaulicht, wie Wasser und Fisch ein Einheitliches sind; nicht bloß durch das Ineinanderleben, sondern auch in Gestalt, allseitiger als wir es nur zu erschauen vermögen; wie überhaupt die Natur aus einem Anschauungsgeist hervorgeht, und Alles, was da ist in der Natur, nicht anders sein könnte, und jeder gottähnliche Geist auf gleiche Weise Alles konstruiren würde" (Witterungen der Seele, S. 104). Im Adler zu Stühlingen war die Zeche so billig, daß Stolz in der Morgenfrühe noch einmal zurücklief, um zu fragen, ob die 48 Kreuzer (= 1 Mark 37 Pfennig) etwa nur für Einen gewesen seien. An den Umstand, daß der Staub besonders widerwärtig sich da ansetzte, wo etwas Unschlitt an die Kleider gekommen, knüpfte er die Betrachtung, wie gering man die Flecken der Seele anschlage, während man Flecken am Kleid gewaltig scheue. Bei Schaffhausen wurde das Pferd scheu und um ein Haar wären die Reisenden in den Rhein gesprengt worden. Stolz bewährte bei diesem Anlasse jene Kaltblütigkeit in Gefahren, die zu seinem innersten Wesen gehörte; er erschrak fast gar nicht, wie wenn es sich von selbst verstünde, daß ihm kein Unglück begegnen könnte. In Konstanz besuchte er

Wessenbergs Bildergallerie. Das Bild der hl. Cäcilia machte auf ihn nicht mehr den Eindruck gewaltiger Idealität wie früher: „Aber ein Bild von der Ellenrieder, ein frommes Wesen, war ein ergreifender Anblick für mich. Diese unbeschreiblich zarte, heilige Unschuld betete vor meinen Augen und meine Seele klagte: ach, so bin ich nicht, und so kann ich nie mehr werden. Einen ähnlichen Eindruck auf mich machte eine Jungfrau mit dem Kind, welche einhergeht und zwei Engelkinder tragen einen Blumenbogen über ihr. Die Kinder und die Mutter Gottes haben ein eigenthümlich frommes, heiliges Aussehen, nicht wie man fromm ist auf dieser Welt, sondern es nur sein kann in einer andern, so übernatürlich und himmlisch träumend, daß es einen schaudern würde, wenn solche Wesen einem begegnen würden." Auf der Fahrt von Rorschach nach Lindau brachte er einen Straußianer zum Verstummen, der namentlich hervorgehoben hatte, das Volk könne auch ohne positive Religion sittlich leben. Während der Reise aus dem häßlichen und widerlichen Memmingen durch die langweilige Gegend nach Mindelheim hatte er Muße genug, Betrachtungen über sich selbst anzustellen. Im Vergleich zu der Reise, welche er vor zehn Jahren als Neupriester gemacht, fand er sich entschieden darin verändert, „daß ich mich jetzt der Reflexion oder eigentlich der Intuition hingebe, während ich früher passiv von den verschiedenartigsten Gemüthsbewegungen angestürmt wurde und zwar großentheils von solchen, die in Natur und Welt ihr Leben wurzelten. Es ist in mir ruhiger und ernster geworden, als ich in jenen Jahren war, und meine Seele gründet weniger eng und tief mehr im Sinnenleben, sondern löst sich mehr los und zweigt in die unsichtbare Welt hinüber" (Witterungen der Seele, S. 115).

In München bewies Stolz so recht, daß er in allen Dingen auf eigenen Füßen zu stehen trachtete. In der Glyptothek sprach ihn sehr Vieles nicht an, am meisten gefiel

ihm noch ein kolossaler Apollo, sowie der Kopf des Kaisers
Severus; alles Heidenwesen war ihm überhaupt fremd, ja
unheimlich geworden und Statuen fand er noch todter als
Gemälde. Die Gemälde des Cornelius kamen ihm fast
grotesk und grell vor. Die kolossale Bildsäule der Bavaria
fand er zwar schön und edel, fragte sich aber: wozu Gestalten
der heidnischen Götterlehre im katholischen Bayerlande? In
der prachtvollen Schloßkirche kamen ihm am Hauptbilde
Christus die Gestalt zu kurz, der Kopf zu groß, die Gesichts=
züge gerade wegen ihrer strengen Regelmäßigkeit wenig sagend
vor. Im Schlosse sprach ihn das „antike Göttergesindel" so
wenig an als der Schlachtensaal; vom weißen Thronsaale
aber gestand er, derselbe sei mit seinen Fürstenstatuen das
Schönste und Prachtvollste, was seine Augen je erblickt. In
der Leuchtenberg'schen Sammlung erfüllten ihn Gemälde von
Murillo mit Staunen und Entzücken. Am besten wohl ge=
fielen ihm die Auer Kirche und der Kirchhof; jene neue Kirche
mit ihren „wunderbaren Glasmalereien" machte auf ihn einen
Eindruck, wie noch kein Münster, und jetzt erst war es ihm
recht, die Hauptstadt an der Isar besucht zu haben. Er
schreibt von der Auer Kirche am 22. September: „War ich
seit gestern innerlich verwelkt und vertrocknet, so war es mir
jetzt, wie wenn die Lichtbilder von den Fenstern herab alle
auf meine Seele mit stiller stetiger Gewalt eindrängen und
magisch durch ihr frommes Licht sie erweckten und aufrührten
in ihren Grundfesten. Es kam mich ein innerliches inniges
Weinen an und ich mußte gewaltsam die Gemüthsbewegung
zurückhalten. Ja schon die Rose über dem Portal machte
einen Eindruck so süß und so durchdringend lieblich, wie die
allersüßeste Musik. Mit Verwunderung wurde ich da inne,
wie die Farben alle ohne Darstellung eines bestimmten
Wesens durch ihre Zusammensetzung wie die Töne auf das
Gemüth wirken können. So können denn auch jetzt noch die
Menschen zur großen Andacht weckende Gotteshäuser hervor=

bringen" (Witterungen der Seele, S. 124). Wiederholt besuchte er den Kirchhof. Die Himmelskönigin unter den Hallen fand er unsäglich ernst und heilig schön; er mußte beten vor dieser Königin und dieselbe fragen, was er zu thun habe, um selig zu werden. Beim Anblick der Gräber der barmherzigen Schwestern aber fragte er sich: Was soll ich thun, o Herr, um mich dir auch so ganz zu ergeben? Von Möhlers Grab nahm er ein Rosmarinsträußchen als Andenken mit. Am Monumente eines Philologen bewunderte er einen Christus von wunderbarer Schönheit und Würde in Gestalt und Mienen.

Auch an Freiburg hat der Reisende in München gedacht, namentlich in der Auer Kirche während eines Gottesdienstes. Da kam es ihm tröstlich in die Seele, der Herr werde ihn erhören und ihm seinen Geist schenken und er solle an seiner Stelle an der Dreisam bleiben, denn diese Stelle sei für ihn und er für sie. Befriedigt reiste er heimwärts.

Stolz verlebte als Repetent gar manchen glücklichen Tag. Er steigerte solches Glück nach seiner Weise, nämlich durch **Fasten und Beichthören**. Er fand eine eigene Lust darin, äußerst wenig zu essen, und brachte es weit, ohne daß er Hunger empfand. Solche Enthaltsamkeit nannte er aber weniger ein Fasten als vielmehr eine Ueppigkeit, „denn es versetzt mich diese Nahrungslosigkeit in einen Gefühls- und Gedankenzustand, wo die Seele oft wie berauscht ist von Lebensgefühl und in geistiger Hochlust sich wiegt. Es ist wie wenn die Seele und' das Leben viel höher und mächtiger loberten und flammten, und als wäre viele Nahrung gleichsam Dung, der auf die Flamme geworfen wird und sie mehr oder weniger erstickt". Er fastete aber nicht bloß, er schlief auch wenig und befand sich dabei leiblich und geistig im höchsten Wohlsein und Behagen. Er hörte im Traum häufig Gesang und Musik, und beim Aufstehen hätte er vor Lebenslust singen und springen mögen. Er glaubt, „Heilige, die sehr start gefastet haben, müssen auch im Traum viele Musik und im Wachen viele Tröstungen gehabt haben". Ungewöhnlich glückselig aber fühlte er sich, wenn er einige Stunden im Beichtstuhle zugebracht hatte.

Das Jahr 1843 schloß und das folgende begann mit allerlei Leid. So schmerzte ihn beispielsweise eine bittere Recension seines ersten Kalenders mit der Nachricht, in andern Blättern würden ähnliche folgen. Allein das waren Kleinigkeiten, die sein inneres Glück eher erhöhten als beeinträchtigten, denn mehr und mehr löste sich sein inneres Wesen vom Irdischen los. „Mit Verwunderung nehme ich es wahr, daß mich wenig auf der Erde stark anzieht — als mich kürzlich Frau Th. fragte, ob ich nicht wünsche, ein solch gesticktes Kissen, wie Herr Erzbischof geschenkt bekam, auch zu erhalten — konnte ich in aller Aufrichtigkeit sagen: ich habe für diese Welt keinen Wunsch." Und weiter: „Mein liebster Genuß ist ein schwärmerisches Versinken in Gott und Christus; meine seligsten Stunden sind in der Einsamkeit; und mein innigstes, wahrstes Leben ist eine süße Melancholie, eine sehnsüchtige, die Seele wie eine Aeolsharfe durchwehende Klage. Mehr und mehr werde ich es inne, wie schön und hold es in einer andern Welt sein müsse — und aus der Seele steigt ein Heimweh nach oben auf, wie aus der verwelkenden Blume der stärkste Duft" (Witterungen der Seele, S. 165).

In ganz gewaltige Aufregung versetzte ihn die Sitzung der zweiten Kammer vom 29. Jänner 1844. Der Abgeordnete Bissing hatte nämlich eine Motion eingebracht, deren Aushängschild die Verbesserung der materiellen Lage der Lehrer, deren eigentliches Ziel aber ein wesentlicher Punkt des heutzutage weltbekannten Freimaurerprogrammes war, nämlich die Trennung der Schule von der Kirche.

Ein Hecker, Zittel, Gottschalk, Sander und Andere waren ob der Einbringung solcher Motion entzückt; Sander beclamirte bereits von der Emancipation der Kirche vom Staat, natürlich „im Interesse der Kirche". Damals hingen jedoch die Trauben für diese Sorte von Liberalen noch zu hoch, allein das Leiblied war nun einmal angestimmt vor allem Volk, und wenn es auf die Kammermehrheit angekommen wäre, so würde die badische Geschichte verzeichnen, schon das Jahr 1844 und nicht erst das Jahr 1860 sei das **Jubeljahr der Freimaurer** gewesen.

Stolz kannte oder ahnte jedenfalls richtig die ganze Tragweite der Motion; von seinem Standpunkte aus mußte ihm der Gedanke ganz teuflisch vorkommen, christlich getaufte Kinder vom Herzen des Erlösers wegreißen zu wollen. Deßhalb stürmten auch Leid und Zorn stark und wild auf ihn ein: „Gestern war ich durchaus aufgestört in meinem ganzen Wesen, ich ging Nachts, da es stürmte und schneite, fort auf den Karlsplatz und es that mir wohl und war mir Kühlung, dem Sturm und Schnee entgegenzulaufen, es war mir eine Art wilder Freude, das Wetter an mich toben zu lassen und die innere Aufregung an ihm brechen, wie Woge an Woge. — Aber Pflicht schien es mir, nicht feig und thatenlos den Zorn verkochen zu lassen, sondern gegen den B(issing) zu schreiben." Es wurde überflüssig, er konnte seine Kraft aufsparen für die Herren Zittel, Ronge und Kompagnie.

Am 17. Hornung war er mit dem ersten Bande seiner „Katechetischen Auslegung" des Hirscher'schen Katechismus, zehn Tage später mit dem Zusatze dazu fertig. „Beim Abfassen des Schulgebetes überkamen mich Thränen vor Rührung über die Gedanken, welche **durch**, nicht **aus** der Seele auf das Papier hinströmten. Ach, dachte ich, soll vielleicht dieses Werk vielen Kinderseelen Wahrheit und Leitung zu Gott bringen, und ich bleibe zurück und habe keinen Theil daran, wie ein hölzerner Wegzeiger? Und dann kniete ich nieder und dankte Gott, bat um Verzeihung und klagte mich an, daß diese viele Arbeit nicht hervorgetrieben sei durch die Liebe zu Gott und Gottes Sohn, sondern durch Eigenlust und Eigen-

liebe. O Gott, sei mir armen Sünder gnädig" (Witterungen
der Seele, S. 167 ff.). Dieser erste Band hat ihm den
Doctorhut der Theologie eingetragen, der erste Schritt
zum Professorate war gemacht. Er arbeitete emsig weiter an
seiner Auslegung, welche schließlich zu drei Bänden anwuchs,
und fand wenig Zeit und Anlaß mehr zur Bereicherung
seines Tagebuches.

Als die Schwalben heimwärts zogen, da flog auch er
wiederum fort, dießmal hinab in die Rheinlande und
weiter hinein nach Holland. Gleich beim Beginn seiner
Fahrt sprach ihn die Siebenzahl wiederum gar tröstlich an.
Er schreibt von ihr: „Sie ist mir in ihrer seltsamen, fast
wunderbaren Begleitung eine mich zwingende Ueberzeugung,
daß eine spezielle Leitung ganz eigenthümlich nah und sicher
über mir waltet. Es ist ungefähr dieselbe Erscheinung, wie
das sichere Finden einer gesuchten Schriftstelle auf das erste
Aufschlagen. Und ich hoffe nun, daß es ein freundliches
Amen zu meiner Reise sei und ihrer nicht von Gott ver-
lassenen Wendung. Hat mich Gott auf früheren Reisen so
sicher geführt, da ich ihn in meiner Weltlichkeit nicht darum
bat, warum sollte er es nicht noch mehr jetzt thun, da ich
ihn vertrauend anrufe und mehr als sonst nach seinem Willen
diese Reise zu machen vermeine?" Die Siebenzahl begegnete
ihm auf dieser glücklichen Reise noch mehrmals. In Mannheim machte er dem Stadtpfarrer Orbin, dem jetzigen
Metropoliten der oberrheinischen Kirchenprovinz, seinen Besuch.
Er kam gerade recht, um den Bräutigam einer seiner Gaggenauer Schülerinnen zu sehen, der den Meldebogen holte.
Dieser Umstand gab die Handhabe zu einem scherzhaft vertrauten Gespräche. Die Gegend von Mainz bis Bingen
kam ihm vor wie die Wasserstraße von Heidelberg nach
Heilbronn, nur aber en gros; einen besonderen Eindruck
jedoch machte sie nicht auf ihn, denn er war verstimmt und
fuhr zu Schiffe, was seinem lebendigen Phantasiren niemals

förderlich war. Die Fahrt zum heiligen Rock nach Trier
fiel so großartig aus, wie Wenige geglaubt. Stolz meinte
aber, wenn der Glaube an die Gegenwart Christi in der
Eucharistie wahrhaftig lebendig in den Menschen wäre, so
würden sie dem heiligen Rock nicht so nachlaufen. Er erfuhr,
daß auch Juden nach Trier wallfahrteten. Sie haben nämlich
eine Tradition, laut welcher den Hinzurichtenden der Rock
über dem linken Aermel zerrissen zu werden pflegte. Am
heiligen Rock hatte man diesen Riß gefunden und nunmehr
betrachteten ihn die Juden „gleichsam als eine abgeschnittene
Haarlocke des gestorbenen Vaterlandes". Das Volk in Rhein=
land und Westfalen gefiel ihm sehr gut, aber seine Geistes=
und Gemüthsstimmung blieb leer und seicht, bis er in das
Holländische kam. Dort machten die vielen Windmühlen
auf ihn einen ganz eigenthümlichen, träumerischen Eindruck,
vielleicht deßhalb, weil er in seinen Kinderjahren häufig Ab=
bildungen davon gesehen. Das reiche und schmucke Arnheim
gefiel ihm wunderbar, der Anblick der Gebäude machte ihm
den Ausdruck klar: es lacht einem das Herz im Leibe. Stolz
lachte aber nicht, als er in der Sakristei Messe zu lesen be=
gehrte und sowohl vom Pfarrer wie vom Kaplan entschieden
abgewiesen wurde. Sie gaben nichts auf seinen Paß, sondern
begehrten den richtigen Ausweis, einen solchen mitzunehmen
hatte er aber unterlassen. Er sah in dem Vorfall eine leise
Zurechtweisung Gottes, daß er nicht würdig sei, das Opfer
darzubringen. Auf der Fahrt nach Rotterdam beobachtete
er unter Anderm einen Studenten: „Bei seinem kühnen Auf=
und Abgehen fiel mir ein, wie mancher Student oft meint,
weil das Geblüt jugendlich das Gehirn affizirt, so habe die
ewige Weisheit erst in seiner Person ein Tagloch gefunden
und sein Kopf sei der Maulwurfhaufe, durch den sie sich
heraufwühle."

Von Rotterdam sagt er: „Ich glaube schwerlich, daß
eine Stadt in der Welt mehr meinem Phantasiegemälde gleich

sieht und lieblicher anspricht." In Antwerpen fand er
das Innere des Domes "unbeschreiblich groß und schön";
ihn erfüllten die Gemälde von Rubens mit Bewunderung,
fast noch mehr die so ernsten und zugleich schönen, schier
lebensgroßen Statuen aus Holz an den Beichtstühlen. In
Antwerpen wie in den ehemaligen spanischen Besitzthümern
überhaupt haben die Thürme nicht das flammenartig Auf=
strebende der gothischen Thürme Deutschlands; wohl gehen
sie hoch hinauf, sie ruhen aber behaglich und gleichsam wohl=
genährt in sich selbst und scheinen sich eher ihrer Höhe zu
freuen als noch höher hinaufzustreben. Die Glockenspiele auf
dem Stadtdom klangen ihm wie Ton und Stimme zu dem
Antlitz der Stadt.

Im Gasthofe traf er drei Württemberger und zu seiner
Freude darunter einen Doctor Barth, der sich sehr um
seine Kalender interessirte und den er schon vor zwei Jahren
hatte besuchen wollen.

In Ostende galt sein erster Gang dem Meere. Der
erstmalige Anblick erregte in seinem Innern einen solchen
Aufruhr, daß ihm die Thränen mit Gewalt hervorstürzten.
"Diese Wogen, wie sie weiß und unaufhörlich gegen das
Land sich wälzten, als wollten sie es stürmen und verschlin=
gen; dieses Meer, so unermeßlich weit hingestreckt, und so
unruhig und viel bewegt — es kam mir vor, als wäre es
das aufgedeckte Gehirn und Herz der Erde, ja als ihre sicht=
bar gewordene Seele und ihr Leben selber. — Zuerst
muthete es mich unmittelbar im Gemüth an, das Meer selber
anzubeten, und ich kann nun begreifen, wie man es ver=
göttern konnte." — Das Meer ist die "große Harfe, die
große Orgel, welche Tag und Nacht ohne Ruhe dem Herrn
Loblieder tönt; und wie wenn man in einer großen Kirche
die Gemeinde singen hört, so regt das Meer an, mit ihm zu
singen. Es sollte kein Mensch sterben, ohne vorher
das Meer gesehen zu haben. Es ist eine große Sprosse

weiter an der Leiter, auf welcher wir in Erkenntniß und Anbetung Gottes aufsteigen sollen. — Und wie groß muß der Gott sein, vor welchem dieses Meer etwas Geringes ist! Aber auch wie unmöglich fast ist es, im Anblick dieses Meeres noch kleinlich, zänkisch, wunderlich oder feindlich zu sein?" (Witterungen der Seele, S. 208.) Die Kirche von Ostende erschien ihm höchst unbedeutend und unschön. In Löwen fand er, daß das derbe und kräftige Sinnenleben der Flamänder auch in ihr kirchliches Leben eingedrungen sei: ungeheure Kanzeln aus Holz, geschmückt mit gewaltigen Vögeln, Eichhörnchen; ja oft findet man sogar das Wild abgebildet, welches von dem Grafen von Flandern erlegt worden. Vergleichsweise kam ihm Löwen wie ein großes Dorf vor; weit herrlicher als sein Münster erschien ihm das Rathhaus, vielleicht das geschmackvollste Gebäude, das jemals im gothischen Styl hergestellt wurde.

In Belgien hat Stolz übrigens manchen Aerger geschluckt. Ihn ärgerten die Engländer und die reichen Müßiggänger, sowie Bettelbuben und Leute, welche sich der Fremdenindustrie gewidmet; ihn ärgerte der Zwang, französisch sprechen zu müssen; ihn ärgerten die Dreispitze und Sutane der Geistlichen; am meisten aber ärgerte ihn der schlechte Ruf, in welchem die deutschen Geistlichen in Belgien standen.

Köln und die Kölner gefielen ihm recht wohl, nicht minder die 500 Arbeiter, welche am Dombau beschäftigt waren. In Koblenz hatte er Freunde und Bekannte, darunter hochgestellte Protestanten; er hegte eine besondere Vorliebe für christusgläubige Protestanten und solche haben ihm Gleiches mit Gleichem reichlich vergolten. Bei Einem derselben begegnete er einem ihm merkwürdigen Manne. Derselbe glaubte nicht einmal an eine unsterbliche Seele, war aber dabei die Güte selbst, rechtlich gesinnt, thätig im Beruf, wohlthätig und voll Toleranz. Er bemerkt von diesem Kauze: „Diese guten Anlagen bei ungläubigen Menschen sind für sie selbst ohne Bedeutung bezüglich der Ewigkeit; für ihre Umgebung aber eine äußerst nützliche Vorkehrung, wie die Kindesliebe auch ganz schlechter Eltern."—

Je weiter Stolz herumgekommen, desto gründlicher mußte er erfahren, in welch üblem Rufe die badische Geistlichkeit stand und zwar keineswegs nur in Belgien. Er hat deßhalb nicht unterlassen, die allerseligste Jungfrau anzuflehen, seinem tiefkranken engern Vaterlande zu helfen, und Gott zu bitten, daß auch durch seine Person das Christenthum gefördert würde. Am 21. September 1844 schrieb er in Koblenz: „Am Abend gingen wir wieder zur Marienkapelle; es war beinahe schon Nacht, die Kerzen waren angezündet, die Kapelle gefüllt von betenden Menschen. Ich gedachte, wie so vielfältig leibliche Noth schon wunderbare Hilfe gefunden habe bei solchen Wallfahrten in vertrauensvollem Gebet; warum sollte denn geistiger, viel größerer Noth nicht auch Hilfe werden — und ist es denn Gott schwerer, einem ganzen Volke zu helfen, als einem einzelnen Menschen? — Darum flehte ich aus innerster heißer Seele, Maria möge für unser Land bitten, daß ihm auch geholfen werde von Gott. So manches Land ist gesund und unseres tief krank. Und wenn Gott etwas in mich gelegt habe, ein heilendes Talent, ein gutes Kraut für die Seele, so möge er mich kraftvoll dazu erwecken. Und wenn dieses eine hochmüthige, verrückte Einbildung sei, so möge er auch ohne mich und mein Mitwirken sein Reich kommen lassen, mir aber doch passiven oder Laien-Antheil daran geben. Ich konnte so recht innig und mir selbst wohlthuend beten und hätte wohl noch länger bleiben mögen. Ich war leise von Rührung befangen, als wir heraustraten in die schöne Mondesnacht, und sagte, wenn ich hier wohnte, würde ich jede Woche einmal zu dieser Kapelle gehen. Wohl ahne ich, daß ich ohne besonderes Eingreifen Gottes in meine Seele nach dieser kurzen schwächlichen Aufregung wieder in meine gewöhnliche geistige

Trägheit und Lässigkeit zurücksinken werde; aber schon der Gedanke, meinem Volke etwas nützen zu können und zu wollen, hat ein so edles Wohlgefühl in sich, daß ich mich gern mit solchen Phantasieen täusche. Und doch wäre wohl dieses auch für meine eigene Seele das einzige Mittel, sie zu heben und groß zu werden, wenn sie von einer solchen göttlichen Idee ergriffen, entzündet und fortgerissen würde" (Witterungen der Seele, S. 218 ff.).

Vor Allerheiligen weilte er wiederum in den Räumen des Convictes, um sein Leben der Arbeit und des Gebetes fortzusetzen. Gewaltige Abwechslung aber brachten in solche Einförmigkeit zunächst nothwendig gewordene Streitschriften, bald genug aber noch andere Vorkommnisse.

Der Kalendermann hatte einen wundersamen Ton angeschlagen, verständlich jedem Christenherzen, unbehaglich den Lauen und widerwärtig der ganzen Neuheidenwelt. Anfangs der vierziger Jahre hat es soviel als gar keine katholische Tagespresse gegeben, kein katholisches Vereinswesen und noch weit weniger eine geschlossene katholische Partei. Das muß man nicht vergessen, um den wahren Heldenmuth zu würdigen, mit welchem im Badischen ein Buß, ein Freiherr Heinrich von Andlaw, ein Hirscher und ein Alban Stolz die Fahne Jesu Christi und seiner Weltkirche gegenüber der ganzen sogenannten öffentlichen Meinung hochgehalten haben. Die Ausstellung des heiligen Rockes zu Trier gab Anlaß zum Auftreten des Johannes Ronge. Die ganze liberal und radical durchsäuerte Welt hielt die Aufrichtung einer vom Papst losgerissenen und schon aus diesem Grunde kopflosen Deutschkirche für möglich. Dieser alte Traum hätte allerdings Fleisch und Blut annehmen können, wenn die damaligen Regierungen so „kulturkämpferisch" gewesen wären wie manche heutige. Sie waren es aber nicht. Erfüllt vom Fenereifer für den katholischen Glauben und das katholische Volk, schleuderte der kleine Alban zwei herrliche Flugschriften in die Welt. Es war: „Der neue Kometstern mit seinem Schweif oder Johannes Ronge und seine Briefträger", der eine Auflage nach der andern erlebte, und dann das „Amulet gegen die jungkatholische Sucht". Noch mehr: die zweite badische Kammer stand 1845 auf der Höhe ihres liberalen und radicalen Ruhmes; die Namen Itzstein, Welcker, Bassermann, Hecker und andere hatten guten Klang weit über die deutschen Grenzen hinaus. Als aber der protestantische Pfarrer und Abgeordnete Zittel haben wollte, daß die Rongeaner gerade so viel Recht und Gewalt im Badischen bekommen sollten wie die Katholiken und die Protestanten, da trat auch Hirscher wider ihn auf, über Land und Gebirg aber flog Stolzens „Landwehr gegen den badischen Landstand". Diese Schrift veranlaßte einen so gewaltigen Petitionensturm, daß der ehrlich constitutionelle Großherzog die Kammer auflöste. Die Neuwahlen brachten aber nur einen einzigen Katholiken in die zweite Kammer, nämlich den Hofrath Buß. Das war ein herber Schlag für die katholische Kirche in Baden und nicht minder für Alban Stolz. Dieser kümmerte sich jedoch nicht gar viel um den Hohn und die Lästerungen der ganzen kirchenfeindlichen und zusehends umsturzlustiger werdenden Masse. Seine eigentlichen Widersacher waren die kurzsichtigen, zweifelhaften Simsentänzer und Rücksichtsmaier im eigenen Lager, welche damals wie immer zum Schaden der guten Sache entschiedenen Naturen das Spiel verderbten.

Allein nicht bloß manche Rücksichtsmaier haben den furchtlosen und freimüthigen Kämpen der Kirche scheel angeschaut, sondern er wurde bitter angefeindet von den damals noch zahlreichen Geistlichen aus der Schule Wessenbergs. Wessenberg war ein durch und durch edler Charakter, keineswegs aber ein tiefdenkender oder weitblickender Geist. Anstatt das böse Herz der Zeit zu durchschauen, hat er die Hoffnung auf eine von Rom unabhängige Deutschkirche genährt,

welche im Frieden neben den übrigen Confessionen zu leben
vermöge. Eine Frucht solchen Wahnes war das Ronge=
thum. Anfangs 1845 hatte der Erzbischof die Landkapitel
eingeladen, sich über die neuesten Bewegungen in der katho=
lischen Kirche zu äußern. Solcher Einladung hat unterm
23. April schon das Landkapitel Konstanz Folge geleistet,
voran die Pfarrgeistlichkeit der Bodenseestadt selbst. In einem
langathmigen Actenstücke priesen die Herren Willibald Straßer,
Dominik Kuenzer, Schaubinger und Consorten die
frühere Zeit ganz übertrieben, um desto gründlicher auf ihre
Gegenwart loszuschlagen. Das Schriftstück ist ganz und gar
der Vorläufer der gedruckten Petitionen, worin gegen Ende
des Jahres 1845 viele Bisthumsangehörige von einer anti=
nationalen Partei, antinational nach ihren Grundsätzen,
Bestrebungen und nach ihrem Zwecke, fabelten und um Ein=
berufung einer Bisthums=Kirchenversammlung baten,
das heißt um einen aus geistlichen und weltlichen Mitgliedern
zusammengesetzten kirchlichen Landtag mit politischem Zuschnitt.
Das Schriftstück ist ferner der Vorläufer jener Sturmpetitio=
nen, worin im Hochsommer 1848 Geistliche einiger Landkapitel
mit eiserner Stirne und sogar mit einer Fristbestimmung
von sechs Wochen vom Erzbischofe forderten, daß derselbe
erstens die längstgewünschte Diöcesansynode endlich ein=
berufe, sich zweitens bis dahin einen Beirath aus der Land=
geistlichkeit gefallen lasse, drittens nichts ohne Zustimmung
seines Ordinariates anordne, viertens seinen Hofkaplan
alsbald entlasse und fünftens endlich das Seminar in
Sanct Peter unter bessere Leitung stelle. Der angeblichen
ultramontanen Partei, welche in der Kirche immer besser auf=
gekommen sein sollte, haben die Bittsteller angedichtet, sie be=
haupte eine unbeschränkte Machtfülle des Papstes,
während doch Rom jeder Verbesserung im Kirchenwesen sich
entgegenstemme. Auf unsern Alban Stolz wurde eigens
losgetrommelt in folgender Stelle: „Wollte man zur Däm=

pfung und Zügelung der jetzigen Bewegung zum Declamiren gegen die bekannt gewordenen Grundsätze und Ansichten der Andersgläubigen und zu gemeinen und schimpflichen Angriffen ihres persönlichen Charakters, wie dieses zum Beispiel in dem Freiburger Kometstern geschehen ist, die Zuflucht nehmen, so würde man den Zweck durchaus verfehlen und nur Oel in's Feuer gießen." Auch für seine katechetische Auslegung des Hirscher'schen Katechismus wurde Stolz von diesen hochwürdigen Fahnenträgern der humanen Liebe mit einem Fußtritte regalirt.

Am 10. Mai 1845 wurde Director Haiz zum Domcapitular erwählt und Stolz provisorisch dessen Amtsnachfolger. Dieser hielt es anfänglich für sehr gut, nunmehr eine Stellung inne zu haben, welche ihn zu mancherlei Arbeiten und Schreibereien zwang. Allein er sollte den nicht geringen Unterschied zwischen der Aufgabe eines Repetenten und der des Directors kennen lernen. Er war der Seelenführer gar manchen geistlichen Sträflings und Convictors, mehr als ein großer Sünder hatte ihm sein Herz erschlossen; doch Seelen führen und eine große Anstalt leiten, in welcher Menschen der verschiedensten Art beisammen leben, sind verschiedene Aufgaben. Stolz war ein Muster von Berufstreue, aber so gut er den Menschen kannte, so wenig kannte er die Menschen; sein in sich zurückgezogenes Wesen taugte nicht recht in das vielgestaltige Treiben und vielstimmige Gelärm des Convicts; Arglosigkeit sowie Mangel an praktischer Erfahrung spielten ihm manchen Possen. So schrieb er schon am 2. Juni: „Gestern wurde ich durch den obstinaten Ungehorsam des H. heftig beleidigt. Ich entschloß mich, Abends und in der Frühe um Jesu Christi willen zu thun, was in der Sache das Rechte und Gottgefällige ist. Da kam es mir sehr deutlich in's Gefühl und in's Bewußtsein, daß, wenn man in einem solchen speziellen Fall in einer speziellen Versuchung sich entschließt, Gottes Willen treu zu thun, daß da nicht etwa ein einzelner gottgefälliger Act zu Stand gebracht ist, sondern daß die ganze Seele, nach all ihren Beziehungen, der Vervollkommnung und Gott einen Schritt näher kommt." Wie ernst und gewissenhaft er Alles aufnahm, lehrt sein Tagebuch vom 5. Juni: "So betete ich gestern: ‚Vater unser', da ich gerade einen Diener zu rügen hatte, und als ich sprach: ‚geheiligt werde bein Name', legte sich mir nahe, ich solle gerade jetzt als Christ und Priester selbst Gottes Namen heiligen, indem ich, Gottes Charakter an mir tragend und beurkundend, mit Milde und Ruhe den Fehlenden behandle. Freilich blieb ich nicht ganz der Idee des Gedankens getreu" (Witterungen der Seele, S. 268).

Mit Stolz war ein zweiter Repetent gekommen, der aber seiner Stellung wenig gewachsen war. Er hielt es für eine seiner Aufgaben, dem Director Opposition zu machen, wurde aber den meisten Convictoren durch sein taktloses und parteiisches Benehmen verhaßt. Allein erst unter Stolzens Direction, im Juli 1845, brach die Krisis aus. Stolz hatte den üblichen großen Spaziergang mit der Mehrzahl der Zöglinge unternommen und den Repetenten nothgedrungen zu seinem Stellvertreter gemacht, weil kein anderer vorhanden war. Die Taktlosigkeit desselben trug die meiste Schuld, daß der langverhaltene Groll einiger Convictoren sich nunmehr Luft machte. Es kam zu Auftritten, wie sie in einer derartigen Anstalt nimmermehr vorkommen sollten. Am 10. Juli untersuchte Stolz den peinlichen Vorfall ebenso gründlich als unparteiisch, die Schuldigen wurden nach Gebühr bestraft, der Repetent aber durch eine gediegene Kraft ersetzt, durch den Doctor Joseph König, heute noch Professor der Theologie.

Unter dem Eindrucke solcher und anderer widerlicher Vorkommnisse schrieb Stolz am 22. August: "Seit der Sitzung von gestern Abend drängt sich das Leid bis in meine Seele hinein. Ich fühle recht deutlich, wie ich so blöd für alle

Stürme geworden bin. Das Schicksal hat mich verwöhnt. Namentlich sind es **scheinbare Geringschätzung** oder **Falschheiten**, die meine Seele im tiefsten Grund aufwühlen. Auf der andern Seite fühle ich aber doch auch wieder, wie unendliche Stärke und Ausdauer in Christus zu finden ist, so der Mensch sich ihm nur innig anschließen würde" (Witterungen der Seele, S. 275).

So lange Stolz die Direction führte, trug er alle wichtigeren Vorkommnisse des Hauses in ein Journal ein. Wenige Mittheilungen daraus deuten zur Genüge an, mit welchen unvermeidlichen Armseligkeiten er sich zu befassen hatte. So z. B.: „Der zweite Kurs mußte ernstlich ermahnt werden, nach dem Auslöschen der Lichter nicht mehr zu schwatzen. — Die Censoren wurden angehalten, strenge Aufsicht zu führen, indem Manche bei der Wandlung nicht niederknieten, Andere gar aus der Messe liefen unter dem Vorwand, es sei nicht vorgeschrieben, dieselbe täglich zu hören. — Abermalige Einschärfung, nach dem Auslöschen der Lichter nicht mehr zu plaudern und beim Essen seinen Wein nicht Andern zu geben. — Einige des ersten Kurses klagten, Censor B. habe ihr Benehmen im Schlafsaal bübisch genannt, er mußte den Ausdruck zurücknehmen. — Alle Spielkarten müssen aus dem Hause, wer künftig noch beim Spiel betroffen wird, bekömmt Strafe. — Anzeige, daß Mehrere während des Gottesdienstes nicht in Gebetbüchern lasen. — Acht Tage Hausarrest für Jeden, der die Repetitionen schwänzt. — Mehrere durften in's Concert, kamen aber zu spät heim, H. sogar betrunken; Alle entschuldigten sich damit, sie hätten noch etwas zu Nacht gegessen. Der Director läßt es für dießmal hingehen, wird aber bei wiederholter ‚Ungeregeltheit' desto strenger einschreiten. — Das Rauchen in den Zimmern und das Singen im Garten gänzlich untersagt u. s. f."

Wäre bei der bestehenden Hausordnung Stolz mit der seinem innersten Wesen entsprechenden Energie strafend vor=

gegangen, dann wäre die Anstalt bald ärmer an Bewohnern geworden. Das wußten seine Widersacher recht wohl, nahmen aber wenig Rücksicht darauf; denn ihnen lag am Herzen, ihn an der Dreisam wie in der Residenz in eine immer schiefere Stellung hineinzudrängen.

Während Stolz mit den Schwalben wiederum fortflog, zunächst hinüber nach Straßburg, hierauf in die Schweiz und dann über den Gotthard hinab nach Oberitalien, wurde in Freiburg über ihn Manches verhandelt. Anfangs September berichtete der Curator der Universität dem Ordinariate, für die Directorstelle im Convict hätten sich bloß drei Bewerber eingestellt, nämlich der Stadtpfarrer Franz Schindler von Pforzheim, der Pfarrer Johann Baptist Miller von Oeflingen und Alban Stolz. Am 21. Oktober trat Hirscher für eine bloß provisorische Besetzung der Directorstelle ein, denn der Director solle seine Tüchtigkeit und Würdigkeit erst erproben, ferner könne man sich in der Zwischenzeit nöthigenfalls nach einem andern Manne umsehen. Indem er sich über die Candidaten äußerte, ließ er sich über Stolz folgendermaßen aus: „Er ist ein Mann von bedeutendem Talent und schönen allgemeinen wie theologischen Kenntnissen. Sein Charakter ist entschieden, seine Gemüthsart wohlwollend. Die Zöglinge des Institutes achten ihn und mögen ihn wohl leiden. Er besitzt namentlich viele psychologische Kenntnisse und hat von seiner Gabe, auf Andere wohlthätig einzuwirken, mehrere Beweise in dem guten Einflusse geliefert, welchen er als Spiritual auf mehrere in die hiesige Kustodie einberufene Geistliche geübt hat." Auch Einwendungen gegen Stolz wies der treffliche Hirscher zurück. Man betonte besonders, Stolz spreche sich als Mitarbeiter an der „Süddeutschen Zeitung" seines Freundes Buß für eine kirchlich-politische Richtung aus, welche man in das Institut nicht verpflanzt wünschen könne. Hierüber hatte Hirscher unsern Stolz unter vier Augen zur Rede gestellt, aber von ihm die Erklärung erhalten, er habe für die erwähnte Zeitung Alles in Allem nicht eine volle Nummer geschrieben und über kirchlich-politische Fragen mit den Convictoren niemals geredet, wohl wissend, daß dergleichen nicht dahin gehöre. Ferner wurde behauptet, Stolz habe im verflossenen Semester die Disciplin des Hauses mangelhaft gehandhabt und mehr seiner Neigung zu literarischer Thätigkeit als für das Convict gelebt. Hirscher konnte dieß nicht in Abrede stellen, meinte aber, Stolz sei eben vom Ministerium mit dem Provisorium der Direction gar nicht betraut und habe so muthlos gehen lassen, was ihm höheren Ortes nicht anvertraut werden wollte. Uebrigens habe er auf Befragen, ob ihn sein Genius nicht von den Geschäften einer so vielseitigen, zum Theil mechanischen Verwaltung abziehe, erklärt, er suche die Stelle nicht, kenne jedoch den ganzen Umfang ihrer Verpflichtungen und habe für den Fall, daß sie ihm übertragen werden sollte, Gewissenhaftigkeit genug, um sich dem treu zu widmen, was er übernommen. Schließlich einigte sich das Ordinariat dahin, eher auf den ihm längst vortheilhaft bekannten Alban Stolz als auf den Pfarrer Miller antragen zu sollen.

Vor seiner Abreise hatte Stolz einen Abend bei seinem Gönner zugebracht: „Gestern Nacht war ich bei H(irscher); seine Freundschaft erschien mir so wahr und thätig bei seiner Anfrage an mich, wie ich sie sonst noch nie gesehen und gekannt hatte. Aber seine Mittheilung in Bezug auf meine künftige Stellung zeigte mir auch einen finstern Horizont für die Zukunft. Ach mein Gott, habe doch du ein Dreinsehen, nicht als solltest du mich bewahren vor allem Leid, auch Andere haben ja so Vieles zu tragen, führe mich nur auf den rechten Platz! — Da ich diesen Morgen den Schloßberg hinaufging und an mein Wort dachte, das ich gestern zu H. gesagt hatte, nämlich, daß es nichts gebe, was mich besonders freuen könne, so dachte ich meiner Jugend nach" (Witterungen der Seele, S. 276).

Das Elsaß, dieses „verlorene Stück Deutschlands", zog ihn eigenthümlich an. Er fand darin mehr deutsches Wesen in Denkweise und Lebensmanieren als auf dem rechten Rheinufer, besonders mehr als in den Städten und Städtchen Badens. Die Gemäldegallerie auf dem Rathhaus in Straßburg mit ihren theatralischen Figuren mahnte ihn wie die Statue des Marschalls Kleber daran, daß der Franzose Wahrheit, Einfachheit und Ruhe selten kennt. Gutenbergs Denkmal machte auf ihn den Eindruck einer Karikatur und besonders widerte ihn der Philisterhause an, der darauf in Erz verewigt ist. Sehr angenehm berührte ihn das anständige und gebildete Benehmen der französischen Soldaten, der Offiziere bis herab zum Gemeinen. Beseelt von dem Gedanken, seine Reise werde eine Reise zu Gott, näher zu Gott sein, fuhr er nach Luzern und über den Vierwaldstätersee weiter nach Italien. Schon den ersten Ort jenseits des Gotthard, Airolo, mußte er als eine wahre Judengasse voll Unreinlichkeit und Koth bezeichnen. Außer dem Schmutz und Gestank in den Gassen fand er in Italien überhaupt widerlich in den Betten die Flöhe, in den Kirchen die Bettler, in den Gasthöfen und schöneren Plätzen die Engländer. Zu Mailand machte das Abendmahl von Leonardo da Vinci auf ihn den Eindruck der innigen Rührung. Auf der höchsten Spitze des Domes hat er den Reichthum und die Schönheit dieses Marmorberges angestaunt. Als er die wunderschönen und edlen Statuen betrachtete, wunderte er sich, wie man aus den Bildhauereien in München noch viel Erhebens machen könne. Von seinem Aufenthalte in Mailand schreibt er überhaupt: „Eine süße Freude zu Gott, hier zu sein, überströmt meine Seele wie die Silbergluth eines schönen Sommertages. Ich freue mich und weiß nicht warum. Mein Verstand sagt mir, daß ich auch nicht das Geringste werth bin vor Gott; und mein Gemüth will mir glauben machen, ich stehe bei Gott gut; denn dieses süße Vertrauen und diese holde Freude, die so leicht und reichlich meine Seele überrieselt, wie Frühlingsregen, wenn ich bete, das müsse doch aus Gott kommen — und ich bin so sonderbar gestimmt, wie wenn all die Lust und das Gut der Vergangenheit, das mir Gott geschenkt, ein Unterpfand der Zukunft sei, fast wie ein Verdienst, da es doch eine Schuld ist. Wohl mag das eine schwere Verblendung sein — aber sie macht mich doch bereit, Gott inniger zu suchen. Immer deutlicher wird es mir, daß dieses seltsame Entzücken, diese Süßigkeit, welche hier von Zeit zu Zeit die Seele überblitzt, daß es herkommt von dem wundersamen Klima" (Kleinigkeiten, I. S. 120). In Venedig, dieser „großartigen prächtigen Verirrung der Menschennatur", kam er mißmuthig an, mißmuthig, weil er sich von der Natur gänzlich abgeschlossen fühlte, gefiel sich aber bald darin. Er fand die Sprache so schön, daß es ihn anekelte, wenn er französisch sprechen hörte. Selbst die Bettelknaben gefielen ihm, denn sie waren sonntäglich gekleidet, zeigten eine fröhliche, fast lächelnde Miene und bettelten ganz in der Weise zudringlich und lebhaft, wie ein Knabe, der vom Vater oder der Mutter durchaus etwas geschenkt haben will. Die Musik in den Kirchen fand er weit lustiger und weltlicher als im Theater, bemerkte aber, daß das Volk in seiner Frömmigkeit sich dadurch keineswegs beirren ließ. Und nur die Kirchen sind vom ehemaligen Venedig in unzerfallener Schönheit übriggeblieben. Noch manche Familien der alten Großherren sind vorhanden, aber durchgängig so verarmt, daß sie kaum einige Zimmer ihrer mächtigen Paläste zu möbliren vermögen. Er meint: „Welch eine unendliche Schwermuth muß in manchem Adeligen hier wohnen, wenn er durch die öden Gemächer seiner Ahnen schreitet! Mit Recht sind alle Gondeln schwarz wie Leichenwagen — es ist ein ewiges Leidtragen um das Sterben und den Tod der Venezia. Doch es mußte so gehen; die Venetianer konnten ihr Glück nicht tragen, ohne in Hochmuth und Grausamkeit Gottes Schutz von sich zu stoßen" (Kleinigkeiten, I. S. 124). Er fand, die Lagunenstadt sei wie ein Theater, erst schön bei Nacht, sie sei recht eigentlich für die Nacht gebaut und Nachts der Markusplatz ein ungeheurer Saal voll Licht und Leben und Musik, ein Saal, dessen Decke das Sterngewölbe bildet. Auf diesem Platze, dem einzigen der großen Stadt, traf er eine Menge Bekannter aus Deutschland und hörte die Verheiratheten bitter über Italien urtheilen, während die Ledigen das größte Wohlgefallen äußerten. Die Verheiratheten waren eben durchgängig vom Schlage des preußischen Philisters, dessen Hausgenosse er hatte werden müssen. Dieser Philister war ein ganz ehrbarer und gutmüthiger Mensch, sehnte sich aber nach der Butterbemme seiner Heimath, ließ fade Witze los, und zeigte sich so todt für alle Poesie, daß er das Meer kaum anschaute und dafür lieber sein Schnupftuch mit Muscheln füllte. Das adriatische Meer ließ unsern Stolz selbst kalt. Schon deßhalb, weil man in Venedig keinen Erdschollen sieht und weil obendrein auch vom Himmel in den schmalen Hohlgassen mit ihren unsinnig hohen Häusern wenig zu sehen ist, fuhr er hinüber nach der Insel Lido, welche trotz ihrer Schönheit und Nähe von den Venetianern der gebildeten Klassen wenig besucht wurde. Den Gesammteindruck, den Land und Leute auf ihn machten, spricht er in folgenden Worten aus: „Ich fühle es mehr und mehr, wie sich dieses Italien in mir eingräbt, oder vielmehr schon längst eingegraben hat, und nun die Wirklichkeit nur die Spurgeleise findet, welche von Jugend auf die Phantasie in meine Seele eingefurcht hat. Und ich fürchte, daß wohl ein recht schmerzliches, krampfhaftes Sehnen mein ganzes Wesen durchzehren wird, wenn ich wieder zurückgekehrt bin in die halberfrorene Heimath. Und ich kann es nicht aufgeben, das süße Wähnen, Gott werde mich einmal für immer nach Italien oder Spanien führen" (Kleinigkeiten, I. S. 125). In Italien hatte er auch beten können, er hatte eine wahre „Seligkeit des Gebetes" genossen; je näher er aber der Heimath kam, desto mehr verlor sich diese Seligkeit.

Als er wiederum die Gänge des Convictes durchschritt, war er von den besten Vorsätzen beseelt und schrieb am 6. November: „Ich fühle eine neue Zeit, ein Neugebären meiner Lebensgeschichte herannahen. Plötzlich wurde ich hineingeworfen in eine Fülle ungewohnter Geschäfte und Verantwortlichkeit. Das wird mich, so hoffe ich, eher heben, als verderben. Denn ich bin moralisch weichlich geworden, und plätscherte zu viel in süßen Phantasien. Nur eins kommt mir wunderlich vor: Ich bin noch nie so voll Lebens- und Kraftgefühl gewesen, wie jetzt; es überströmt in mir — darum kann ich es nicht mehr wie sonst vorfühlen und anschauen, daß ich auch krank werden und sterben könne" (Witterungen der Seele, S. 280).

Sorgen und Kümmernisse wollten massenweis an ihn, doch Gott hatte ihn mit Kraft ausgerüstet wie noch zu keiner Zeit, so daß er alles Leid zu tragen vermochte und dasselbe für einen größern Seelengewinn hielt, als das Dahindämmern in behaglicher Ruhe. Sein äußeres Leben brachte es mit sich, daß innere Seligkeit und schwermüthige Ruhe wiederum rasch wechselten. So schrieb er am 24. November: „Meine Brust ist wie eine Harfe, die lebendig ist und selber sich anhaucht und antönt. Könnte ich es doch dahin bringen, daß ich in Gott versinke, und er mir Alles in Allem sei — oder, daß ich es recht sage, möchte ich Gott zurückführen aus dem Exil und ihn auf den Thron setzen in meinem Innern. Meine Seele war in der Jugend wie ein Erwachter im Sarg, der sich selbst in Verzweiflung zernagt, weil er nicht hinaus kann. Die Schale ist nun durchgebrochen und die Welt hat sich weich und sonnig vor mir hingebettet. Aber die alten innersten Knochen der Erinnerung starren wieder hervor zu gewissen Zeiten und auch heute." Wenige Tage später klagte er: „Eine schwermüthige Ruhe hat abendlich über die Seele sich gelegt — ich bin müde und habe doch nichts gethan — ich bin müde dieses Lebens, selbst dieser Freuden. Ich weiß nicht, was ich will, das Leben gibt mir so Vieles, was sonst anderen Menschen nur theilweise und in geringerem Maße spärlich zu Theil wird, und selbst das Leid ist stets der Art, daß die Seele über ihm steht und sich nicht tief verwunden läßt. Aber all das sättigt nicht, und es ist ein unbestimmtes Sehnen da — die Gottseligkeit ist im Schutt der vielen weltlichen Genüsse und Gedanken begraben, und ist doch nicht todt. Sie ist es, die sich regt und strebt und wieder auferstehen möchte. O Gott, Erlöser, erwecke sie wieder!" (Witterungen der Seele, S. 285. 287.)

Weil in heiligen Zeiten Satan ärger zu rumoren pflegt als sonst, so hatte der gute Stolz 1845 einen bösen Christmonat durchzumachen. Am 19. hatte er einen wilden, finstern Tag, einen so schweren wie seit Langem nicht, doch gegen Abend heiterte er sich lind auf. Am folgenden Tage wurde recht bitteres wildes Leid über sein ganzes Wesen ausgegossen; er bekam heftiges Kopfweh und Fieber, dazu eine Seelenqual, als ob das Leid ihn und sein bisheriges Leben tödten wolle, aber Gott schenkte ihm die Gnade, daß sein Auge wenigstens nach dem Himmel sah. Und wie stürmisches Wetter in der Natur ihm wohl that, so wurde ihm wohl im moralischen Sturm. In diesem lernte er Gefühle und Zustände kennen, die ihm bisher fremd gewesen. Ihm wurde im Münster so wohl um's Herz, wie es solchen oft leiblich wohl wird, die einen starken Blutverlust erlitten. Er ermannte sich: „Wenn man in seiner Stellung von einer herben Verdrießlichkeit angefallen wird, so ist das Erste, was sich lockend und erwünscht der Seele aufdrängt, die Sehnsucht, selbst der halbe Vorsatz, seine Stellung zu ändern, auszutreten, einen andern Platz zu suchen. Es ist dieß eine Feigheit und Weichlichkeit, welche viel Aehnlichkeit hat mit der Sinnesweise, in welcher man den Selbstmord ausübt:

man will dem Elend, der herben Lage entspringen, den schweren Posten in der Schlachtreihe verlassen. Ja gerade eine solche Sinnesweise muß, wenn sie recht gehegt wird, direct zum Selbstmord führen, weil derselbe für Viele zuletzt nur noch das einzige Thor ist, um aus dem gegenwärtigen Leid herauszustürzen" (Witterungen der Seele, S. 296 ff.). Aber jetzt erst fand er, es sei kein beneidenswerthes Loos, höher gestellt zu sein im Amt und Talent, wie denn in der Höhe die Stürme am wildesten brausen. Gewisse Herren fanden es recht unangenehm, daß er zu einer höheren Stellung und zu Schriftstellerruf gelangt war. Der Anfang des Jahres 1846 war für Stolz gleichfalls kein guter. Er wurde denuncirt, daß die Convictoren in den Kneipen herumzögen, daß einige unter dem Vorwand eines nöthigen Ausganges in das Theater gegangen, endlich daß am Weihnachtsabend Mehrere betrunken heimgekommen seien. Stolz wurde zum Berichte aufgefordert und erstattete denselben unverzüglich. Einleitend bemerkte er, wie schon seit geraumer Zeit **nicht ohne Sorgfalt und Unermüdlichkeit** falsche Gerüchte allenthalben ausgebreitet würden, worüber er sich nunmehr äußern könne. Schlagfertig wies er nach, daß **der ober die Ankläger die Farben ungebührlich stark aufgetragen** hätten und daß er die wirklichen Vorkommnisse beim besten Willen nicht hätte verhindern können. Es lag aber noch eine weitere Denunciation vor. Dem zur Rongerei übergegangenen Professor S ch r e i b e r war nämlich ein silberner Pokal verehrt worden und Convictoren sollten an der Subscription sich betheiligt haben. Von diesen erklärten 63 das Gegentheil, von zwei Inländern lebte nur Einer im Convict, der reuig der Gegenerklärung beitrat; fünf Verdächtige vernahm Stolz im Auftrage der Commission protokollarisch.

Man muthete ihm zu, den Theaterbesuchern sowie den Betrunkenen vom Weihnachtsabend vorläufig zu eröffnen, daß sie nicht in das Priesterseminar aufgenommen würden.

Stolz aber glaubte, solcher Aufforderung vorerst keine Folge leisten zu können und vertheidigte die Schuldigen, welche zu den besten und bisher tabellosen Studenten gehörten, gegen solch eine rigorose Maßregelung.

Der Schluß seines Berichtes lautete: „Wenn mein bisheriges Leben und Thun bezweifeln lassen, ob ich zuverlässig sei in Sachen, wo es sich um das Wohl der Kirche handelt, so mag ich auch nicht mit Worten und Versicherungen mir eine gute Meinung erbitten. Hätte es der Ankläger redlich gemeint, so hätte er vorerst mich selbst benachrichtigen und ermahnen müssen, wenn er Ungehöriges erfuhr, nicht aber mich vor der höchsten Kirchenbehörde unmittelbar der Pflichtvergessenheit beschuldigen, bevor er den Versuch gemacht hat, ob eine Erinnerung den Verdacht beseitige oder das Vernachlässigte zur Beachtung bringe. Wollte derselbe aber mit solchen Beschuldigungen mir meinen Dienst entleiben, so kommt er zu spät, indem ich die Directionsführung von Anfang an schon als eine Last und Verantwortung ansah, namentlich unter gegenwärtigen Umständen, nicht aber als eine Stelle, um die man zu beneiden wäre."

Diesen Bericht vom 29. Jänner unterzeichnete er „Stolz, Repetent" und schickte ihn an den Generalvikar mit der Bitte, denselben vorerst keinem Referenten zu übergeben, sondern dem versammelten Collegium vorzulesen oder vorlesen zu lassen. Welche Stimmung die Aufforderung zu obigem Bericht in ihm wachgerufen, lehrt folgende Stelle seines Tagebuches:

„Gestern stürmte und regnete es höchst wild südwestlich — ich ging in dem brausenden Wetter nach Littenweiler, kehrte in der Kirche ein, dann nach Ebnet. Ich werde beinahe das ganze Jahr fast niemals das, was man lustig nennt, aber wenn ich in solchem wilden Sturmwetter gehe, werde ich bis zum Singen und Lachen lustig. Wenn ich ferner bedenke, daß ich besonders gern bei solchem Wetter spazieren gehe, von welchem die Leute sagen: ‚da sollte man keinen Hund hinausjagen‘, ich also aus Vergnügen drin gehe, wohin sonst nur die Noth oder höchste Leidenschaft treibt: so erkenne ich hieraus, daß ich eigenthümlich und bezüglich anderer Menschen abnorm organisirt sein müsse" (Witterungen der Seele, S. 302). Uebrigens war der Schlußsatz obigen Berichtes mehr ein Kind augenblicklicher Aufwallung als kühler Ueberlegung; Alban Stolz wäre von Herzen gern definitiver Convictsdirector geworden, und jene Stunde war eine der herbsten seines Lebens, in welcher er erfuhr, daß die Stelle einem Andern endgültig übertragen sei.

Am 20. Februar 1846 reichte er seinen Bericht über den Zustand des theologischen Collegiums ein, seitdem er dasselbe leitete. Er stellte der Kirchenbehörde vor, wie gut es wäre, wenn **erstens** das Convictsgebäude so umgeändert würde, daß jeder Zögling sein eigenes Zimmer bekäme; wenn **zweitens** die theologischen Collegien nicht mehr in der Universität, sondern, wie in Tübingen, in der Anstalt selbst gelesen, und wenn **drittens** die Theologen von der Verpflichtung entbunden würden, philosophische Collegien zu besuchen. Folgende Stelle seines Berichtes, welche er sachlich mit Recht einfließen lassen durfte, sollte er büßen: „Was den sittlichen Zustand des Collegiums betrifft, so kann im Ganzen Erfreulicheres gesagt werden. Wenn man den letzten Jahreskurs mit den Vorkommnissen der ersten Zeit des Bestandes des Collegiums, wo es noch vorkam, daß Convictoristen Nachts über die Mauer stiegen und selbst Entwendungen zweimal vorkamen, vergleicht, oder noch mehr mit dem Betragen und dem Rufe mancher Theologen vor Errichtung des Convictes: so ergibt sich, daß diese Anstalt wesentlich zur Gesittung der Zöglinge beiträgt. Namentlich scheinen gröbere Unsittlichkeiten mehr und mehr abzunehmen. Dessen ungeachtet kamen noch einige erheblichere Excesse vor und zwar" u. s. f.

Stolz wurde keines Bescheides gewürdigt, aber der frühere

Director spie Feuer und Flammen und erklärte schließlich: „Wenn übrigens der provisorische Director jene Wachsamkeit auf das Betragen der Convictualen verwenden würde, welche verwendet zu haben der frühere sich das Zeugniß geben kann, so würde sein Lob über den jetzigen Zustand kleinlauter ausgefallen sein. Wenigstens hat Referent juristische Beweise in den Händen, die das Gegentheil bezeugen. Stolz hat, scheint es, sich der Illusion hingegeben, daß Gebrechen nicht bestehen, wenn nur er sie nicht kennt. Deßwegen sein Unwille, wenn ihm Beschwerden zugebracht werden." Was Stolzens Vorschläge betrifft, so ist richtig, daß die Herstellung eigener Zimmer für die Convictoren eine große Geldsumme verschlungen haben würde. Die Verlegung der theologischen Vorlesungen in das Convict wäre der Eingang zu einer theologischen Specialschule und ein weiterer Grund für die Aufhebung der Hochschule selbst gewesen. Die Befreiung der Theologen von philosophischen Vorlesungen war in Karlsruhe längst beantragt und begründet, allein der Bescheid ließ beständig auf sich warten.

Stolzens gottselige Gemüthsstimmung ließ durch äußere Vorkommnisse keine andauernde Aufregung aufkommen. Doch hauchte er am 17. März die Klage in sein Tagebuch: „Jeder Mensch ist trügerisch und unzuverlässig in der Freundschaft, und nur Gott ist gut und stetig. In dem Maße nun, daß Gott in einen Menschen eingegangen ist und ihn durchdrungen hat, ist auch der Mensch gut und fest in der Freundschaft. Das sehe ich recht klar aus dem gestrigen Vorkommniß; so Manche, die mir viele Freundschaft zuzuwenden schienen, sind gewichen und haben falsch sich benommen; hingegen hält H(irscher) mit großer Treue und Sorge an mir fest."

An Ostern 1846 trat Martin Zugschwerdt als Repetent ein, eine gemüthliche, originelle Schwarzwäldernatur. Er und Stolz standen rasch auf dem besten Fuße, und man wußte sich von den Beiden Allerlei zu erzählen. Sie sollen, um sich zu kasteien, Senf in den Kaffee geschüttet, Kreuz= spinnen gegessen haben u. s. f. Bezüglich der Kreuzspinnen bestätigte mir später Zugschwerdt selbst, sie hätten allerdings solche gegessen, aber das sei keine Kasteiung gewesen, indem ein solches Thierlein wie die feinste Haselnuß munde. Der geistreiche, gemüthliche Herr wird uns noch einigemal begegnen.

Die innere Unruhe, in welche Alban Stolz durch äußere Bedrängnisse versetzt wurde, spricht aus vielen Stellen seines Tagebuches. So schrieb er beispielsweise am 11. Mai 1846: „Seit einigen Tagen kommen mir jedesmal beim Erwachen sehr tröstliche Gedanken in Bezug auf meine Direction. Statt daß mir das Gewissen verdienter Weise Vorwürfe machen sollte, muntert es mich innerlich nur auf, Gott werde mir schon helfen, daß ich es recht mache, wenn ich ihn fleißig darum bitte — und wenn ich auch Manches ungern thue, was zum Geschäft gehört, so sei das kein Zeichen, daß es nicht für mich sei, denn gerade das sei eine edle Thätigkeit, wenn man ohne Lust in Treue für Gott arbeitet. Es ist ein ganz eigenes, stolzes Vergnügen, recht wahr und gerade in seinem ganzen Wesen zu sein. Je mehr Kraft und Selbst= gefühl, desto mehr thut man sich selbst Genüge, wenn man recht offen ist" (Witterungen der Seele, S. 323). Als er Besuch bekam von dem Ungar Haynald, dem späteren Car= dinal, verglich er sich mit diesem Manne; er fühlte sich als ganz nichtswürdig vor Gott und seufzte: „Welcher Fleiß, welches Talent, welche Gewissenhaftigkeit, welche Enthaltsam= keit! Und ich bin so vage in meinem ganzen Thun und Wesen." Haynald schrieb ihm bald, was ihn ausnehmend freute; kurz vorher hatte er erfahren, wie selbst in Rom für ihn gebetet und seiner in Liebe und Freude gedacht werde. Am 21. Juni hatte er eine Art Vision: „Heute ist mein Namenstag — und am Kelch war mir in der heiligen Messe die Abbildung der Leidenswerkzeuge und die Amphora und Traube zugekehrt. Es fiel mir dabei ein, daß es eine Be=

deutung haben könnte, und mein nächster Jahresweg mit vielem
Kreuz und Leiden durchflochten sein kann. Wie du willst,
mein Gott — nur führe mich auch ganz gewiß zu dir!"
(Witterungen der Seele, S. 333.)

Seine Ahnung sollte in Erfüllung gehen.

Er las viel über Spanien, und je mehr er las, desto
mehr sehnte er sich nach diesem Lande mit seinen „diamantenen
Menschen". Es war ihm freilich klar, daß man im Himmel
noch eine schönere Gegend und schönere Augen finde als in
Andalusien, allein er möchte doch sein Leben in Granada zu=
bringen. Als er wieder einmal von Spanien las, trat ein
leibhaftiger Spanier zur Thüre herein, ein aus Saragossa
gebürtiger Feldgeistlicher. Andalusien war aber noch das
Wenigste, wonach sein Herz begehrte; auch Italien ist ihm
nicht mehr fremd und südlich genug, er möchte auf den
Libanon, auf den Himalaja, und „doch ist all dieß Heimweh
nichts als ein krüppelhafter Instinkt nach einer höheren
Heimath". Die Unannehmlichkeiten hörten schier nicht mehr
auf, er schrieb Ende August: „Wenn der Mensch ein Amt
übernimmt, so erweitert sich sein Leib und seine Seele in der
Weise, daß nicht nur seine Wirksamkeit größer und weiter
wird, sondern daß auch seine Verwundbarkeit viel größer
wird. Wenn nämlich die Untergebenen in irgend einer Sache
sich verfehlen, so berührt es den Oberen so bitter, wie eine
persönliche Beleidigung. Es schraubt sich eine höhere Em=
pfindungssphäre an durch seine Amtssphäre" (Witterungen
der Seele, S. 343).

Wiederum kam der Herbst, und der Convicts-Director
flog aus in allerlei deutsches Land. In Konstanz besuchte
er einen Lyceumslehrer weltlichen Standes, einen wackeren
Mann, der trotz schwacher Gesundheit armen Schülern unent=
geltlichen Unterricht ertheilte und bei dürftigem Auskommen
noch Wohlthaten spendete: es war der spätere Gymnasiums=
Director von Offenburg, Trotter, als braver Katholik eine

seltene Erscheinung unter seinen Standesgenossen. Er harrt auf dem Freiburger Friedhof der Auferstehung entgegen.

In **Vorarlberg** fand Stolz auf einem Wirthstische einen seiner Kalender; es freute ihn um so mehr, weil derselbe tüchtig abgegriffen war. Durch **Tirol** zog er nach dem herrlichen **Salzburg**, wo er sich einige Tage aufhielt. Um die Monumente in **Innsbruck** kümmerte er sich wenig (vgl. Dürre Kräuter, S. 406).

Im Bären zu **Hall** vernahm er aus dem Munde des Wirthes große Lobsprüche über den Alban Stolz in Freiburg, und der Wirth holte einen ebenfalls abgegriffenen Kalender herbei. Stolz gab so trocken Red' und Antwort, daß der Wirth vermuthen mußte, sein Gast hege Abneigung oder Haß wider den Belobten.

Zu Salzburg quartierte er sich gegenüber dem Geburtshause Mozarts in den „drei Alliirten" ein. Mozarts Statue sprach ihn wenig an, denn er meinte überhaupt, die Menschen unserer Zeit seien nicht mehr für Statuen gemacht und brauchbar. „Ich fragte nach keiner Merkwürdigkeit und besuchte auch keinen Menschen, da ich doch wissen konnte, daß der Cardinal mit Freuden meinen Besuch angenommen hätte. Es liegt über meiner ganzen Seele seit langer Zeit ein Versinken in sich selbst, so daß ich kein Sehnen habe nach so Manchem, worüber Andere sich höchst glücklich schätzen würden." Dann eilte er hinab in die damals noch gemüthliche und mit Juden nicht überfüllte Kaiserstadt an der Donau, wo seine Freunde Sebastian Brunner und der kaiserliche Hofkaplan Häusle ihm alle Herrlichkeiten zeigten, die er sehen mochte. In der Gallerie von Esterhazy machten die spanischen Gemälde auf ihn einen Eindruck, wie selten auf andere Menschen: „Ich saß bei meinem Vater, als er starb, und weinte nicht; ich bleibe nicht selten kalt und hart, wo die Stärksten weinen: aber hier wogte und wühlte es in der Seele so gewaltsam, daß mir schnell die Thränen kamen und ich nur aus Rücksicht auf meinen Begleiter und nur mit Mühe großes und tiefes Weinen zurückhielt. Und als ich auch die Italiener noch gesehen hatte und dabei wieder kühl geworden war, und die letzte Viertelstunde benutzen wollte, um mich von den spanischen Bildern zu verabschieden, so befiel mich dieselbe heftige Rührung — ja selbst jetzt, da ich es schreibe, quellte die Erinnerung eine Thräne in's Aug'. Was ist es gewesen? Ich weiß es nicht — nur weiß ich, daß auch in München die spanischen Bilder mich gleichmäßig ergriffen. Ich fühlte, daß solche Bilder eigentlich aus einem Seligkeitszustande der Seele hervorgehen und in der Seele des Zuschauers den gleichen Zustand erwecken. Es könnten nämlich keine so himmlischen Gestalten in der Seele des Malers entstehen, wenn nicht auch hierin der Menschengeist die Eben= bildlichkeit Gottes in sich trüge, daß ein Keim der Seligkeit und seligen Schönheit, seligen Schauens in ihm wäre; ja Gott könnte uns nie die Seligkeit geben, wenn sie nicht im Keim schon in uns präformirt läge" (Dürre Kräuter, S. 416). Seine Freunde, Sebastian Brunner und Hof= kaplan Häusle, führten ihn auch zu den Berühmtheiten der Kaiserstadt; so zu Hurter, der keinen besonders mar= kirten Eindruck auf ihn machte; zu dem Philosophen Gün= ther, aus dessen Gespräch Stolz heraussühlte, daß sich bei dem kleinen Mann gerade wie bei Staudenmaier alles Leben im Kopf festgesetzt habe; ferner zu dem alten frommen Arzt Glükher, Inspector über das Spital der barmherzigen Schwestern; endlich auch zu dem berühmten Prediger Veith, einem kleinen, zartgebauten Manne mit sehr großem Mund. Durch die Fürsorge Häusle's kam er selbst in die kaiserliche Schatzkammer, doch der Anblick all der Herrlichkeiten war ihm nicht erquicklicher als der Anblick eines Haufens Metall und Kiesel; „und müßte ich es für mich behalten, ich sähe es als ein schlechtes Geschenk an". In der kaiserlichen Gruft gefiel ihm am besten der Kapuziner, von welchem er und Brunner herumgeführt wurden. Auch die Theater Wiens hat er besucht. Schließlich ging er zu den Universitäts=Professoren, wobei er von Herzen wünschte, daß keiner daheim sein möge. Auf der Fahrt nach Prag fuhr er, seiner Art gemäß, mit den „gemeinen" Leuten, um Volks=studien zu machen. Die Czechen gefielen ihm gar nicht, wohl aber die Stadt Prag mit ihrer wunderlichen, an Indien mahnenden Pracht. Große Freude erlebte er im Taubstummen=Institut. Hatte er im Irrenhause zu Wien nur Gemüthskälte gefühlt, obwohl er den Dichter Lenau sah, der sich für den Heiland der Welt hielt, so ließ ihn auch das Irrenhaus zu Prag kalt: „Wer soll auch lang lamentiren über einen langen Traum, den der Nebenmensch hat, denn das ist der Wahnsinn und oft ein glücklicher Traum und Winterschlaf in bösen Zeiten. Da ist eben der bewußt und ohne Religion Leidende ein unendlich Bedauerungswürdigerer, als ein ganzes Haus voll Wahnsinniger; leiden diese auch, so leidet nur das Thier an ihnen — der Mensch ist gebannt und weiß nichts davon" (Dürre Kräuter, S. 449). In Dresden besuchte er wiederholt die Gemäldegallerie und konnte sich an der sixtinischen Madonna kaum satt sehen. Nach langer Ueber=legung machte er einen Abstecher nach Berlin. Der Ein=druck, welchen auf der Hinfahrt die ebene, sandige Gegend in ihm hervorrief, war so ungünstig als möglich. Er meinte, der Mensch stecke da tiefer und schwerer als anderswo in der Erde, der Himmel sei flacher als anderswo und scheine der rechte Himmel gar nicht zu sein; es sei unnatürlich und sündhaft, solch endlose Fläche zu bewohnen; Christus der Herr habe alle Arten von Leiden auf sich genommen, doch nur im Bergland habe er gelebt und gewirkt. In der „langbärmigen" Stadt fielen ihm die vielen Kellerwoh=nungen und Wirthshöhlen auf, die übergroße Höflichkeit setzte beinahe seine Lachmuskeln in Bewegung, ebenso die französischen Aufschriften an den Läden, mehr als zweihundert

Stunden von der Grenze Frankreichs entfernt. Auch in Berlin hatte er, wie bereits allenthalben, Leser, Freunde und Bekannte; so den Herrn von Gerlach und den Socialisten Huber. Goßner, der mit Demeter studirt hatte und Geistlicher geworden, dann aber abgefallen und Pietist geworden war, wurde durch Stolzens Besuch um so weniger angenehm überrascht, weil dieser ihm unumwunden in das Gewissen redete. Das Königsschloß in Berlin fand er sehr merkwürdig und edel durch den hohen Ernst, den es ausdrückt, die Statuen von Blücher und Scharnhorst ausgezeichnet. Als er von Berlin schied, war ihm die Stadt lieb geworden, lieb durch die interessanten Menschen, die er heimgesucht oder erst kennen gelernt hatte.

Nach seiner Rückkehr erfreute er sich einer üppigen Gesundheit, so daß er acht Stunden ununterbrochen schlafen konnte. Das war ihm nicht recht, weßhalb er sich wiederum auf das Fasten verlegte, allein er konnte leibliche Gesundheit recht wohl brauchen. Am 29. October erklärte ihm Hirscher, die Intrigue gegen ihn habe gesiegt, er sei wieder für unbestimmte Zeit ohne festen Boden und habe den Andrang verwirrender Geschäfte, das Lauern abgeneigter Menschen und die Zunge manches Gegners zu bestehen. Doch Stolz fand dieß ganz in der Ordnung, weil er Muth und Kraft und das festeste Alter besaß: „Ja, Herr, so ist es recht, so gehöre ich dir, und was ich thue, gehört auch dir, weil meine Obern mich mißtrauisch ansehen und behandeln. Du, o Gott, seiest in Allem gelobt!" Ende November gerieth er in ganz außergewöhnliche Aufregung. Sein Inneres brauste heftig wie ein aufgejagtes Meer, und er, der so schwer zornig zu werden vermochte, wurde vom Zorn gequält wie ein böser Geist. Die Wildheit des Schmerzes und der Umstand, daß er Vorwürfe bekam, während er Lob verdiente, riß ihn zu bitteren Gedanken und unfreundlichen Reden fort. Woher die Aufregung? Repetent Zugschwerdt war von

der Aufsichts=Commission bei seiner Dienstpflicht aufge=
fordert worden, eine Reihe von Fragen oder vielmehr An=
klagen bezüglich der Leitung des Convictes zu beantworten
und hatte die Sache seinem Freunde anvertraut. Dieser hat,
wie immer, seine Zuflucht zu Gott genommen, und in der
Nacht erfüllte ihn ein Traum mit süßer Tröstung. Das finstere
Grollen und innere Brennen verwandelte sich in Wehmuth
und Thränen, das heftige Leid löste sich auf in ein weiches
Erinnern an Italien: in Italien möchte er wohnen und
ruhen.

Am 30. November erstattete Zugschwerdt seinen Be=
richt mit Gewissenhaftigkeit, aber nicht frei von Ironie.
Er erklärte unter Anderem, so lange er da sei, habe noch
kein Convictor sich beklagt über die Nachsicht des Directors,
wohl aber über die Strenge desselben. Auch habe ihm
Stolz mehrere Convictoren zur besonderen Ueberwachung
empfohlen. Grundlos oder böswillig sei die Behauptung, daß
Stolz sich von den Convictoren abschließe, oder gegen sie sich
gar ungefällig und abstoßend benehme. Was die Reinlichkeit
betreffe, so sei dieselbe so weit möglich vorhanden, und Dekan
Engst aus Haigerloch, der das Convict verflossenen Sommer
besichtigt, habe namentlich die Schlafsäle ihrer Reinlichkeit
wegen belobt. Worüber die Convictoren allein Klage führten,
das seien die Wanzen, welche eben keinem Mittel weichen
wollten. — Unter den „Unglücksthieren", von welchen Stolz
mehrfach redet, spielt die Wanze eine Hauptrolle. — Nicht
alle Herren waren mit Zugschwerdts Bericht befriedigt, viel=
mehr wußten sie neue Anklagen vorzubringen.

Am 4. December klagte der provisorische Director, eine
allgemeine Düsterheit und Unmuth hätten sein Inneres um=
schleiert, er sei mißtrauisch geworden gegen Gott und Menschen,
jedes unangenehme Wort wurme ihn. Ganz deutlich fühle
er aber auch, wie diese Erscheinungen herrühren von Störung
in den Verdauungsorganen. Er faßte den festen Vorsatz,

von allen Gesellschaften sich möglichst zurückzuziehen und nur für Gott und die Anstalt zu leben. Und was er sich vorgenommen, das hat er auch redlich gehalten; freilich vermochte er dadurch seine Widersacher keineswegs zu versöhnen, denn diesen waren die Angelegenheiten des Convictes bloß eine Handhabe, um ihn ganz aus Freiburg hinauszubringen.

Stolz nahm sich sehr in Acht, irgendwelchen Anlaß zu Ausstellungen zu bieten; jedoch heimisch fühlte er sich in den Räumen des Convictes nicht mehr, und das Alltagsleben in der stark bevölkerten Anstalt brachte Stechfliegen von selbst mit sich, Stechfliegen aber schon thaten seinem verwundeten Gemüthe weh. So schreibt er am 10. Jänner 1847: „Gestern wurde mir von zwei jungen Leuten auf unangenehme Weise widersprochen; das plagte mich hintennach. Beim Aufwachen, wie gewöhnlich, lag das widerliche Gefühl in der Seele; da wandte ich den Blick zu Jesus Christus, zumal ich erst gestern vom Kreuz gelesen, und alsbald senkte sich nicht der Gedanke, sondern die Gnade in Form von Gedanke und Lust in die Seele, das als Geißelstreiche Gottes willig anzunehmen, die zwei jungen Leute als zwei Geißelriemen anzusehen und dankbar Gott dafür die Hand zu küssen."

Die Grundstimmung seines Gemüthes war mehr als je Melancholie, durchweht von einer leisen Klage und einem leisen Sehnen wie ferner Glockenton und lauer Windeshauch. Weit weg möchte er sein, in fernem Ort und ferner Zeit; bald möchte er einsam in Natur und Gott ruhen, recht lang und tief ruhen — bald aber wieder arbeiten, frisch und kraftvoll arbeiten, aber **Alles anders und anderswo als im Convict**.

Ja ihn beschlich der Gedanke, die spanische Sprache zu erlernen, in Spanien mühsam sich durchzubringen und für das edle spanische Volk zu wirken. Er trug sich mit der Hoffnung, unter dem Gluthhimmel und unter den Gluth=menschen Spaniens werde seine „kalte dunkle" Seele zu einem herrlichen Liebeleben für Gott und die Menschen sich erheben. Ende Jänner wurde er endlich fertig mit der „Katechetischen Auslegung", einer mühsamen Arbeit, die ihn nicht einmal recht freute, weil die Freudigkeit seines inneren Lebens erheblich erloschen war. Außer dem Umgange mit einigen Freunden geistlichen und weltlichen Standes, den Besuchen seitens Fremder und den Briefen von lieben Freunden brachten ihm äußern Trost einsame Spaziergänge: „Da ich diesen Morgen auf den Schloßberg ging und die schöne Frühlingserde im Morgensonnenschein sah, und wie der Kaiserstuhl im Stahlglanz dalag, und die Vogesen mit Schnee gesäumt weithin sich streckten, fragte ich mein Gemüth, ob es nach etwas sich sehne? Sonst sehnte meine Seele fort und fort in Freud und Leid sich nach fernen Orten, fernen Zeiten, fernen Menschen und fernen Zuständen. Ja, gerade im schönen Frühling und in wonniger Sonnenlandschaft erwachte das Fernweh, die Sehnsucht nach fernen Ländern und Völkern regelmäßig stark. Jetzt aber fand ich zu meiner eigenen Verwunderung, daß auch nicht einmal in leisestem Grad ein Sehnen sich regte — zum ersten Mal war mir die Gegenwart und der Augenblick vollkommen lieb und ein Genüge für die ganze Seele" (Witterungen der Seele, S. 414).

Namentlich das Vogesengebirg bot ihm einen Anblick, für den der Ausdruck „schön" ihm viel zu gering schien; es drängte sich ihm die Bezeichnung „heilig" auf, und er sah in diesem Stückchen Welt das Gemälde einer schönen Menschenseele und eines christlichen Lebens.

Fort und fort schöpfte er Geistesnahrung aus ausgezeichneten Schriften, in dieser Zeit besonders aus der Lebensbeschreibung Overbergs und aus den Werken eines Suso und eines Görres. Er schreibt hierüber: „Als ich diesen Morgen am Berg von der tiefern Mystik las in Görres' Vorrede zu Suso's Schriften, da machte dieses Lesen und Vertiefen hinein in anderer Weise dieselbe Wirkung auf mich, wie die Lesung eines anziehenden, in ferne Zeiten und ferne Lande verlockenden Romanes. Es verleidete mir die Wirklichkeit, fast die Schönheit der Natur, fast selbst die Lieblichkeit der Tröstungen Gottes. Die Hoheit jener mystischen Zustände machte auf mich den Eindruck, wie wenn man plötzlich zum ersten Mal vor den Alpen oder vor dem Weltmeer steht: den gewöhnlichen Berg und See mag man die ersten Tage nicht mehr ansehen. Ach und jetzt selbst, da fast zwölf Stunden vorüber sind, und wo so süß und weich Sonnenschein um den Berg sich gießt, und sommeriger Luftzug in der Zitterpappel spielt und Töne und Farbenschimmer wie auf einer edlen Zither spielt, und wo das Alles so hold mir an die Seele wellt: so fühle ich doch, es ist eine Herabgesunkenheit gegen den hohen Flug, den meine Phantasie in jene Ferne der Gottheit nahm — und es ist ein Betteln um einen Pfennig, nachdem ich Goldberge schaute, und ist ein Kriechen auf der Erde, nachdem ich meinte, an der Milchstraße zu klimmen" (Witterungen der Seele, S. 454).

Die stete Lesung der Legenden der Heiligen mit ihren Visionen wirkten auf seine mystische Seele wie Geisterwein, wie himmlischer Feuertrank; wie wenn ein Windsturm auf eine schwache aschenbedeckte Kohlengluth stürzt, so flammte sie auf in heftigem Begehren nach dem hohen Leben und Schauen der Heiligen. Nicht obgleich, sondern gerade weil sein Gemüth der Welt abgekehrt war, brach er fort und fort Lanzen mit derselben, wenn Wahrheit, Religion und Kirche in Gefahr schienen. So hatte Louis Veuillots „Univers" den badischen Clerus gewaltig verunglimpft, der Schmähartikel aber nach langen Monaten noch Aufnahme in dem zu Mainz erscheinenden „Katholik" gefunden. Nun aber fuhr Stolz auf, so wenig er sonst mit Schreibereien in Zeitungen und Zeitschriften sich befaßte. Er wies die schnöden Angriffe in einem geharnischten Artikel zurück, worin er unter Anderm sagte: „Es ist nicht abzuläugnen, daß im badischen Clerus

Mitglieder sind, mit deren Glauben und seelsorglichen Thätigkeit es schlimm bestellt ist, daß auch manche erbaulicher leben sollten; allein das kann durchaus nicht vom größten Theile gesagt werden. Nicht nur sind viele in jeder Beziehung musterhafte Priester im badischen Clerus zu finden und nimmt ihre Zahl sichtlich zu, sondern auch nicht wenige, die lau waren oder schienen, sind in neuerer Zeit aufgewacht und haben Eifer und Treue an der Kirche bewiesen. Auch ist so viel gewiß, daß im ganzen badischen Lande nicht ein einziger Ort zu finden ist, wo Sonntagsfeier, Gottesdienst und die heiligen Sakramente in der Weise von den Leuten verachtet und aufgegeben sind, wie in manchen Gegenden F r a n k r e i c h s. Die Beschimpfungen, welche im ‚Univers‘ über unsern ganzen Clerus ‚mit sehr wenigen Ausnahmen‘ ausgegossen werden, sind daher d u r c h i h r e A l l g e m e i n h e i t u n g e r e c h t u n d v e r l e u m d e r i s c h" (Kleinigkeiten, I. S. 87).

Der „Katholik" zeigte sich beleidigt; wie wenig jedoch Alban Stolz daran gedacht, ihn verletzen zu wollen, beweist sein an die Redaction gerichtetes Schreiben. Da heißt es: „Aus den Bemerkungen, welche Wohldieselbe meiner Erklärung in Nr. 30 des Katholiken beifügte, entnehme ich zu meinem Bedauern, daß die Redaction jene Vorwürfe, die ich dem leichtfertigen Correspondenten des ‚Univers‘ machte, mehr oder weniger auf sich bezog. Da ich keinen Menschen unnöthiger oder ungerechter Weise beleidigen möchte, somit auch nicht die Redaction einer sehr schätzbaren Zeitschrift, so glaube ich folgende Erläuterung geben zu müssen:

„Was mir in dieser Angelegenheit am Katholiken zu tadeln schien, besteht nur darin, daß dieses Blatt gegen seine sonstige Gewohnheit aus einer Quelle schöpfte, deren Unreinheit nicht schwer zu entdecken war und zum Theil auch von der Redaction erkannt wurde. Wenn meine Erklärung mehr in Betreff des Katholiken zu besagen scheint oder besagt, so mag dieses ungeschickter Ausdrucksweise von meiner Seite zuge=

schrieben werden. Die ganze Summe meiner Beschuldigungen ist dem Correspondenten des ‚Univers‘ und manchen seiner gleichmäßig verdammungssüchtigen Mitbrüder zugedacht" u. s. f. Schließlich hat Stolz es der Redaction anheimgestellt, seine Erläuterungen zu veröffentlichen. — In welch hohem Grade es mit dem badischen Clerus besser geworden ist, hat dessen bewunderungswürdige Haltung während der langjährigen Kirchenstreitigkeiten genugsam bewiesen (vgl. Kleinigkeiten, I. S. 328).

Der edle Hirscher that Alles, um seinen Liebling aus dem Convicte heraus und auf den akademischen Lehrstuhl zu bringen, allein selbst solche Aussicht befriedigte unsern Stolz nicht immer genügend. Nachdem er im Frühling 1847 Overberg und Calderon gelesen, fragte er sich selbst, ob er ein Knecht der Arbeit und damit ein Sklave der Zeit und des Geschäftes werden solle, der jede Stunde auskauft, um etwas zu nützen. In Calderons edlen Menschen hat er liebere Ideale gefunden, Menschen, die in Poesie und Christenthum rasch und groß für Gottes Sache gehandelt haben. Er seufzt auf: „Ach, es kommt mir so traurig gerade vor, langsam und zäh in langweiligem Dociren sein Leben verschleichen lassen."

Bald darauf deuteten ihm Einige an, es sei zu fürchten, daß er hochmüthig werde. Weit entfernt, solche Aeußerungen übel zu nehmen, war er dankbar dafür, als eine Mahnung, rechtzeitig einzulenken. Er meint selbst, die zunehmende Manneskraft und dann die zunehmende Anerkennung seiner schriftstellerischen Leistungen hätten ihn trotziger gegen die Menschen und wohl auch selbstgefälliger gemacht. Je inbrünstiger er nach Gott rang und je größere Fortschritte er in der Vollkommenheit machte, desto freigebiger wurde er auch mit Selbstanklagen, natürlich mit mehr oder minder übertriebenen. Der schöne Mai schlug für ihn keineswegs zu einem Wonnemonat aus; es kamen recht bittere Sachen vor, welche ihn tief betrübten und bemüthigten; er fand dieß aber gut, damit er wiederum demüthiger werde und sich selber mehr beherrsche. Wie aufrichtig er nach Selbstbeherrschung rang, beweist ein kleiner Vorfall vom 5. Juni 1847. Ein Student kam zu spät in den Segen und zwar einer, der schon gar oft zu spät erschienen. Da erwachten in Stolz Zorn und Gelüst, denselben herb zu rügen. Aber die Monstranz stand auf dem Altare, es zog ihn, sich durch Jesus belehren zu lassen, um zu erfahren, was er dem Studenten zu sagen habe. — Wie trübe sein äußeres Leben sich gestaltete, mag folgender Eintrag in sein Tagebuch vom 21. Juni erzählen: „Da ich gestern erfahren mußte, wie arg und heftig die Feinde gegen mich redeten, um mich für beide Stellen, für Direction und Professur unmöglich zu machen, so wurde ich inne, was das heiße: ‚wer seinen Bruder haßt, der ist ein Mörder‘; denn diese Leute möchten mich moralisch morden und vertilgen, so daß ich und meine Wirksamkeit vor ihnen weggeschafft, etwa in ein fernes Dorf vergraben würde. Ich habe in diesem Andrang wilder Gehässigkeiten mich selbst nicht zum Haß versucht gefühlt, sondern habe meine Seele zu Gott vertrauend und flehend gewendet. Da kam Nachts ein Diener, welcher mich aufforderte, zu Minister Beck zu kommen, er erwarte mich in Schwörers. Als ich vor dem Haus war, fühlte ich einige Verlegenheit. Nun fiel es mir ein, wie ich bei meinem für mich so entscheidenden Pfarrconcurs auch, bevor ich in das Zimmer des Examinatoren trat, die seligste Jungfrau angerufen habe, worauf dann der wunderbar glückliche Erfolg. Und so rief ich sie vor der Thüre wieder an. Als ich im Haus war, wurde ich von Beck in ein Seitenzimmer genommen, wo sodann die Besprechung vorging, welche sehr lang andauerte. Ich redete mit ganz besonderer Unbefangenheit, ja Freudigkeit, und meine, auf ihn gut eingewirkt und fast alle Wolken des Mißtrauens zerstreut zu haben. — So hat Gott nun den Tag wundergütig gewendet, und nach wildem finsteren Gähren der Umstände milden heitern Himmel kommen lassen" (Witterungen der Seele, S. 434). Es hatte sich um nichts Geringeres gehandelt als um Stolzens ganze Zukunft nämlich um seine Anstellung als Lehrer der Pastoral und Pädagogik, da der alte Werk pensionirt werden sollte. Daß der Minister befriedigt nach Karlsruhe zurückkehrte, hat sich nach wenigen Monaten gezeigt, aber Gegner blieben, und nicht nur diese, sondern auch Leute außerhalb Freiburgs bereiteten ihm Herzeleid. Dieß führte ihn dazu, aus Traurigkeit zu fasten. Mitte Juli brach ein wahrer Fieberanfall von Seite des Geschickes über ihn herein. Allein im Sturme war ihm wohl, Leiden stählten seine Seele. „Wie prächtig stürmt der Sturm um Berg und Busch und bis in mein Zimmer, meine Papiere, meine Haare hinein! Es wogt und tost so mächtig — so hab' ich es gern, und da hebt sich meine Seele wie ein Raubvogel und wiegt sich wild in hohen Lüften." — Und am 11. August schrieb er freudig nieder: „Es gährt und es scheidet; es will sich scheiben das Geistleben und das Naturleben. Bisher war meine Seele Most; der Geist war gebunden in der Natursüßigkeit; jetzt soll diese schwinden und der Geist auf ihrem Grund emporschießen. Wenn es nur keine Mißgeburt und Essiggährung gibt; ach, es liegt so nah!" (Witterungen der Seele, S. 458.) Außer der einsamen Kirche tröstete ihn der Wald mit seiner geheimnißvollen Sprache. Anläßlich eines Spazierganges im Bergwald von St. Ottilien schrieb er: „Wie silberig-bleich sind dort am andern Bergwald die sonnenduftigen Wipfel! Wo ist ein Bau so herrlich wie ein Gewölb von hohen Baumzweigen und Sonnenschein und Sommerhimmel darüber, wo sind Arabesken wie das Laubwerk des Waldes, das hold sich bewegt und schwankt von Schatten zu Licht, von Licht zu Schatten, und wo ist Weihrauch wie dieser süße Duft aus Busch und Thal, und wo ist Musik wie das leise Wehen des Augustwindes im Geweb von Millionen Blättern und Zweigen und wie das himmlische Rauschen des Waldbaches!"

Das Jahr 1847 und besonders der Sommer desselben war für Stolz ein ganz wunderbares. Niemals, weder vorher noch nachher, war er in seiner irdischen Existenz so lang und tief angefochten worden. Aber gleich einem leichten Schiffe schwebte er leicht auf den Wogen des Daseins; anstatt ihn in die Tiefe zu stürzen, haben sie ihn emporgehoben. Er ahnte, wie eine hl. Theresia und andere Heilige Gott um Leiden bitten konnten und wie der Apostel zu sagen vermochte: „im Leiden fühle ich mich stark".

Um nur ein Beispiel der Gehässigkeit und Bitterkeit anzuführen, mit welcher Stolz so oft angegriffen und verfolgt wurde, sei die in Freiburg erscheinende „Oberrheinische Zeitung" erwähnt. Dieses Blatt brachte am 23. August 1847 einen Artikel, welcher Stolzens Anstellung als akademischen Lehrer wie ein Attentat auf die Universität hinstellte und mit dürren Worten sagte: „Die Berufung des Herrn Stolz wäre das sicherste Mittel, alle selbständigen, von Liebe zur Wissenschaft beseelten jungen Leute vom Studium der Theologie abzuhalten." Der Artikel verfing nicht. Allein Stolz hatte sogar in der theologischen Fakultät Gegner; man suchte eine Plenarversammlung der Professoren zu Stande zu bringen, um gegen seine Anstellung zu protestiren. Als auch diese verhindert wurde, legten achtzehn Professoren beim Ministerium zu Karlsruhe Protest gegen Alban Stolz ein. Monatelang schwebte dieser in der peinlichen Lage, aus dem Convicte verdrängt und an der Hochschule nicht zugelassen zu werden. Ohne den Einfluß und Schutz des edeln Hirscher wäre seine Lebensgeschichte höchst wahrscheinlich eine andere geworden.

Der harte Sommer ging vorüber, Maria Geburt zog in's Land, er aber flog wiederum hinaus in Gottes freie, schöne Welt, die Sorge abschüttelnd und zuwartend, was aus ihm werden sollte; denn seine Anstellung war keineswegs gesichert. Im

Augenblick der Abreise noch mußte er erfahren, in Karlsruhe wirke eine neue Rednerei störend auf seine Anstellung, er gelte nämlich als Verfasser eines recht mißliebigen Zeitungs= artikels. Allein er zog wohlgemuth ab in die Schweiz, um sich "auszulüften an Leib und Seele"; die Hetzjagd der jüngsten Zeit hatte ihn zu einer Weide gemacht, welcher die ärgsten Stürme nichts anzuhaben vermögen. Das Seelenauge zum Sternen= himmel gerichtet, hätte er ruhig und froh "durch eine Allee von lebendigen Tigern und Teufeln" gehen können und ebenso durch ein Paradies von Weltfreuden. Auf der Post zu Rapperswyl ließ er sich in einen lebhaften Disput ein über Jesuiten, Sonderbund und drohenden Krieg. Er brachte zwei Handlungsreisende aus Stuttgart zum Verstummen, indem er für ihre Aussagen immer und immer wieder Beweise und Quellen begehrte. Ein junger Geistlicher, der ihm recht lieb werden sollte, nahm es mit zwei Schweizern auf, welche ganz ordentliche Katholiken, aber zugleich Jesuitenfeinde waren. Der junge Geistliche war kein anderer als Joseph Feßler, Professor in Brixen, später Bischof von St. Pölten. Am andern Morgen las Feßler in Pfäffikon die heilige Messe; außer dem Meßdiener befand sich nur noch Stolz in der Kirche und dieser hoffte besondern Segen von Gott, weil er ja der Vertreter des Volkes gewesen. Ueber den Wallenstädtersee, welchen regnerisches Wetter mit seiner Umgebung zu einer be= sonders ernsten und dunkeln Schönheit machte, kam er nach Graubünden und zu Chur in dasselbe Wirthshaus, in welchem er vor zwei Jahren schon einmal gewesen. Er durchstreifte das Romanische, in dessen wilden Bergen noch Bären hausen, während der Gesang eines Vogels fast nie gehört wird. In der immer ernster und düsterer werdenden Landschaft über= raschte ihn der Anblick von hochgelegenen Galgen, schwarzen Kühen und von Menschen, deren kohlschwarzes Haar bis auf die Augenbrauen herabhing. Als er den Paß über den Ju= lierberg in jene Regionen emporklomm, wo nur noch die Distel

7**

und der Eisenhut gedeihen, wurde ihm der Anblick zweier Adler zu Theil. Da kochte seine Seele plötzlich auf wie ein Guß Wasser über gebrannten Kalk, er hielt den Anblick für eines der schönsten Geschenke, welche ihm Gott in seinem Leben zukommen ließ. „In dunkelblauem Himmelsgewölbe, in einer Höhe, wohin keine Erde und kein Erdenwesen bringt, ist es allein den Adlern vergönnt, wohlig und ruhig dahin= zuschweben. Das kam mir so prächtig und majestätisch vor, daß ich meinte, es könnte fast nicht sein, daß diese Thiere kein Bewußtsein davon haben, was sie darstellen." — „Es schien mir dieses Schweben der Adler, weit über den letzten Spitzen der Erde, ein eigenthümlicher erhabener Cultus, mit welchem die Natur Gott feiert; und es schien mir ferner in dieser Erscheinung die hohe Idee durch Gott uns vorgemalt, wie man groß und frei hoch über der Erde schweben könne, ungesehen von Menschen, arm an Genüssen, aber desto sicherer und erhabener." Nachdem er meistens einsam das wilde und rauhe Engadin durchwandert, nicht ganz ohne Abenteuer und nicht ohne die Hilfe der Vorsehung von Neuem erfahren zu haben, stieg er die hohe Steige nach Nauders hinauf. Als er auf der Höhe noch einmal zurückblickte, kam ihm das Engadin zum ersten Mal schön vor. „In abendlichem Schatten fluthete tief drunten zwischen ungeheuren Felsbergen der wilde Inn, und die Bergwaldungen in Herbst= und Abendbeleuchtung lagen und zogen schön und ernst um Thal und Höhen." — Es gereute ihn später, nicht wiederum in das sonnige Italien hinabgezogen zu sein oder wenigstens ganz Südtirol durchstreift zu haben, aber er war deßhalb keineswegs unglücklich: „Ich bin in dieser weiten Entfernung wie ein abgeladenes Lastthier, ich bin hier nur Mensch und fühle nur als Mensch, und was sonst meiner Stellung und Geschichte in Freiburg anhängt, ist mir so fern als Freiburg selbst; darum quellt auch so neu und drängend das rein= menschliche Sehnen nach Gott aus der Seele ungetrübt durch den Schlamm der Verhältnisse (Dürre Kräuter, S. 514). Er hörte aber doch wiederum zum ersten Mal seit zwei Jahren die Cicaden singen, sah Gegenden von idealer Schönheit und im Freien wachsende Feigenbäume. In Bozen kam er mit dem ihm geistig und gemüthlich nahe verwandten, aber viel ältern Naturforscher, Philosophen und religiösen Volksschriftsteller Heinrich von Schubert auf vertrauten Fuß zu stehen (Dürre Kräuter, S. 518).

In Meran hielt sich Alban längere Zeit auf und machte neue interessante Bekanntschaften. Auf dem Rückweg entriß ihn sein Schutzengel einer schweren Todesgefahr (Dürre Kräuter, S. 527). Obwohl er mit der Post fuhr, wurden ihm vermöge seines tiefen Sinnes für die Natur doch wahre Hochgenüsse zu Theil. „Da wir an einen der prachtvollsten Theile des Erdgebäudes kamen, an die Finstermünz, war es noch tiefe Morgendämmerung; und mit unbeschreiblicher ernster Majestät lagen die ungeheuren Felswände um und unter uns, und in einer Tiefe, als hätte sich die Erde gespalten, toste der Innfluß, eng eingezwängt in einen einige Tausend Fuß tiefen Bergriß. Mit melancholischer Wollust senkte ich den Blick in diese strenge Naturerhabenheit, und es entsprach meiner Stimmung, daß der wunderlich gezackte Weg in der Höhe den Inn in der Tiefe abzukonterfeien schien und unser Wagen wild hinabrollte."

Zeitiger als sonst, schon Anfangs Oktober, kehrte Stolz in die Dreisamstadt zurück. Aber er, der fleißige Spaziergänger, verlor die Lust, sein Zimmer zu verlassen, die Umgebung Freiburgs erschien ihm fremd und kalt, wohl nicht bloß deßhalb, weil er seine Seele in Südtirol zurückgelassen. Er hatte Gegner in der theologischen Fakultät selbst, darunter den sonst so gutherzigen Staudenmaier, den er durch seine Geringschätzung alles Abstrakten überhaupt sowie durch Spöttereien über die speculative Theologie erzürnt hatte. Am 16. Oktober deutete ein Brief unserm Stolz an, J. B. Miller sei zum Convictsdirector ernannt, und am Abende bestätigte Hirscher die böse Kunde. „Das war der Schuß, welcher getroffen hat, nicht tödtlich aber blutig. Als ich Nachts um 1 Uhr aufwachte, wollte mir dieser Entscheid schwer drückend vorkommen und das Leid fing an der Seele zu nagen an, wie ein Raubthier an dem wehrlos niedergeworfenen Reh. Da stieg ein schönes heiliges Bild in der Phantasie auf, Jesus Christus, wie er das Kreuz trägt und ruft: Wer mir nachfolgen will, der nehme sein Kreuz auf sich." Das Ordinariat protestirte gegen Miller und trat für Stolz ein, das Ministerium aber machte die Sache kurz und überließ unserm Stolz den Lehrstuhl der Pastoral und der Pädagogik.

Die letzte Betrachtung, welche der Exdirector unter dem Dache des Convictes seinem Tagebuche anvertraute, lautet: „Heute, längstens morgen, der letzte Abend, die letzte Nacht in diesem Haus. Ich verlasse es kalt und ohne Leid, obschon ich vielleicht manche Bequemlichkeit von nun an missen werde. Ich bin nun gegen fünf Jahre dagewesen, fünf Jahre reichen Lebens und reichen Genusses — aber vor Gott habe ich wohl eher verspielt als gewonnen. Ach Gott, wenn ich die Summe schauen und zählen könnte von allen Freuden und Gütern, die mir rastlos deine Güte in dieser Zeit vorstreute: so ist es fast zu viel für meine Menschenseele, zu denken, wie du nicht jetzt müde seiest, Weiteres zu thun. Ich habe ja nur verzehrt und nichts geleistet; ich habe mich schwer gefüttert mit Erdenlust und bin fester und härter geworden in Selbstigkeit. Vor fünf Jahren lebte ich in Bruchsal geplagt und gejagt, zuletzt thürmte sich auf die Arbeit und Mühe und die Verfolgung, die mich hierher trieb — und hier begann dann ein schönes, fröhliches Geschick. Aber auch am Schluß dieser fünf Jahre hatte sich wieder schwere und heftige Verfolgung gegen mich erhoben und scheint noch nicht so bald sich legen zu wollen. Dieser Tage fiel mir ein Wort meines Vaters ein. Als ich ihm vor meinem Abgang auf die Universität meinen Entschluß sagte, daß ich nicht Medizin studiren wolle, wurde er übelgelaunt und sagte im Unwillen: ‚Aus einem unsteten Menschen, wie ich, werde nie etwas.' Und allerdings bin ich bis zur Stunde noch nichts, wenn nämlich erst ein fixer Stand etwas ist. Ich war **provisorisch** Pfarrverweser, **provisorisch** Gymnasiallehrer, **provisorisch** Director am Convict und nun bin ich gar nichts und soll in solcher Eigenschaft **provisorisch** Pastoral dociren" (Witterungen der Seele, S. 466).

## Professor.

In seiner Antrittsrede verfocht Stolz den Satz, das Gewissen sei keineswegs eine besondere selbständige Kraft, die lediglich im Menschengeist gefunden werde, sondern es sei nur eine Eigenschaft desselben, welche in allen, auch in untergeordneten Lebenssphären, wieder angetroffen werde.

Stolz hatte das Thema vom Gewissen nicht ohne einige Bosheit ausgewählt. Er selbst sagte, die Rücksicht auf seine Lehrfächer und dann die Rücksicht auf die **eingeladene Zuhörerschaft** habe ihn bei der Wahl bestimmt. Das Gewissen sei die Grundkraft, von welcher in letzter Instanz alle Wirksamkeit der Erziehung und der Seelsorge auf Andere bedingt sei und welche in jedem individuellen Menschenleben eine große Rolle spiele (Kleinigkeiten, I. S. 89).

In dem Kataloge der Hochschule für das Winterhalbjahr 1847—48 kommt Stolz gar nicht vor, obwohl er Vorlesungen hielt; hierauf erscheint er als „Lehramtsverweser" und erst im Sommer 1849 als ordentlicher Professor, obgleich er bereits im August des vorhergehenden Jahres definitiv angestellt worden war. Außerordentlicher Professor ist unser Alban amtlich niemals, sachlich dagegen sein Leben lang gewesen.

Seine Wohnung hatte er im dritten Stocke eines Hauses

beim Alleegarten genommen und genoß von seinen Zimmern aus eine herrliche Fernsicht. So besaß er jetzt eine schöne Wohnung, ein Amt, für welches er so recht geschaffen war; seine Existenz war sorgenfrei, auch die offene Verfolgung hörte für längere Zeit auf, sein Schriftstellerruhm wuchs, aber — zufrieden war er keineswegs, wenigstens nicht lange. Er schreibt über die Anfänge seines Lehramtes: „Als ich mein Colleg anfing zu lesen, hatte ich längere Zeit dasselbe Gefühl, wie wenn ich es übernommen hätte, einen großen Kahn voll Leute auf einem Fluß zu fahren, während ich noch wenig Uebung im Rudern und Steuern hätte, und es mir doch nicht ansehen lassen dürfte. Und wirklich liegt eine wesentliche Aehnlichkeit zwischen beiden Verhältnissen. Jetzt da ich allmählich mehr zum Gefühl meiner Kraft und durch die Uebung zur Gewandtheit gekommen bin, kommt mir auch der Muth und selbst die Lust. Aber auch zur Zeit, wo mich zuweilen noch Zaghaftigkeit anwandeln wollte, wie ich ohne Vorbereitung ein Colleg für drittjährige Theologen ganz nach eigenen Heften durchführen wolle, bewahrte ich durch die Starrheit meines Willens eine entschlossene, fast übermüthig zuversichtliche Haltung meinen Zuhörern gegenüber, so daß diese selbst ihre Verwunderung äußerten, daß im ersten Jahr ein Anfänger mit solcher Sicherheit und Bewältigung auftreten könnte."

Am 19. Mai 1848 dagegen hauchte er seine Schwermuth in sein Tagebuch aus: „Was bin ich für ein Mensch! wie schwer krank und todesnah! Gott gibt mir eine Stelle, weithin wirkungsfähig wie wenige: Theologen für das praktische Leben zu unterrichten in der Pastoral, und in der Pädagogik 77 junge Leute vor mir, von denen jeder wieder einen größeren Wirkungskreis bekommen wird. Was könnte ein thatensuchender Christ sich Höheres wünschen?! Aber ich bin dafür kalt; kaum wandelt mich zuweilen eine leichte Lust an, diese Gelegenheit ausgiebig zu benutzen (Witterungen der Seele, S. 516).

Schon früher hatte er geklagt: „Was quält und qualmt denn so schwer und finster im Abgrund meiner Seele? Es ist ein unbegreifliches Weh; ich fühle tief und zäh den Schmerz der Gegenwart und bin so hoffnungsleer, wie schon lange nicht mehr, und selbst Kleines quält nachhaltig mein Herz, wie wenn es aufgerissen und nur noch eine einzige Wunde wäre; und doch weiß ich es zu ertragen und denk: es ist genug für mich. Aber so anhaltend und so gründlich war mir noch selten jede Freude, jedes Hoffen, jedes Sehnen genommen, wie jetzt diesen Winter. Ach, sie loben meine Vorträge — es würde mich plagen, wenn sie sie nicht lobten; aber daß sie es thun, freut mich gar wenig. Ich komme mir vor, wie wenn ich nur das Außenwesen eines Menschen noch hätte, inwendig sei ich aber hohl, und die innerste Seele sei fort oder gestorben, und wie wenn der Ort in mir, wo die Seele war, nur eine leere Wunde wäre — so thut mir fort und fort mein ganzes Wesen selber weh." Seiner gott=innigen Seele war eben die Erde zu eng und alles Ir=dische zu nichtig, als daß es ihn hätte zu befriedigen ver=mögen. Sein inneres Leben war ein unablässiges Dür=sten und Rufen nach Christus: „Komm, o komm! denn ohne dich gibt es keinen heitern Tag und keine heitere Stunde, nur du bist meine Freude und ohne dich ist mein Tisch leer. Ich bin elend und gleichsam eingekerkert und mit Fesseln beladen, bis du mich mit dem Lichte deiner Gegen=wart erquickest, mich in die Freiheit setzest und mir dein freundliches Angesicht zeigest" (Nachfolge Christi, III. 22).

Die Sturmjahre 1848 und 1849 haben kein besonderes äußeres Leid über ihn gebracht, außer daß er am 8. Mai 1848 am schwarzen Brett unter der Ankündigung seiner Vor=lesungen seinen Namen ausgelöscht fand. Diese Buberei schmerzte ihn einen Augenblick: „Wer dieses gethan haben mag, kann ich nicht vermuthen; aber ich fragte mich: warum werde ich denn auch so sehr gehaßt? durch was habe ich denn so grimmig beleidigt? Dieses Namenauslöschen ist gewissermaßen die bewußtlose symbolische Handlung des Mordes; den Namen vertilgen entspricht dem die Person vertilgen und die Ehre vertilgen. — Bei solchen Begegnissen schaut meine Seele oft zu Gott und in sich selbst, so auch hier. Ich dachte, wie leicht und gut mir solche Beleidigungen wären, wenn ich sonst Gott gefallen könnte; wenn aber meine Seele mit Gott nicht im Frieden ist, so sind sie eine nutzlose Plage. Zugleich aber finde ich in mir auch nicht eine leise Regung des Grolls gegen den unbekannten Feind, so wenig als gegen eine bewußtlose Gewalt, z. B. Ungewitter, ein Thier, wenn mir von da ein Schaden zugestoßen wäre." Nachdem der Februarsturm losgebrochen, versicherte ihn der Romanschriftsteller Wilhelm von Chezy, er sei ruhig, denn er denke wie ein Türke; da dachte Stolz und hätte es auch sagen können: ich denke wie ein Christ und bleibe deßhalb auch ruhig. Er hätte noch zu wenig gesagt, denn seine am Herzen Christi ruhende Seele hatte alles Fürchten verlernt. Nicht nur wenn der Südwest raste, sondern auch in moralischen und politischen Stürmen war ihm ordentlich wohl. Als es in den Ostertagen 1848 in Freiburg und Umgegend donnerte und knallte, da versteckte er sich keineswegs, sondern ging an den bedrohtesten Punkten mit der Kaltblütigkeit eines alten Soldaten herum. An Ostern hat es sich gezeigt, wie wahr die Worte gewesen, welche er Anfangs März niedergeschrieben: "Da jetzt großartige Ereignisse über Europa eingebrochen sind und die bedenklichste Gefahr nirgends ärger gährt, als in unserm Land, und meine Person zudem ein Gegenstand des radikalen Hasses ist, und da dicke, erstickende Wolken der Angst über die meisten rechtlichen Leute finster und schwer sich gelagert haben: da bin ich leichtsinnig, zuweilen fast lustig. Ich bin gleich einem Sturmvogel; wie ich das ganze Jahr nie lustig bin als bei Gewitter und heftigem Weststurm: deßgleichen scheint auch wilder Sturm der

Ereignisse ähnliche Wirkung bei mir zu machen. Zuweilen wohl weht mich eine schwüle Bangigkeit an, aber sie ist kurz — selbst Andere werden wieder getröstet und muthig, wenn sie mich hören" (Witterungen der Seele, S. 491). In zwei Punkten bedarf sein Tagebuch einer Berichtigung. Erstens hat er selbst erklärt, von den in der aufgeregten Zeit umherschwirrenden Gerüchten seien nicht nur neunzig Procent Phantasielügen gewesen, sondern Tendenzlügen, um die Leute für bestimmte Zwecke zu bearbeiten. Trotzdem glaubte er an eine radikale Proscriptionsliste, auf welcher auch sein Name gestanden habe. Solche Proscriptionsliste war nur ein Gerede und zwar der Widerhall eines vorher von Karlsruhe heraufgedrungenen Gerüchtes, laut welchem die Regierung 75 Bewegungsmänner aufgreifen und in Rastatt standrechtlich erschießen lassen werde. Und als im Juli 1849, beim Rückzug der Aufständischen, auf Stolzens Freunde Schwörer, Buß und Gfrörer und Andere in der That gefahndet wurde, um sie als Geiseln nach Rastatt zu führen, da war von ihm abermals keine Rede. In dem dickleibigen, von amtlichen Belegen strotzenden Buche des Freiherrn Heinrich von Andlaw: „Der Aufruhr und Umsturz in Baden" (Freiburg 1850), deutet auch nicht ein Wort auf irgend welche Gefährdung unseres Kalendermannes hin. Dieser machte seine Ausflüge an den Kaiserstuhl, in das Glotterthal, in das Hexenthal und an andere Orte, ohne daß ihm ein Haar gekrümmt worden wäre. Im Gegentheil. Am 7. Mai 1848 hat er im Wirthshause zu Wittnau eine Heerde Burschen von Ebringen, welche recht schön, aber unziemliches Zeug gesungen, derb zurechtgewiesen; die Burschen entgegneten auch nicht eine Silbe, sondern sahen ihn höchst freundlich und ehrfürchtig an, lupften die Kappen und standen halb auf. Zweitens hat Stolz es nicht unwahrscheinlich gefunden, daß man vor der Karlskaserne einen Block und ein Beil aufgestellt habe. Diese blutdürstige Geschichte schrumpft zu der Thatsache zusammen, daß ein Mühlemacher (K. aus der Karthäuserstraße) zur Kurzweil das Modell einer Guillotine verfertigte, mit demselben in den Kneipen herumzog und rothe Zeitungsartikel wiederkäute.

Ich selbst habe Hirschers Vorlesungen manchmal besucht, die des Professors Stolz niemals. Letztern hörte ich aber dafür predigen und viele Reden halten, namentlich im Gesellenverein. Sein Vortrag war eintönig oder „monolog", wie bereinst die Seminariumsvorsteher geschrieben. Seine Stimmmittel waren nicht glänzend, Aktion machte er gar keine, rhetorischer Schwung war ihm ohnehin ein Greuel. Aber was er sagte, hatte Hand und Fuß, war voll gesunden Menschenverstandes und dabei voll Witz und Humor. Aus hundertfältiger Erfahrung müssen wir bestätigen, es sei richtig, was Dr. Stephan Braun, sein Schüler und Reisegefährte nach Jerusalem, geschrieben: „Alban Stolz ist ein tüchtiger akademischer Lehrer, ein geistvoller und tiefdenkender Schriftsteller, ein gewissenhafter Priester, ein Katholik von ächtem Schrot und Korn. Obgleich er weder in seiner äußeren Erscheinung noch in seinem Vortrag etwas Blendendes besitzt, weiß doch das kleine unansehnliche Männchen auf dem Katheder die Aufmerksamkeit seiner Zuhörer ununterbrochen zu fesseln. Sie fühlen, daß es dem gefeierten Lehrer nicht um eiteln gelehrten Prunk zu thun ist, sondern um die gründlichste Unterweisung und Einführung in das priesterliche Wirken und Leben. Ueberdieß versteht Stolz es meisterhaft, einzelne trockene Partien der Wissenschaft durch seine geistreichen und kritischen Bemerkungen, sowie durch ergreifende Beispiele aus seiner eigenen priesterlichen Erfahrung zu würzen und anziehend zu machen."

Ein anderer hervorragender Schüler, Decan Albert Förderer in Lahr, der geistvolle Herausgeber des „Anzeiger für Stadt und Land", hebt zur Bestätigung des segensreichen Wirkens des Professor Stolz einen Punkt besonders hervor:

„Ich will hier nur hinweisen auf die **Anleitung zum Predigtamte**, die er seinen Schülern gegeben hat. Wer die Predigtliteratur kennt und die selbst gehörten Predigten noch in Erinnerung hat, weiß, daß in den dreißiger und vierziger Jahren von Predigern vielfach ein Hauptgewicht auf schöngedrechselte, wohlklingende, aber oft hohle Phrasen gelegt wurde. Stolz will nun auch, daß man in der Predigt sich einer schönen edeln Sprache bediene, aber er will, daß die Form auch einen praktischen Inhalt habe. Die Predigtaufsätze, welche die Studenten auszuarbeiten hatten, erfuhren von Stolz eine unbarmherzige Kritik. Er prüfte jeden Satz auf seinen praktischen Gehalt und fragte oft, was denn der Verfasser bei einer Phrase sich gedacht habe und ob dieselbe auch das Geringste nützen könne. Wenn auf diese Weise die jugendliche Eitelkeit auch verletzt wurde, so haben doch alle, die das Glück hatten, als Schüler dem ernsten vortrefflichen Lehrer zu Füßen zu sitzen, demselben als reife Männer den Tribut dankbarer Verehrung dargebracht."

Im Herbst 1848 hörte Stolz zu Villach einen langen spindeldürren Kaplan gar arm und trocken predigen. Er schrieb darüber: „Es führte mir diese Predigt wieder sehr lebhaft zu Gemüth, daß ich doch Alles aufbieten sollte, um meinen Zuhörern Anleitung zu besserm Predigen zu geben; meine Bemühungen in der Homiletik tragen dazu bei, ob in vielen Tausenden Predigten dem Volke Stroh und Sand vorgeworfen wird, oder frische anregende Nahrung. Wenn diese Anmuthung mich wirklich antreibt, anhaltenden Fleiß auf meine homiletischen Vorlesungen zu verwenden, so hat die Schlechtigkeit einer Predigt an der Drau zur Verbesserung vieler Predigten am Rhein beigetragen" (Wanderbüchlein, S. 52).

Gar mancher Sohn Helvetiens ist an die Ufer der Dreisam gezogen, um Hirscher und Stolz zu hören. Die Schweizer waren Letzterm besonders an's Herz gewachsen, er aber auch ihnen. Das hat sich besonders gezeigt, nachdem die Kunde seines Abscheidens in ihre Berge gedrungen. An mehreren Orten wurden Trauergottesdienste gehalten, so am 25. Oktober 1883 zu Baden im Aargau, in dessen Mauern der Verewigte so oft und gerne verweilt. Die Predigt hat Professor Joseph Eggenschwiler gehalten und aus derselben mögen folgende Stellen hier stehen: „Zwei Namen vor allen verknüpfen unsere Herzen mit der lieben Universitätsstadt Freiburg i. B. und werden auf lange Zeiten hinaus die Katholiken geistlichen und weltlichen Standes an die Männer erinnern, die jene Namen im Erdenleben getragen haben, die als beredte Denkmale ihre Gräber dort aere perennius schmücken und ihr Andenken verewigen. Es sind die Namen von Baptist Hirscher und Alban Stolz. Das sind wahrhaft katholische Volksnamen, Namen der schönsten und reinsten Popularität, Namen, die im Leben und Wirken so eng mit einander vereinigt waren. Im selben akademischen Lehrercollegium verbunden, haben Hirscher und Stolz einen gemeinsamen Lebenszug in sich getragen, von der Liebe Christi gedrängt, ihr Leben und Wirken Christo ganz zu weihen, der sein Leben auch für ihr Leben im Tode geopfert hat. Und diesen ihren gemeinsamen Lebensdrang bethätigten die beiden tiefreligiösen und innig katholisch gesinnten Männer in fast gleichartiger Lebensthätigkeit, mit demselben segensreichen Erfolge; doch ist Alban Stolz noch tiefer in das katholische Volk eingedrungen, hat er das katholische Volksleben noch intensiver ergriffen und mit dem christlichen und katholischen Geiste noch mehr, wenigstens in weiteren Kreisen befruchtet."

„Hirscher, langjähriger Lehrer der Moral, hat durch seine dem ganzen christlichen und sittlichen Lebensgange des Menschen nachfolgende, mehr beschauliche als streng wissenschaftliche Methode dem von ihm docirten Zweige der theologischen Wissenschaft eine Triebkraft eingehaucht, welche den

lernenden Theologen im Innersten seines eigenen Seelen=
lebens ergriffen und ihn selber zum christlich=sittlichen Leben
erzogen hat. — Auch A. Stolz hat als Lehrer der Pastoral=
theologie — der Wissenschaft, wie der Theologe künftig sein
Priester= und Hirtenamt zum Segen und Heile des christ=
lichen Volkes verwalten soll — in seinem Unterrichte nicht
nur das bezügliche Standeswissen, sondern ebenso Herz und
Willen seiner Zöglinge gebildet und die weisheitsvollsten
Lehren als das sicherste vademecum den jungen Theologen
in's Leben mitgegeben. Nicht der glänzende Vortrag in sein
abgemessener Form hat die Lehrstunden von Professor Stolz,
wie auch die von Hirscher, den Studirenden so lieb gemacht
und so große Hörerschaft zugezogen, sondern die lebensvolle
Belehrung, in welcher das ganze tiefchristliche Priesterwesen
der beiden Lehrer sich geoffenbart hat." [1]

Wie Alban Stolz sich seinen Studenten gegenüber zu be=
nehmen pflegte, möge abermals Decan Förderer erzählen:
„Als ich sein Schüler war, las er im Sommer sein Kolleg
morgens früh um 6 Uhr, was uns Studenten sehr unbequem

---

[1] Es gehört zu den Eigenthümlichkeiten der katholischen Welt,
jedoch keineswegs zu den „berechtigten", daß sie ihre besten Leute stief=
mütterlich behandelt. Während jeder Literaturjude, jeder Komödiant,
jede Sängerin, welche irgendwie etwas hervorragend geschrieben, ge=
schauspielert oder getrillert haben, schon bei lebendigem Leibe zu „großen"
Männern oder Damen hinaufgeschraubt werden, hält man es im ka=
tholischen Lager anders: entweder wird unsinnig gelobt oder undank=
bar todtgeschwiegen. So hat unter Anderm ein Hirscher bis zur
Stunde noch kein erschöpfendes Lebensbild erhalten. Außer der Ge=
bächtnißrede von Professor Friedrich Wörter (Freiburg, Poppen und
Sohn, 1867) existirt über ihn nichts. Nun leistet zwar diese Ge=
dächtnißrede alles, was man von einer Arbeit dieser Art verlangen
kann. Um aber einen Hirscher im Lichte seiner Zeit, dem Gange seiner
innern Entwicklung nach, als Schriftsteller, Polemiker und Politiker
genügend zu schildern, dazu wäre eben eine größere Schrift uner=
läßlich.

war; er kam aber selten direkt aus seiner Wohnung, sondern war schon früh vor 4 Uhr auf dem Schloßberge herumgegeistert. Bei dieser Lebensweise sparte er Geld und Zeit, weßhalb er mit beiden nicht zu geizen brauchte. Was den Gebrauch der Zeit betrifft, so hat er sich darin vor anderen Professoren und Schriftstellern vortheilhaft ausgezeichnet. Ich kam als Student und jüngerer Priester oft zu ihm, und habe nie bemerkt, daß ich ihm lästig gefallen. Er stand von seinem Schreibtische auf und empfing den Besucher immer mit derselben Freundlichkeit und gab auch bei längerem Verweilen nie das geringste Zeichen der Ungeduld. So war er aber gegen Alle. Manche Professoren sind vornehm unnahbar; sie lassen's den Besucher gleich merken, daß er ungelegen komme, und deßhalb wirken sie auch so wenig auf die Jugend. Sie bilden sich ein, jede Minute, die sie ihren Büchern entzogen werden, sei ein Verlust für die Menschheit. Ein bekannter Schriftsteller hat jüngst geschrieben, er sei immer in arge Nervenaufregung gerathen, wenn es an seinem Hause läutete, weil er die Vivisektion (Schinderei) einer langweiligen Unterhaltung fürchtete. So war unser vortrefflicher Stolz nicht. Er ließ sich zu den Kleinen herab, ging in ihren engen Ideenkreis ein, suchte ihn unvermerkt zu erweitern; er ließ Einen nicht fühlen, daß man einem bedeutenden Mann gegenübersitze, man fühlte sich bei ihm, wie bei Seinesgleichen. Er war eben eine liebevolle, selbstlose, opferwillige Seele, die auch Widerwärtiges gleichmüthig ertrug, um Andern nützen zu können. Und er hat wohl Allen genützt, die zu ihm kamen. Er war freimüthig in seinem Urtheile, hat sich nicht gescheut, zu tadeln, was ihm tadelnswerth schien, hat aber auch selbst von Jüngeren Tadel angenommen und beachtet."

Man hat dem Professor Stolz vielfach Pedanterie vorgeworfen, namentlich bezüglich der Abnahme der Prüfung. Es ist wahr: er war als Examinator gefürchtet und galt allgemein als derjenige, der es am genauesten nahm. Jeder wußte schon, daß er gut studirt haben mußte, um bestehen zu können. In der Regel gab er drei Fragen, die erste aus dem Anfang, die zweite aus der Mitte und die dritte aus dem letzten Theile des Heftes. Antwortete Einer ungenügend, so erhielt er eine zweite Frage. Stolz begehrte die Antworten nicht immer wörtlich aus seinem Dictat, jedoch vollständig, weil in jedem Satze ein neuer Gedanke ausgedrückt war und zwar in sehr prägnanter Form. Aus Stolzens Dictat Auszüge zu machen, ging nicht an und er warnte auch seine Zuhörer davor, weil ja die andictirten Sätze nur ein Gerippe, nur ein sehr zusammengedrängter Auszug seien. Mir hat er gesagt, er wolle seine Collegienhefte genau auswendig gelernt wissen, weil die Erfahrung lehre, daß gar viele Theologen nach der Priesterweihe sich nicht mehr viel mit Studiren befassen. Bezüglich des Collegiumbesuches pflegte er den Zuhörer bei Abnahme des Examens bei dessen Gewissen zu befragen und darnach die Note zu ertheilen.

Genau bis zum Jahre 1867 ließ sich Stolz von jedem Hörer der Pastoral eine Lebensbeschreibung geben, um seine Berufs- und Menschenkenntniß zu erweitern. Nachdem er die Lebensbeschreibung gelesen, wurde dieselbe vernichtet und selbstverständlich nicht der mindeste anderweitige Gebrauch davon gemacht. Das Vertrauen, welches Stolz hierbei in die Wahrhaftigkeit und Ehrenhaftigkeit seiner Schüler setzte, ward von diesen, freilich mit nicht seltenen Ausnahmen, mit gleichem Vertrauen erwiedert. Im Jahre 1866 weigerte sich ein Theologe beharrlich, solche Arbeit zu liefern, weil er nur verpflichtet sei, dem Beichtvater seinen Seelenzustand zu offenbaren. Fortan hat Stolz keine Lebensbeschreibungen weiter eingefordert.

Er ist stets der Erste gewesen, der mit den Vorlesungen begann, und der Allerletzte, der schloß. Niemals und unter keinen Umständen, nicht einmal an jenem Tage, an welchem die Convictoren die niederen Weihen erhielten, ließ er sich erweichen, eine Stunde auch nur zu verlegen, geschweige zu schenken.

Mit der Ernennung zum Professor war Alban Stolz im Ganzen in den Hafen seiner irdischen Amtsbestimmung eingelaufen und blieb darin liegen, bis er in das Schifflein der Ewigkeit einsteigen mußte. Das Leben eines Professors, vorab eines solchen, der nicht in Politik macht, ist im Ganzen das eines behaglichen Stilllebens; dasselbe bewegt sich im einförmigen Wechsel zwischen Vorlesungen und Ferien. Und von großen Begegnissen ist keine Rede. Nicht so ganz kurz läßt sich das lange Professorenleben von Stolz erzählen. Es war nicht so ganz die idyllische Seite seines Daseins, gar mancher Mißklang tönte in diese Idylle hinein. Denn er war der Mehrzahl der Professorenschaft als „ultramontaner" Schriftsteller von vornherein zuwider, als Professor gehörte er zu den Vertheidigern des ausschließlich katholischen Charakters der Albertina, und Rücksichten auf seine amtliche Stellung ließen ihn niemals unthätig oder schweigen, wo er das Handeln und Reden für Pflicht hielt. Schließlich pflegte er obendrein auch seine Meinung über das Professorenthum vielleicht nur zu **unverblümt** herauszusagen und niederzuschreiben.

Er selbst hielt große Stücke auf sein Doctoren= und Professorenthum, aber ein Gelehrter im **engern Sinne** war er nicht, ja er wollte es gar nicht sein; mehr als einmal sagte er mir, er habe wiederum zu viele Bücher und hieß mich in das Nebenzimmer gehen, wo sein wirklich armseliger Bücherschrank stund, um mir einige zu holen. Das Buch, in dem er fleißig las, das ist das große Buch, das unser Herrgott selbst geschrieben, die **sichtbare Schöpfung** und das vielgestaltige **volle Menschenleben**. Die heilige Schrift und die Kirchenlehre waren bei dieser Lectüre die Leitsterne, die ihn vor Irrwegen bewahrten. Stolz war unbestritten ein tüchtiger Lehrer und ein ausgezeichneter Theologe, wenn er auch auf die Schultheologie vielleicht zu wenig gab und nicht gar selten etwas über die Schnur hieb. Dabei war er ein Mann, der nicht nur an Geist, sondern auch bezüglich allgemeiner Kenntnisse manches Dutzend Collegen überragte. Mehr als einen Professor habe ich gekannt, der eigentlich Hofrath Kakabu hätte genannt werden sollen. Derlei Herren unterließen selten, mit Wissenschaftlichkeit und deutscher Wissenschaft großartig um sich zu werfen; sie verhießen ihren staunenden Zuhörern die Einweihung in alle Höhen und Tiefen der modernen Forschung, ja sogar die Erklärung der letzten Gründe alles Seins und Werdens. Allein die Wissenschaft dieser Wissenschaftlichen lief wesentlich auf die armselige Kunst hinaus, die gewöhnlichsten Dinge in mehr oder minder abgeschmackte Fremdwörter einzuhüllen, mit hundert Fremdwörtern zu sagen, was mit zehn ehrlichen deutschen Worten besser gesagt gewesen wäre, und von Halbjahr zu Halbjahr ihre vergilbenden Hefte herabzuleiern, ohne Umarbeitung, ohne Erweiterung, ohne irgend welche Verbesserung.

Da war Alban Stolz denn doch ein ganz anderer Mann der Wissenschaft! Stets hatte er seine Hand am Pulse der literarischen Bewegung; noch im Greisenalter, wo doch auch das geistige Interesse zu erlöschen pflegt, hat er sich mit Darwin, mit dem Philosophen des Unbewußten, mit dem Spiritismus, mit der epochemachenden „Geschichte des deutschen Volkes" von Johannes Janssen, kurz mit allen Erscheinungen der Zeit befaßt.

* * *

Meine Wenigkeit hat sich seither bemüht, Alban Stolzens Leben so gut als möglich der Zeitfolge nach zu schildern. Dieses Leben hat sich mit den Jahren mehr und mehr zu einem Stillleben gestaltet, Ereignisse von öffentlichem Interesse durchkreuzten dasselbe immer seltener, er selbst ist immer schweigsamer geworden und hat sich immer mehr in eine Art von Einsiedlerleben zurückgezogen. Schon aus diesem Grunde dürfte es sachgemäß sein, wenn wir, die letzten Zeiten des Verewigten ausgenommen, uns darauf beschränken, dem Leser gleichsam einige **lebende Bilder** vorzuführen, durch welche Stolzens Biographie zu einem Ganzen abgerundet werden möchte.

## Akademisches.

In der prächtigen Schrift „Besuch bei Sem, Cham und Japhet" wird mehrmals und in freundlicher Weise ein B. erwähnt; dieser hat unserm Professor in Kairo und Umgegend als kundiger Cicerone treffliche Dienste geleistet. Es ist **Theodor Bilharz aus Sigmaringen**, der als Naturforscher, Professor und Arzt lange in Aegypten lebte. Er war später nach Europa gekommen, weil man ihn aufgefordert hatte, sich an einer deutschen Hochschule niederzulassen. Alle hat er besucht: Wien, Prag, Berlin, Leipzig u. s. f. bis an die Ufer der Dreisam. Begreiflicherweise hegte er eine so große Hochachtung vor der deutschen Wissenschaft, als ein Deutscher sie nur zu hegen vermag. Er hatte persönlich eine Menge der ausgezeichnetsten Fachgelehrten kennen gelernt und redete mit einer wahren Begeisterung von den Fortschritten der Wissenschaft, an denen Deutschland bis zur Stunde so hervorragenden Antheil nimmt. Als ich den geistreichen Mann und alten lieben Jugendfreund bei seinem Hiersein aber fragte, wozu er nun entschlossen sei, rückte er seufzend sein Fes und unter wenig respectvoller Charakterisirung der deutschen Professorenwelt sagte er: „Ich kehre zu meinem Maulthiertreiber, zu meinen Fellahs und Beduinen zurück." So sprach er, so hat er auch gethan und ist leider bald gestorben[1]. Aus seiner Schilderung der deutschen

---

[1] Stolz hat seinem Cicerone folgende Anmerkung gewidmet: „Dem

Professoren zog ich aber im Ganzen den Schluß, der alte
Görres habe doch Recht gehabt, als er die Menschheit über=
haupt in vier Klassen theilte, nämlich in „Menschen ohne
Geist und ohne Charakter, Menschen von Charakter ohne
Geist, Menschen von Geist ohne Charakter, endlich in seltene
Wesen von Geist und Charakter". Wesen von Geist und Cha=
rakter sind eben gewiß die große Minderheit und zwar
nicht bloß in den Professorencollegien, sondern es „menschelet"
in allen Collegien, in weltlichen wie in geistlichen; es
„menschelet" im Trappistenkloster und in der Brust des Ein=
siedlers der Wüste. Das ist es nicht, was man den Professoren
vorwerfen kann, daß sie eben auch Menschen sind und den
Menschen von Geist und Charakter das Leben sauer machen.
Es ist etwas Anderes.

Die deutschen Hochschulen, einst der Stolz der einst freien
deutschen Nation, sind längst nichts weiter als von der
Residenz aus dirigirte und controllirte Lehranstalten für den
Staats= und Kirchendienst und die Heilkunde. Selbst die
Professoren der Theologie sind nur Staatsdiener, die man
nach der definitiven Anstellung fünf Jahre lang ohne Angabe
eines Grundes entlassen und hierauf abermals entlassen kann,
indem man sie mit Dienergraben heimsucht.

Von der ehemaligen akademischen Freiheit, das
Wahre und Gute schrankenlos zu lehren, unabhängig von jedem

---

armen jugendfrischen Manne hat unterdessen der Herzog von Coburg
zum Tode gereicht, d. h. er begehrte von ihm den Nil hinauf begleitet
zu werden; der Arzt gab nach, obschon die Umstände es mißriethen,
bekam das Nervenfieber und starb." Diese Mittheilung ist nicht ganz
genau. Bilharz wurde leider ausersehen, den Herzog an das rothe
Meer zu begleiten; er weigerte sich entschieden, indem die Jahreszeit
eine gefährliche sei für solche Fahrt. Allein der Khedive befahl; der
Naturforscher hatte auch den Rang eines Obersten inne, er ging auf
Commando, kehrte krank nach Kairo zurück und starb daselbst am
9. Mai 1862, noch keine 38 Jahre alt. An Theodor Bilharz haben die
Wissenschaft und die Menschheit weit mehr verloren, als die Welt weiß.

Ministerium und erhaben über jede Art von Censur, ist vielfach nur ein zweideutiger Bodensatz übrig geblieben: das Recht der Studenten nämlich, die Collegien zu schwänzen, Bier zu vernichten und Nächte zu durchschwärmen, mit buntfarbigen Kappen und Bändern und Bierzipfeln wichtig zu thun, vor Allem aber die Freiheit, sich um Religion und Kirche kein Jota weiter zu bekümmern. Der Geist der Zeit hat es mitgebracht, daß die Musensöhne der Mehrzahl nach weiter nichts mehr sind als Gesellen des gelehrten Handwerkes. Jedenfalls sind die Studenten nicht sehr zahlreich, welche der Durst nach Wahrheit und die Liebe zur Wissenschaft in die Hörsäle drängt. Man läßt sich für eine möglichst fette Anstellung herandressiren: so verlangt es die materialistische Richtung [1].

Was die Hochschule Freiburg anbelangt, so waren die Zustände derselben seit Jahrzehnten immer unerquicklicher geworden. Es ist über allen Zweifel erhaben, daß sie stiftungsgemäß eine ausschließlich katholische Anstalt ist; sie ward gestiftet zur „Verbreitung und Vertheidigung des katholischen Glaubens und zugleich als gutes Werk für die Seelenruhe der Mitglieder des Hauses Oesterreich". Ihr Vermögen stammt aus dem Einkommen einer Reihe von Pfarreien im Breisgau und in Schwaben, im Elsaß und in der Schweiz. Aber noch vor dem Anfalle des Breisgaus an Baden machte sich jene Toleranzeselei breit, welche im Jahre 1784, genau im Gründungsjahre der „edlen Aussicht", den Protestanten Georg Jacobi als Professor der schönen

---

[1] Die Fanfaren, welche der namhafte Karmelterprediger Didon (Les Allemands, Paris 1884) zum Preise der deutschen Hochschulen seinen Landsleuten soeben vorgeschmettert, beirren mich nicht entfernt in meiner kellerkühlen, auf langer und reicher Erfahrung beruhenden Ueberzeugung. Didon hat seine Nebenabsicht und beherbergt als Franzose eine nicht unbeträchtliche Dosis von Oberflächlichkeit in sich. Noch in meinen Studentenjahren war es mit unseren Hochschulen und namentlich mit dem Hochschulleben besser bestellt als heute.

Wissenschaften berief und später sogar zum Prorector wählte. Unter der badischen Herrschaft setzte sich ein Protestant nach dem andern, ein Auchkatholik nach dem andern, der seinen Nachwuchs protestantisch erziehen ließ, an den Kosttisch der Albertina. Die ersten Protestanten waren zahm aufgetreten, doch die Prophezeiung des wahrhaft rechtlichen und freisinnigen Karl von Rotteck: „Wir haben euch Protestanten gastlich bei uns aufgenommen, ihr werdet uns aber noch zu unserm eigenen Hause hinauswerfen", ist vollauf in Erfüllung gegangen. Da halten es die Herren Protestanten auch bezüglich ihrer Hochschulen denn doch anders; ein katholischer Taufschein genügt, um von jeder Lehrstelle auszuschließen, in Leipzig kann ein Katholik nicht einmal Pedell werden. Und daran hat all das eigennützige Brudergeschrei während des jüngsten Franzosenkrieges kein Tüpfelchen geändert!

In den Jahren 1852 und 1853 wurden von der katholischen Minderheit der Professoren Denkschriften und Bittschriften bezüglich der Zustände der Universität an den Landesherrn, sowie an den Erzbischof gerichtet; letztere hat nicht nur Stolz mitunterzeichnet, sondern auch Professor Gfrörer, der damals noch selber Protestant war. Die Klagepunkte hießen: a) Es werden immer mehr protestantische und auchkatholische Professoren angestellt und zuletzt in solcher Ueberzahl, daß der katholische Charakter der Anstalt getrübt wurde. b) Bei vielen katholischen Studienstiftungen sind Protestanten Executoren oder Mitexecutoren, und katholische Stipendien wurden protestantischen Studenten zugewendet. c) Im Jahre 1845 wurde im Senate der Versuch gemacht, dem Rongethum Zutritt in den Lehrkörper zu verschaffen, indem man den Rongeauer Schreiber bei seinem akademischen Lehramt belassen wollte. Die Regierung hat denselben zwar später pensionirt, seit dem genannten Jahre jedoch den reinkatholischen Charakter der Universität auch formell nicht mehr anerkannt.

d) Im Jahr 1846 hat Professor von Woringen in einem officiellen Programm die Universität als eine paritätische Anstalt hingestellt, ohne daß er vom Curator desavouirt worden wäre. e) Von der antikatholischen Mehrheit wurde die katholische Minderheit systematisch von der amtlichen Leitung der Universität ausgeschlossen; bei der Wahl des Prorectors und bald genug auch bei der Wahl der Decane wurden die Professoren Buß, Wetzer und Schleyer einfach übergangen. f) Der akademische Senat, das eigentliche Regiment der Universität, ergänzt seine Mitglieder fast nur durch solche aus der Mehrheit, das Ministerium aber bestätigt solche Wahlen. g) Die antikatholische Mehrheit entscheidet auch allein über Berufungen. Nachdem durch Feuerbachs Tod der Lehrstuhl der Realphilologie erledigt worden, wollte Dr. Cornelius Bock, ein ausgezeichneter Gelehrter, denselben einnehmen und zwar ohne Gehalt, der Mehrheit aber gefiel es, den Protestanten Bergk mit einer Besoldung von 2100 Gulden (3500 Mark) nebst 700 Gulden (1200 Mark) Reisegeld zu berufen. h) Die Mehrheit bringt nur ihre Mitglieder in die verschiedenen Kommissionen und i) die Mitglieder der Minderheit sind erheblich geringer besoldet.

Die drei weltlichen Fakultäten zählten nur noch vier Professoren, welche an dem katholischen Charakter der Hochschule festhielten, nämlich Buß, Schwörer, Wetzer und Gfrörer. So stund es im Juli 1852; daß die Zustände sich aber keineswegs besserten, wohl aber verschlimmerten, lehrt das gedruckte Promemoria vom 7. Februar 1853. Man strebte die letzten Vertheidiger des katholischen Charakters der Albertina wegzudrücken. Im Winter 1852—1853 saß zwar Alban Stolz im Senate, aber man hatte ihn einzig und allein deßhalb gewählt, weil die theologische Fakultät eben doch vertreten sein mußte und nur zwischen ihm und Schleyer zu wählen war. Gegen Ende des Jahres 1852 begehrte der

„Schwäbische Merkur", das Diplomatenblatt der Freimaurer, zuerst die Entfernung der Professoren Buß und Schleyer, bald darauf die von vier weiteren Professoren, darunter natürlich auch die des stockultramontanen Alban Stolz, und erklärte die Maßregel als eine Lebensfrage für die Universität Freiburg sowie als eine Pflicht- und Ehrenfrage für die hohe Regierung. Buß hatte „die Reform der katholischen Gelehrtenbildung" herausgegeben. Gerichtlich war dem Manne nicht beizukommen, das Ministerium aber befragte den Senat, ob der Verfasser eines solchen Buches sein Lehramt noch fortführen dürfe und ob er als Lehrer nicht entbehrlich sei? Nur Alban Stolz beantwortete die erste Frage mit Ja und er allein trat somit für die Freiheit der Wissenschaft ein. Aus den Acten des seligen Buß über sein Professorenthum geht sonnenklar hervor, daß dieser Mann seit den vierziger Jahren das Leben eines Martyrers geführt hat und zwar schier bis zu seinem Tode. Freilich wurden auch seine Mitkämpen mit Zurücksetzungen, Verweisen und Dienergraben bedacht, aber doch in geringerem Maße. Stolz war im Februar 1853 noch immer nicht definitiv angestellt und konnte deßhalb noch immer ohne Angabe eines Grundes entlassen werden. Standhaft hatte sich Professor Schleyer gegen die Vergebung katholischer Stipendien an Nichtkatholiken gewehrt, das sollte er büßen. Eine wahrhaft lächerliche Kleinigkeit, die vorgebliche Verweigerung einer Empfangsbescheinigung über Bücher, fand man genügend, ihn in Untersuchung zu nehmen und, als diese im Sande verlief, ihn aus Freiburg hinaus auf eine Pfarrei zu maßregeln. Selbst der ehrwürdige Hirscher blieb bei verschiedenen Gelegenheiten mit Kränkungen nicht verschont.

Am härtesten verfuhr man mit dem jetzt so berühmten damaligen Privatdocenten J. B. Weiß aus Ettenheim. Von diesem Manne erzählt die als Manuscript gedruckte Denkschrift vom 7. Hornung 1853: „Durch die auffallend vorherrschende Berufung protestantischer Professoren an eine katholische Hochschule wird den katholischen Gelehrten die Besteigung von akademischen Kanzeln außerordentlich erschwert. Hier ist es sogar so weit gekommen, wie es scheint, daß man es talentvollen jungen Männern der katholischen Confession geradezu unmöglich machen will, sich für die Uebernahme einer Universitäts=Kanzel zu befähigen. Den Beweis liefert der Privatdocent der Geschichte Dr. Weiß, welcher, weil er als Redacteur der Freiburger Zeitung, also der Zeitung einer katholischen Stadt und am Sitze des Erzbischofs, einen Artikel zur Vertheidigung einer Amtshandlung des Herrn Erzbischofs aufnahm, auf Verlangen des Herrn Ministerpräsidenten, Freiherrn von Marschall, von der Redaction der Freiburger Zeitung entfernt wurde und dadurch jährlich 1000 fl. verlor. Damit noch nicht genug, strich ihm auch noch das Großherzogliche Ministerium seine jährliche Remuneration von 600 fl., welche er von der Universität für seine Vorlesungen bezog, und somit ist dieser kenntnißreiche und talentvolle junge Mann aller seiner Subsistenzmittel beraubt und dem Elend preisgegeben. Obgleich er sich als Gelehrten bereits bewährt und die gegründetsten Hoffnungen erregt hat, ein tüchtiger Historiker zu werden, so ist ihm doch unter den gegenwärtigen Verhältnissen alle Aussicht abgeschnitten, an der katholischen Universität Freiburg angestellt zu werden." Schließlich gerieth Weiß in Folge eines Preßprocesses auch noch in das Gefängniß; bald darauf machte eine Berufung nach Oesterreich es ihm möglich, den Staub seines engern Vaterlandes von den Schuhen zu schütteln.

Stolz redet in seinen Schriften von seinen Collegen gar wenig. Dem ritterlichen Buß aber ist folgende Stelle gewidmet: „Es ist eine hohe, edle Freiheit, wenn ein Mann bei seinem Streben und Thun wenig auf sich Rücksicht nimmt, sondern hauptsächlich auf allgemeine Zwecke, seien sie kirchliche, politische oder humane. Bewundernswerth sind solche Männer, welche dazu sich erheben, ungeachtet sie Familie haben; die katholische Kirche aber weiß das Mittel, wodurch

jene Freiheit am leichtesten gewonnen und bewahrt wird, deß=
halb bindet sie ihre Diener daran, es ist das Cölibat"
(Wilder Honig, S. 534).

Stolzens Herbheit gegen das höhere Schulmeister= und
Professorenthum datirt schon aus seinen Studentenjahren.
Auch er hat sich ja herumschlagen müssen mit den Fabrikanten
des modernen Weltgeistes, nämlich mit den neuern deutschen
Philosophen, ebenso mit Silbenstechern und Conjunctivjägern.
Mit dieser Sorte von Herren ist er in seinen Schriften nicht
besonders glimpflich umgesprungen. Es ist allerdings sehr
wahr, aber doch etwas unfein, wenn er beispielsweise den
deutschen Philosophen für einen Kerl erklärt, der unsern
Herrgott lieber an der Ehre angreife, als ein Tüpfelchen von
seinem System aufgebe. Mitunter köstliche Ergüsse seines
Humors und seiner Satire über das deutsche Schulmeister=
thum findet man in verschiedenen seiner Schriften (vgl.
Spanisches für die gebildete Welt, S. 2, 14, 29, 44, 48,
83, 166, 236, 238, 300 ff.; Besuch bei Sem, Cham und
Japhet, S. 13, 48, 433, 436; Wilder Honig, S. 259,
412, 465, 549; Dürre Kräuter, S. 19, 182, 204, 208,
239, 267).

In das Jahr 1850 fällt Stolzens Ausflug in das Land
seiner alten Sehnsucht, nach Spanien; im Frühling 1851
ließ er sich von den linden Lüften wiederum in die Rhein=
lande hinabwehen, im Spätsommer 1853 aber hat er wie
schon oft seine lieben Schweizer heimgesucht. Sein inneres
Leben wie seine schriftstellerische Thätigkeit ließen ihn im Ganzen
in glücklichen Höhen schweben über all den Erbärmlichkeiten
des Tages und dem engherzigen und kleinlichen Parteitreiben
in der Dreisamstadt.

Als 1854 der badische Kirchenstreit losbrach, kam
er mit seinen ehemaligen Universitätsfreunden in nicht ganz
angenehme Berührung. Maier aus Endingen saß zu
Karlsruhe im Oberkirchenrath, dessen meiste katholische Mit=

glieder in Bälde exkommunizirt wurden, Ignaz Hörth aber war Pfarrverweser von Kirrlach bei Philippsburg. Schon im Jahre 1848 hatte man Hörth gemaßregelt, weil er in seinen Fastenpredigten über die sociale Frage Dinge vorgebracht, welche heute die conservativsten Männer von allen Dächern predigen. Jetzt besetzte der Erzbischof die Pfarrei Kirrlach und wies dem Verweser einen andern Posten an. Das Ministerium aber erklärte die Besetzung für nichtig und Hörth blieb in Kirrlach. Hinter ihm stunden nicht bloß die Herren in Karlsruhe und der Amtmann in Philippsburg, sondern auch fast die ganze Pfarrgemeinde. Hörth wurde mit Suspension bedroht und wendete sich brieflich an seinen Jugendfreund Alban, damit dieser bei der Kirchenbehörde vermittle. Allein er hatte von Stolz zu viel begehrt, indem er dabei beharrte, daß nicht er gefehlt habe, wohl aber die Kirchenbehörde; er wurde suspendirt und exkommunizirt, allein er blieb und ließ sich mit einem Theile seiner Gemeinde zu Dingen fortreißen, welche keineswegs in das Kapitel öffentlicher Ruhe und Ordnung einschlugen. Im März hatte der Erzbischof versucht, Kirrlach zu besetzen, schon im Juli drohte daselbst ein Schisma auszubrechen. Der Erzbischof schickte seinen Neffen Hermann Finneisen, damals Vikar in Karlsruhe, nach Kirrlach hinunter, damit er die Treugebliebenen pastorire, die Widerspenstigen aber gewinne. Der gewaltigen Energie Finneisens entsprachen so gewaltige Erfolge, daß die an Zahl abnehmenden Anhänger Hörths behaupteten, er sei ein Zauberer oder gar der Antichrist selber. Am 18. September konnte er beginnen, seelsorgerliche Funktionen wiederum in Kirrlach selbst vorzunehmen. Verhaftungen und Einsperrungen, Fenstereinwerfen und andere Schädigung am Eigenthum bewirkten, daß die Herren in der Residenz endlich ein Einsehen bekamen. Sie ließen den Hörth fallen, Erzbischof Hermann aber ersetzte seinen Neffen durch Martin Zugschwerdt, der in den letzten Tagen des Oktober als Pfarrverweser in Kirrlach aufzog. Nach wenigen Wochen war keine Gefahr mehr, daß Kirrlach schismatisch oder gar protestantisch werde.

Stolz gab sich unendliche Mühe den arg verirrten Jugendfreund Hörth mit Gott und der Kirche zu versöhnen, die Rettung seiner Seele ist eine wahre Herzensangelegenheit Albans gewesen. Er besuchte ihn auch, als er einige Zeit in Bühl wohnte, und stets hat er sich nach ihm erkundigt. Hörth ist als pensionirter Gymnasiallehrer ganz erblindet zu Gengenbach gestorben. Aus dem Umstande, daß er einige Stunden vor seinem Tode allein zu sein begehrt hatte, schöpfte Alban die Hoffnung, daß Gottes unendliche Barmherzigkeit des Armen sich doch noch erbarmt habe.

Wir befinden uns in der glücklichen Lage, uns nicht auf das Glatteis der Kirchenstreitereien weit hinauswagen zu müssen. Alban Stolz hat im Ganzen gar wenig um Politik sich bekümmert, weder um weltliche noch um geistliche [1]. Er war mit jedem rechtlich denkenden Katholiken darüber klar, daß die berühmte Denkschrift der Bischöfe der oberrheinischen Kirchenprovinz nichts fordere, was der Kirche nicht von Gott und Rechtswegen gebühre. Und nicht minder klar war ihm, daß Erzbischof Hermann doppelt in seinem Rechte sei und zwar deßhalb, weil es seit der Entstehung des Großherzogthums Baden kaum einen Erdfleck in Europa gab, in welchem man der katholischen Kirche unerbittlicher an das Leben gegangen wäre. Hierüber hat die weltbekannte Schrift des hochverdienten und berühmten Archivdirektors Mone: „Die katholischen Zustände in Baden" (I. Abtheilung Regensburg 1841, II. 1843) der Welt die Augen geöffnet und zugleich einen Staub aufgewirbelt, welchen die Excellenzen und Zeit-

---

[1] Wer sich genauer über den Kirchenstreit der fünfziger Jahre zu orientiren wünscht, den verweisen wir auf die „Geschichte der oberrheinischen Kirchenprovinz" von Brück, Mainz 1868.

geistfabrikanten mit ihren vollsten Backen nicht mehr fortzublasen vermochten. Eine ganz andere Frage dagegen war, ob es nicht sehr muthvoll aber gewagt gewesen, mit der ganzen organisirten und centralisirten Gewalt des Staates anzubinden. Allein es handelte sich nicht bloß um die Wohlfahrt der Kirche, sondern auch um die bürgerliche Freiheit, das Vorgehen war doppelte Pflicht. Alban Stolz stand stets auf der Seite der Schwachen, der Unterdrückten und Verfolgten. Ihn empörte die Art und Weise, mit welcher der Polizeistock geschwungen wurde. Und deßhalb hat er sich herbeigelassen, seine „Badische Kirchengeschichte aus der letzten Zeit" abzufassen. Von all seinen Streitschriften ist keine ruhiger und zahmer. Wem sie schneidig vorkommt, kann den Grund hierfür nur darin finden, weil eben eine Thatsache handgreiflicher Ungerechtigkeit und rücksichtsloser Parteiwirthschaft an die andere sich reiht. Der Verfasser schließt: „In Baden läßt ein protestantischer Minister die besten Priester und frömmsten Katholiken butzendweis einsperren, nicht weil sie gegen Protestanten etwas gethan, sondern weil sie Treue und Eifer für ihre Kirche zeigen, so daß allmählich bei guten Katholiken unter diesen Umständen für rühmlich gilt, eingekerkert gewesen zu sein. Der ärgste Feind des Regenten könnte es nicht zweckmäßiger angreifen, um ihm die Herzen vieler seiner besten Unterthanen abwendig und mißtrauisch zu machen.

„Dieser hat ausdrücklich gesagt, der Glaube seiner katholischen Unterthanen sei ihm so heilig als der seinige. Nun wird doch gewiß der Erzbischof besser für die Erhaltung und Förderung der katholischen Kirche sorgen können und wollen, als der protestantische Minister Wechmar, der ohnedieß nicht einmal aus unserem Lande abstammt; — warum also den Minister in solcher Weise gegen die Glieder der katholischen Kirche verfahren lassen, hingegen dem Erzbischofe untersagen, sein bischöfliches Amt vollständig auszuüben?

Wenn man sich in Karlsruhe damit beruhigt, das Volk sei gleichgültig und die Gebildeten seien für das Verfahren der Regierung, so ist daran nur soviel sicher, daß die Freischärler fast sämmtlich in dieser Angelegenheit auf Seite der Regierung stehen, — diese könnte schon aus diesem Umstande ahnen, auf welchem Wege sie geht. Uebrigens wenn selbst die große Menge die Gewaltmaßregeln gegen die katholische Kirche billigen würde, so ist das Recht mehr noch als das Volk, und Gott steht auf Seite des Rechtes.

„In der Revolution war das Volk auch gegen den Großherzog, aber das Recht war auf seiner Seite. Ob durch solches Verfahren Fluch oder Segen in das Land gesäet wird, ist nicht schwer zu errathen. Schon oft ist das der Stein geworden, woran eine Regierung zerschellt ist, wogegen sie anhaltend gesündigt hat. Die katholische Kirche ist aber ein starker Stein, der schon länger steht und auch in Zukunft viel haltbarer ist als das Großherzogthum Baden. — — — Das Beste wäre, die, welche den Knäuel so ungeschickt verwickelt haben, unschädlich zu machen, d. i. ihres Dienstes oder vielmehr ihres Regierens zu entlassen, und dann die katholische Kirche mit Gerechtigkeit und Ehrlichkeit zu behandeln, d. i. ihr alle ursprünglichen Rechte zurückzugeben" (Kleinigkeiten, I. S. 328 ff.).

Stolz docirte, schriftstellerte, spazierte und reiste, namentlich hat er im Frühling 1855 seine Palästinafahrt durchgeführt. Dieser „Besuch bei Sem, Cham und Japhet", den er so vortrefflich beschrieben, führte ihn wiederum nach dem kahlen Griechenland, wo er schon einmal gewesen, sowie in das Land der Pharaonen. Von da hat er unter Anderm Mumienweizen zurückgebracht und in einen Blumentopf gepflanzt. Derselbe ist lustig aufgegangen und noch heute sehe ich das von kindlicher Freude strahlende Angesicht, womit er dieses mehrtausendjährige und doch zugleich blutjunge Gewächs betrachtete.

Viel und gern verkehrte Alban Stolz brieflich wie persönlich mit christusgläubigen Protestanten, die er hoch geachtet hat. Warum? „Man findet bei vielen gläubigen Protestanten einen religiösen Eifer und insbesondere ein aushältiges, angestrengtes Forschen nach religiöser Wahrheit, wie es bei gläubigen Katholiken des Laienstandes seltener zu finden ist." — „Wie sehr ringt mancher Protestant in Angst und Gebet nach Vergebung der Sünden, während oft der Katholik mit geringer Vorbereitung sich begnügt und im Beichtstuhl die Vergebung und Gewissensruhe holt" (Wilder Honig, S. 397). In den fünfziger Jahren hat er fleißigen Umgang gepflogen mit dem Seidenfabrikanten Karl Mez in Freiburg, dem Muster eines christlichen Fabrikanten (vgl. Karl Mez, der Vater der Arbeiter. Von Dr. Robert König. Heidelberg, Karl Winters Universitätsbuchhandlung. 1881). Er hegte die Hoffnung, diesen den Katholiken sehr geneigten Mann zur Kirche zurückkehren zu sehen, doch ist diese Hoffnung niemals in Erfüllung gegangen. Dagegen ist Albans College, der Historiker Gfrörer, mit seiner ganzen Familie katholisch geworden. In den sechziger Jahren war der frühere Oberforstmeister Freiherr von Drais ein Liebling Albans. Derselbe ist nicht bloß katholisch geworden, sondern in seinen alten Tagen noch in das Benedictinerkloster Beuron im Donauthal eingetreten und als ein aus dem nagelneuen deutschen Reiche verbannter Mönch vor nicht langer Zeit gestorben. Später verkehrte Stolz brieflich und auch persönlich viel mit Reinhold Baumstark, welchem er am 27. Juni 1869 folgende Stelle gewidmet hat: „Auf den heutigen Tag bekam ich auch den Brief von B., daß er morgen früh sein katholisches Glaubensbekenntniß ablege. In dieser gewaltigen Mannesseele, gewaltig in Geist und Charakter, leuchtet die übernatürliche Gnade Gottes wunderlieblich als kindliche Demuth und tiefsinnige Frömmigkeit zum allerheiligsten Sakramente des Altares. Deo gratias! Sein Uebertritt kann ihm vor der Welt nur Nachtheil, Haß und Spott bringen" (Dürre Kräuter, S. 87).

Erst im Mai 1859 gab er wiederum etwas Besonderes hinaus, nämlich seinen "**Kreuzzug gegen den Welschen**". Die Art und Weise, wie er gegen den "Franzosensultan" und dessen eitle, kriegslustige Rothhosen loszog, gewann ihm selbst die Gunst sonstiger Gegner. Diese hielten ihn eben vermöge ihrer Oberflächlichkeit für einen Franzosenfresser. Dieß war Stolz freilich nicht, trotzdem er warm für Deutschland empfand, wie seine Schriften beweisen. An den Franzosen war ihm die Sprache und sonst Manches zuwider. Allein ebenso zeigen seine Schriften, wie gerne er anerkannte, daß das katholische Frankreich unvergleichlich mehr für die Verbreitung des Christenthums und Förderung katholischer Zwecke geleistet habe und fortwährend leiste, als Deutschland mit Inbegriff Oesterreichs. Der Patriotismus machte ihn eben nicht einseitig. Noch im Jahr 1871 schrieb er an die Elsäßer: "Grenzpfahl, Lebensweise, Regierungsform, Vergangenheit sollen uns nicht hindern, einig zu sein in der kostbarsten Einigkeit, in der religiösen — wir sind Katholiken und ihr seid Katholiken! Man nennt gute Katholiken ‚vaterlandslos'. Das ist eine Verleumbung; wahr ist aber, daß der katholische Christ seine Religion noch höher schätzt als das Vaterland, weil er an die Unsterblichkeit der Seele glaubt, und an einen Vater, der im Himmel ist. Das Vaterland auf Erden ist etwas Provisorisches, nur eine Brücke zum ewigen Vaterland. Einem wahren Katholiken ist deßhalb selbst die Fremde lieber als das Vaterland, wenn er in letzterem nicht ungestört katholisch leben kann" (Kleinigkeiten, II. S. 240 ff.). Und schon im Jänner 1860 meinte er: "Dem Katholiken ist allerdings die Kirche mehr als das Vaterland; denn die Kirche wurzelt in der Erde und verzweigt sich in die Ewigkeit, während das Vaterland dagegen nur eine niedrige Hecke ist oder vielmehr eine Trüffel, die ganz in der Erde stecken bleibt. Jenseits ist es gleichgültig, welchem Lande man angehört hat, aber nicht gleichgültig, welcher Kirche" (Wilder Honig, S. 398).

Mit Einem Worte: Stolz hat jede leidenschaftliche Vaterlandsliebe für sündhaft gehalten. Er dachte großdeutsch und ließ sich durch all die riesigen Erfolge, welche das Kleindeutschthum später errang, in seiner Ueberzeugung nicht entfernt wankend machen. Auch er, wie sein Freund Buß und andere Männer, welche es verschmähten, „Realpolitik" zu treiben, hat sich nur schwer in die neuen politischen Verhältnisse geschickt. Gewisse Namen flossen niemals aus seiner Feder, und als er deßwegen von gewissen Reptilien angegriffen wurde, ließ er sie einfach zischen und bellen.

In demselben Jahr 1859 ist Alban Stolz Prorector gewesen, das erste und zugleich auch das letzte Mal. Als solcher hatte er auf den Geburtstag des Rectors, nämlich des Großherzogs, eine literarische Arbeit zu liefern und schrieb den vortrefflichen Aufsatz „Ueber die Vererbung sittlicher Anlagen" (Kleinigkeiten, I. S. 339). Verweilte die Großherzogin Stephanie in dem nahen Umkirch, so war es üblich, daß der jeweilige Prorector der hohen Dame einen Besuch abstattete. Gerade im genannten Jahre war es der Fall, aber der Verfasser des „Kreuzzuges" hat sich jegliche Verlegenheit erspart, indem er seinen Vorgänger im Amte mit den Decanen der Fakultäten in das Schloß hinüber wandern ließ.

Was er durch seinen Kreuzzug wider die Welschen bei den Gegnern gewonnen, verschüttete er im Jahr 1860 zehn- und zwanzigfach. Der Skandal in dem Experimentirstaate wurde katholischen Regierungen allgemach zu arg und man sah sich in Karlsruhe genöthigt, gelindere Saiten aufzuziehen und nach dem Beispiele Oesterreichs und Württembergs mit

Rom in Unterhandlung zu treten. Am 28. Juni 1859 ward die Convention zwischen Rom und Karlsruhe besiegelt. Dieselbe gestattete dem Bischof, geistliche Bildungsanstalten zu errichten, unwürdige Mitglieder aus dem kirchlichen Verbande auszuschließen, Klöster zu gründen und das Kirchenvermögen gemeinsam mit der weltlichen Macht zu verwalten; das Placet war beseitigt und das kirchliche Ehegesetz auch für die weltliche Gewalt verbindlich gemacht. Das Besetzungsrecht der Pfründen wurde besser geordnet.

Aber die Convention war kein lebensfähiges Kind. Wenige Tage nach ihrem Abschlusse, am 3. Juli 1859, wurde der letzte Rest legitimen Rechtes in Europa in den Blutlachen von Solferino ertränkt, die Freimaurerei erhob ihre Waffen, um Regierung und Völker unter ihr Joch zu beugen. Man muß selbst im Experimentirstaate gelebt haben, um den Lärm glaublich zu finden, der sich gegen die unschuldige Convention erhob; es war gerade, als ob eine Legion Teufel losgelassen wäre. War das ein Agitiren und Demonstriren und Petitioniren, ein Declamiren und Artikelfabriciren! Die ärgsten Schreier lieferte wie immer Mannheim; dann kam Heidelberg mit dem verbissenen Calvinisten Häußer an der Spitze; in Durlach aber ward Alarm geblasen, daß man es drüben in der Residenz deutlich genug hören konnte. Jetzt kam Alban Stolzens „Schmerzensschrei im Durlacher Rathhaus". Klar wie immer setzte er auseinander, wie billig und ungefährlich die Artikel der Convention seien und wie wenig sie die Feinde der Kirche angingen. Zugleich riß er aber auch den Heuchlern die Larve herab und zeigte, welches Geistes Kinder die Sturmläufer seien. Je weniger Stichhaltiges Letztere zu entgegnen wußten, desto ingrimmiger war ihre Wuth wider den kleinen Stolz. Welche Gesichter ihm erst seine Herren Collegen schnitten, läßt sich denken: „Der Tag war bang und innerlich geplagt und ich ging in die Senatssitzung wie einer, der durch einen schwarzen Sumpf von

unbekannter Tiefe und voll unbekannter Thiere waten muß."
Von den Freimaurerblättern nebst Schweif wurde er zerrissen,
wie vom hungerigen Raubgethier der Wüste die arme Gazelle:
„Mit unerhörtem Grimm, Ausdehnung und Ausdauer suchen
die concordatsfeindlichen Zeitungen nebst ihren Anhängern
mich zum Gegenstand der Verachtung und des Hasses zu
machen. Es liegt etwas Banges und etwas Schönes, ein
edler Genuß und Gewinn für mich darin. Letzteres, wenn
ich dieß als ein Leiden mit und für Christus betrachte; denn
es ist eine wunderbare Lust, welche gleichsam nur auf der
Erde sprießen kann, für den Erlöser leiden dürfen. Was
mir aber die Sache gleichsam wieder trübt, ist der Gedanke,
daß ich theilweise durch die herbe verletzende Schreibart dieser
Tumult heraufbeschworen habe und wohl manche Sünde
dadurch veranlaßt wird" (Wilder Honig, S. 410, 412).

Auch ihn traf die Nachricht von dem Sturz des Mini=
steriums wie ein Blitz und Donnerschlag vom heitern Himmel.
Die Aufhebung der Convention durch die Kammern war
nunmehr gewiß, die mit 80000 Unterschriften katholischer
Männer bedeckten Petitionen für dieselbe wanderten in den
mächtigen Papierkorb der „neuen Aera". Stolz hatte übrigens
schon lange gedacht, die Durchführung der Convention sei bei
der höllischen Gährung ihrer Gegner gefährlich und die neuen
Minister könnten bei einigem guten Willen das Meiste
gewähren, ohne besondern Anstoß zu erregen. Der April
1860 war für ihn ein trüber Monat und er schrieb am
Charfreitag: „Ich bin gegenwärtig von mancherlei Leid
umgarnt. Zuerst kamen wochenlang die wüthenden Zeitungs=
artikel gegen mich; die Verfolgungssucht und der Grimm,
welcher vorher gegen das abstrakte Concordat ging, hatte in
mir eine concrete Persönlichkeit gefunden — dann kam die
höchst bösartige, beleidigende Erklärung der Professoren gegen
mich — dann wurde ich vom Staatsanwalt in Anklagestand
versetzt — einige Zeit vorher ängstigte mich die Todeskrankheit

meines Bruders — monatelang schon quält mich mein krummes Aug, welches mir die Gegenstände verzogen und die Gesichter als Caricatur zeigt — nun kam noch das gemeinsame Leid für alle gläubigen Katholiken des Landes schroff nach den besten Hoffnungen, die Nachgiebigkeit des Großherzogs in der Concordatsangelegenheit. All diese Plagen würden mich wahrscheinlich weniger afficiren, wenn ich nicht zugleich müde wäre an Leib und Seele. Der ungewöhnlich lange Winter, die Fastenzeit und eine Art Welkheit, vielleicht in Folge anrückenden Alters, benehmen mir jene Spontaneität, welche ich in frühern Zeiten gehabt haben mag. Dafür ist mir in gewisser Qualität Gott näher geworden, ich meine für ihn und sein Einstrahlen durchsichtiger geworden zu sein" (Wilder Honig, S. 419 ff.). Häufiger als sonst sehnte er sich wie nach der wahren Heimath in ein Kloster. Hat die Raupe ihre Reise als Blattwurm erreicht, dann verläßt sie ihre Nahrungspflanze und spinnt sich an einem verborgenen Orte ein, der Auferstehung entgegenharrend — weßhalb sollte es der geplagte Mensch nicht ähnlich machen? Auch von auswärts ward er mit Schmähbriefen bedacht; so unter Anderm aus dem schweizerischen Athen. Er machte sich wenig daraus, denn er lebte in einer Zeit, deren eigenstes Lebenselement Schimpf und Schmach, Hohn und Lüge ist.

Eine gar zu infame Zeitungslüge hat ihn aber so empört, daß er dieselbe in seinem Tagebuch festnagelte. Nachdem sich nämlich am 23. April 1860 der österreichische Finanz= minister „Bruder" Bruck selbst entleibt hatte, log man in Italien sofort, der Kaiser habe ihn im Zorn erschossen, in Berlin und Leipzig dagegen, er sei von den Jesuiten ge= meuchelt worden.

Ende Juni 1860 machte Stolz den Pfarrconcurs als Examinator mit und zwar in einer so seligen Stimmung, daß er sie als Frucht des Gebetes Anderer für ihn betrachtete. Gar mancher junge Priester machte für ihn ein

Memento in der heiligen Messe und sieben barmherzige Schwestern opferten für ihn ihre Communionen auf. Im Juli aber schrieb er fröhlich nieder: „Es ist wieder eine Lebensfrische seit einiger Zeit bei mir eingetreten, wie ich sie wohl seit einigen Jahren nicht mehr gehabt; es ist mir, wie wenn ich auch dem Leibe nach wieder jünger geworden wäre. Geistig aber bin ich vielleicht weniger productiv, hingegen kommt es mir vor, daß meine Gedanken oft feiner und durchdringender sind als früher." Auch mit seinem Preßprocesse ging es gut, wie er richtig geahnt: „Am Montag kam mir während der heiligen Messe innerlich die Nachricht, daß mein Proceß gut sich endige. Die Ankündigung war wie ein weißes Licht, welches zugleich sonnig und schön in die Erkenntniß leuchtete und wärmend und wohlthuend in's Gemüth strahlte." Vor das Gericht geladen, erwartete er, daß ihm nur die Zusammenstellung für das Oberhofgericht mitgetheilt werde, aber ihm wurde die Rücknahme des Rekurses, somit gänzliche Freisprechung verkündigt. Das Gericht war dießmal, wie auch später, billiger und vernünftiger als seine verbissenen Gegner. Im Herbst dampfte er fort in sein geliebtes Schweizerland, von da nach Bayern und hinab nach Oberammergau zum Passionsspiel. Allenthalben ward er außerordentlich gesucht und verehrt, ein schöner Ersatz für die vielen Unbilden, welche ihm daheim zugefügt worden. Neugekräftigt an Leib und Seele kehrte er zurück. Im October schrieb er in sein Tagebuch: „Wie ich ein besonderes Vertrauen zur Zahl sieben und zu solchen Zahlen habe, welche damit zusammengesetzt sind: so habe ich gleichsam Furcht vor der Zahl dreizehn, und es macht mir ein Unbehagen, wenn ich im Monat bemerke, daß heute der dreizehnte ist. — Es ist mir, wie wenn da nichts Günstiges für mich geschehen könnte, als sei etwas Gefährliches, Feindliches darin. Nun bemerke ich in meinem Journal, daß auf den heutigen Tag meine provisorische Anstellung an der Universität beschlossen wurde, ein Jahr darauf meine definitive Anstellung, fünf Jahre später die Unwiderruflichkeit dieser Anstellung, alle drei Beschlüsse somit auf den 13. October. Heute aber sind es dreizehn Jahre, daß ich für die Universität bestimmt wurde. Schaue ich auf diese Zeit zurück, so bin ich wesentlich darin religiös gesunken und weltlicher geworden — erst seit einigen Jahren regt sich wieder mehr christlicher Ernst. Könnte nicht in diesem dreifachen Aufeinanderschichten der Zahl dreizehn bezüglich meiner Anstellung eine schlimme Andeutung liegen?" (Wilder Honig, S. 453 ff.)

In einen ganz gewaltigen Zwiespalt gerieth Stolzens eisiges Temperament mit seinem gefühlvollen Herzen, als am Ende des Jahres 1860 sein ältester Freund, Hofrath Schwörer, starb. Ihm kam es vor, als ob er den Verlust starkmüthig ertrüge, ja er fühlte nicht einmal einen außerordentlich großen Schmerz; ihm unbewußt drang aber das Entsetzen in den Körper, so daß er sich bei dem Leichnam vor Schwäche in den Beinen niedersetzen mußte. Und weiter schreibt er: „Da ich tief traurig mit der Leiche von Sch. ging, fühlte ich doch auch, wie der Schmerz ein edles, silbernes Feuer sei, worin die Seele geglüht wird — ja ich kam zu der Gefühlserkenntniß, daß die Seele sich im Schmerz so einwohnen kann, daß sie niemals diesseits ohne Schmerz sein möchte — nicht aus Liebe zum Leid, sondern aus Verlangen nach der Läuterung und Veredlung, welche daraus hervorgeht" (Wilder Honig, S. 467 ff.).

Für keine Heilige hegte er eine so innige, eigenthümliche Liebe, wie für die hl. Elisabeth. Er dachte an diese mit derselben Freude, wie man ein schönes, unschuldiges Vögelein sieht und hört. Nach Jahren jedoch erst machte er sich daran, das Leben dieses Engels zu beschreiben. Er reiste zu diesem Behufe nach Thüringen, bei welcher Gelegenheit er auf der Wartburg manche „Reliquien" Luthers zu sehen bekam. „Fast jedes alte Bergschloß bringt Einem schwermüthige Gedanken, wenn man einsam in den Ruinen sich umsieht; mag die Sonne noch so schön vom blauen Himmel scheinen, so glastet eben nur desto heller von dem alten Gemäuer eine Inschrift in's Auge des Geistes, die Inschrift: ‚So vergeht die Herrlichkeit der Welt'. — Ich weiß aber ein altes Schloß drunten im Thüringerland, das weckt ganz andere Gedanken, da denkt man nicht traurig an die Vergangenheit und Alles, was die Zeit zerstört und fortgeschwemmt hat, sondern die Gedanken suchen die unsterbliche Seele auf, welche in der Ewigkeit selig jetzt ausruht von aller Arbeit und allem Schmerz, womit ihr kurzes Erdenleben übermäßig belastet war. In jenen Mauern wird es Einem ehrfürchtig und andächtig um das Herz, als wäre man in einer hochgeweihten Wallfahrtskirche, und eine schöne, edle Freude tröstet die Seele, und es quellt aus ihr die Sehnsucht und der Wunsch: ‚O wär' ich bei dir!'

„Ich meine die Wartburg, wo einst die heilige Frau Elisabeth gewohnt hat" (Elisabeth, S. 2).

Das Leben der hl. Elisabeth ist wohl seine schönste und anziehendste Schrift und die Abfassung derselben hat er als eine ihm von Gott gesetzte Aufgabe betrachtet, gerade wie einst die Idee, den Kalender, das Spanische und den christlichen Sternhimmel zu schreiben. Sein schriftstellerisches Schaffen unterbrach er nach wie vor auch mit kleinern Ausflügen, wie er beispielsweise den herrlichen Wallfahrtsort Mariastein gerne besuchte und manchmal dort geprediget hat. Das Jahr 1861 gab keinen besondern Stoß seinem äußern Leben, wohl aber seinem innern. Welt und Natur begannen ihn zu langweilen: „Ueberhaupt ist mir meine Umgebungswelt langweilig, es füllt mich nicht mehr aus, was das Erdenleben mir bietet. Ich bin wie ein vornehmer Herr an reich besetzter Tafel, dem es aber fast ganz an Appetit fehlt. Ich fühle mich wie ein Kranker, der nicht mehr lange zu leben hat. Und doch bietet sich mir ein schönes, edleres Leben und

Schauen an, nämlich der innigere und ernstere Verkehr mit Christus. Es gehen darin Anschauungen und Fühlungen auf, welche mir bisher fremd waren. Als ich vorgestern den Kelch in der heiligen Messe trank, bildete sich mir ein geistiges Gesicht, als sähe ich das Blut Christi wie lauter flüssige Rubinen von der Sonne durchstrahlt weithin wie feine Wasserstrahlen über Wiesengrund oder aus einer Gießkanne rieseln." Und weiter: "Sonst konnte ich mich mit großer Innigkeit in die große Oper der Natur versenken, wie wenn ich in ihr meine volle endgültige Heimath hätte. Jetzt stört mich dabei das Gewissen, welches mich bei solchen Anwandlungen stechend erinnert, daß ich für eine andere Welt bald zeitig bin, wo Rechenschaft abgelegt werden muß. Aber auch wenn wohligere Andacht in der Seele leuchtet, so stört sie den Naturgenuß, wie wenn man zugleich zwei verschiedene Musiken spielen hört; eine muß schweigen, wenn die andere gefallen soll" (Wilder Honig, S. 491, 495 ff.).

Das Jahr 1862 brachte ihm eine große Freude und zugleich ein neues Herzeleid. Ein Bäschen, das Geist und großen Beruf für den schönen Stand der barmherzigen Schwestern zeigte, legte im Februar Profeß ab und erhielt ohne ihr und sein Zuthun seinen Namen. Bald darauf starb aber sein letzter Bruder Franz, der auch mir im lieben Andenken stehende Hofapotheker in Wertheim. Alban schrieb hierüber: "Solche plötzlich einbrechende Ereignisse ertrage ich geistig mit einer ähnlichen seltsamen Aufregung, wie sie bei starken Gewittern in mir austritt, eine Art Fröhlichkeit im Leid. Was mich am meisten beängstigte, war die Besorgniß, daß er unversehen gestorben sei. Ich betete zu Gott, daß er dieß verhüten möchte. Kann Gott aber auch Vergangenes verhüten? fiel mir ein. Ja, in Gott sind alle Ereignisse, welche für uns Menschen in der Zeit auseinandergezogen sind, in einen einzigen Punkt oder Augenblick concentrirt, folglich sieht Gott zugleich das Ereigniß und das nachherige Gebet, und mag deßhalb dem Ereigniß eine Wendung geben, daß das Gebet, obschon erst nachkommend, erhört werde. So geschah es auch; diesen Morgen bekam ich den tröstlichen Bericht, daß Franz wohlvorbereitet die heiligen Sterbsacramente empfangen habe."

Hat der Mensch kein besonderes Kreuz, so pflegt er sich ein solches selbst zu machen, namentlich aber ein Mystiker von Albans Schlage: „Wenn es mir recht bang ist wegen meines Seelenheils, wandelt mich zuweilen die Ahnung an, als sei in einem recht gründlichen Leiden Trost und Sicherung. Ohne Leiden zu sein, hat für den wahrhaft Gläubigen etwas Beängstigendes, wie wenn er von Christus excommunicirt und nicht auf dem rechten Weg sei. Es geht mir fast der Fürsehung gegenüber wie dem russischen Weib, welches gelüstet, vom Manne Schläge zu bekommen" (Wilder Honig, S. 536).

Stolz hat um diese Zeit in ein furchtbares Wespennest kühn hineingegriffen, nämlich in das Wespennest der **Freimaurerei**. Schon seit jener Zeit, in welcher die verkappten Maurerblätter von einer „bekannten im Dunkel schleichenden volksfeindlichen Partei" declamirten und mit großer Unverfrorenheit unter dieser Partei die Jesuiten, Ultramontanen, Clerikalen u. s. f., kurz die **gläubigen Katholiken** verstanden wissen wollten, hat Alban Stolz das Treiben und Streben der „Geheimen" beobachtet und studirt. Es war keine schwere Arbeit. Erstens nämlich ist es eine pure Lächerlichkeit, wenn Philister von Schurz und Kelle wähnen, in kleinern Städten wie Freiburg, geschweige in Amtsstädtchen wirken und dabei doch unbekannt bleiben zu können. Man kennt die Herren so ziemlich Mann für Mann. Zweitens sind die Freimaurer seit ungefähr 50 Jahren in allen Kulturländern immer offener aufgetreten und vermöge ihres Leibgrundsatzes: „Der Zweck heiligt jedes Mittel", in gar Manchem zur Macht gelangt. Drittens endlich hielte es gar nicht schwer, mit den Selbstbekenntnissen und Feuerreden bekannter Brüder

Folianten anzufüllen. Beispielsweise wissen wir, daß ihr ebenso verkehrtes als kirchenfeindliches Programm im Sturmjahr 1848 in den angeblichen „Grundrechten des deutschen Volkes" an das Licht der Oeffentlichkeit gehängt wurde. Freimaurer haben weiter schwarz auf weiß bekannt, wie schwer es ihnen in Baden geworden, den Großherzog zum Aufgeben der Convention von 1859 zu bestimmen und wie sie ohne die Vermittlung eines gewissen Prinzen wahrscheinlich nichts ausgerichtet hätten.

Gleichsam zur Ergänzung dessen, was Stolz über die Freimaurer geschrieben, möge meine eigene Meinung hier stehen.

Der Freimaurerei mache ich drei Vorwürfe. Erstens nämlich wäre es weder schön noch volksfreundlich, mit einem Geheimniß hinter dem Berge zu halten, welches die Mitmenschen gescheidter und besser machen könnte. Freilich kenne ich keinen einzigen zureichenden Grund, an die Existenz eines solchen Geheimnisses zu glauben. Zweitens haben dagegen hundertfältige Beobachtungen mich überzeugt, die Freimaurerei sei allerdings ein Wohlthätigkeitsverein, jedoch hauptsächlich und wesentlich nur in dem Sinne, daß die Brüder sich gegenseitig wohlthun, aber auf Unkosten aller Nichtmaurer, auf Unkosten des Staates, der Gemeinden und des consumirenden Publikums. Drittens endlich erachte ich als den faulen Kern der Freimaurerei den Haß gegen jede positive Religion überhaupt und gegen die katholische Kirche insbesondere. Darin stimme ich ganz und gar überein mit Vanhumbeeck, Großmeister vom Stuhl und gewesener Unterrichtsminister in Belgien. Dieser hat in einer berühmt gewordenen Rede anläßlich des kirchenfeindlichen Schulgesetzes das ganze Wesen der Freimaurerei in zwei Sätzchen zusammengefaßt: „Was von der Revolution gilt, gilt auch von der Freimaurerei, von der die Revolution einfach die profane Formel ist." Und: „Der Katholicismus ist der Leichnam, den wir (die Freimaurer) in die Grube werfen müssen."

Das Ecrasez l'infâme eines Voltaire ist das offenkundige Geheimniß der Freimaurerei! —

Alban Stolz hat die Freimaurerei direct angepackt in seinem „Mörtel". Er sah voraus, man werde es unchristlich und sehr ungeistlich finden, indem er dieß thue. Er erklärte, es nicht auf Persönlichkeiten abgesehen zu haben und er achte und liebe auch am Freimaurer den Menschen. Er möchte Irregeleitete zur Besinnung bringen und Andere, nach welchen schon Netz und Angel geworfen sei, rechtzeitig verwarnen. Seine Anschuldigungen bezögen sich keineswegs auf alle Freimaurer und überhaupt nicht bloß auf die Freimaurer, da ja mehr als genug Leute herumliefen, welche dem Geheimbunde nicht angehörten, aber Gesinnungen hegten, als wären sie schon jahrelang in der Beize der Freimaurerei gelegen. Schließlich meinte er, abgesehen von einer bestimmten Wirksamkeit seiner Schrift, sei die Wahrheit an und für sich auch etwas werth, und er sehe nicht ein, weßhalb die Winkelwirthschaft der Freimaurer allein hinter dem Vorhang bleiben dürfe, während man überall Oeffentlichkeit verlange. Stolz hat seine Sache vortrefflich gemacht, namentlich ist sein Bild von den Kameelen, Eseln und Mohren an der Karawanenbrücke zu Smyrna geradezu unsterblich. Namentlich dieses Bildes wegen wurde ihm Verletzung der christlichen Liebe vorgeworfen, allein mit Unrecht. Weit entfernt, die Personen der Freimaurer **überhaupt** als Esel und Kameele zu bezeichnen, was zugleich ein Unsinn gewesen wäre, hat er damit nur sagen wollen, daß Viele gar nicht wissen, was sie thun und wem sie folgen bezüglich ihres **freimaurerischen Gebahrens**. Wie gewaltig seine Hiebe saßen, hat unter Andern Jakob Venedey bewiesen (Dankschreiben eines Freimaurers an seinen Bruder in Christo, Alban Stolz. Lahr, M. Schauenburg u. Comp., 1862). Venedey war wenigstens mannhaft genug, mit seinem Namen aufzutreten, aber Wesentliches wider den „Mörtel" wußte auch er nicht vorzubringen. Er hing sich nach Maurerart an die Person des Gegners und suchte diese verächtlich und lächerlich zu machen. Er wollte geistreich und sogar witzig auftreten, der Versuch fiel aber kläglich genug aus. Er dutzt den kleinen Alban, er verdächtigt ihn und ist niedrig genug, selbst die Gestalt des Gegners zu verhöhnen. In demselben Athemzuge jedoch erklärt er nur Solche für würdig, in den Kreis der Maurer aufgenommen zu werden, die Menschenwürde, Menschenliebe und Duldung zu ihrer Lebensregel machen wollen und das Gebot der Liebe über jede Kirche stellen. Alban Stolz hat das Machwerk gar nicht gelesen, sondern meine Wenigkeit hat ihm ausführlich darüber berichtet und damit Anlaß gegeben zum „Akazien-Zweig für die Freimaurer". Welch armselige Kulturphilister die Maurerbude beherbergt, zeigten einige urdumme Briefe, welche Stolz veröffentlichte; gleichzeitig konnte er aber auch die Zuschrift eines vernünftigen Freimaurers bringen, welchem der Mörtel die Augen öffnen half und der zugleich darauf aufmerksam machte, daß die einseitige Verbildung nach Schiller, Goethe, Lessing u. s. f. der Loge Rekruten zuführe. Im „Akazien-Zweig" hat Stolz Manches nachgeholt, was er früher versäumt, und insbesondere auch nachgewiesen, welch schlechte Patrioten die von vaterlandslosen Juden gegängelten Freimaurer sind.

Unter die sehr Vielen, mit welchen Alban Stolz in brieflichem Verkehre stund, gehörte auch Karl Sartori, ein Zögling der Herder'schen Verlagshandlung, dann Buchhändler in Wien, heute in Konstanz. Stolzens Briefe sind meist ohne Datum. Als im Jahre 1864 Sartori ihn bestürmte, gegen Renan aufzutreten, da pressirte es ihm nicht, schon deßhalb nicht, weil der französische Strauß bei uns wenig gelesen wurde und weil er erfahren hatte, daß Sebastian Brunner den literarischen Speer wider den sophistischen Christusläugner einlegen werde. Unterm 12. Mai schrieb er endlich: „Ich habe nun den

Renan größtentheils gelesen und gefunden, daß seine Schrift oberflächlich bis zur Lächerlichkeit geschrieben ist, daß nur Menschen, welche ohnedieß schon von Christus abgefallen sind, darin eine Beruhigung für ihren Unglauben finden. Ich habe die Idee gefaßt, etwas Positives zu schreiben, und mir auch schon mehrere Gedanken dazu aufgezeichnet — allein ob mir der Stoff genügend anwächst, um eine eigene Schrift daraus zu machen, weiß ich noch nicht; ich bin langsam und träg und möglicherweise will mich Gott nicht dazu." Am Schlusse heißt es: „Bitten Sie die Dominikaner in Wien, sie möchten mir von Gott die Gnade erbitten, etwas zur Verherrlichung Christi zu schreiben. Sonst aber seien Sie still darüber — Reden und viel Erwarten stört leicht den Segen Gottes, wenn man etwas unternimmt." — In einem weiteren Briefe liest man: „Ich habe kürzlich die Reiseschriften von Erzherzog Max gelesen. Dieselben sind, soviel ich weiß, nicht im Buchhandel — sondern als Manuscript gedruckt. Es ist so viel Geist und christliche Gesinnung darin, daß diese Reisen nicht nur sehr interessant zu lesen sind, sondern auch eine wahrhaft gesunde und heilsame Lectüre abgeben. Wenn Sie es erlangen könnten, daß Sie dieselben für die allgemeine Oeffentlichkeit drucken dürften, so würden Sie ein gutes Geschäft machen. Ich will mit Fräulein Rotberg darüber reden." —

Die rührige Sehnsucht der Freimaurer und sonstiger Neuheiden nach der confessionslosen Mischschule rief Stolz abermals in die Schranken. Mayerhofer sagt: „Stolz signalisirte sofort die Gefahr in ‚Warnung vor einer drohenden Gefahr' und ‚Siebzehn nothwendige Fragen und Antworten', und zwar, wie es die Sache eines ächten und richtigen Publicisten ist, in einer Weise, daß die beiden Schriftchen als Rüstkammer gelten können, woraus bei ähnlicher Gelegenheit jede katholische Gemeinde ihre Waffen wieder nehmen könne, natürlich wie überall mutatis mutandis."

Dazu kam noch der schreckliche Kalender für das Jahr 1864, das „A B C für große Leute" mit seinen 24 Stacheln und seinem vielen Zorn. Die Feinde Christi geberdeten sich wie unsinnig, sie zerrissen den „alten Polterer" schier in ihren Blättern und forderten stürmischer als je die Absetzung des Verhaßten. Aber auch die Freunde blieben keineswegs unthätig. Auf Anregung der Schweizer versammelten sich die Theologen und beschlossen eine Adresse, welche von allen 154 unterzeichnet und am 16. Jänner 1864 dem Professor Stolz überreicht wurde. Die Adresse kehrte sich sehr energisch gegen die Widersacher des geliebten Lehrers und schloß mit den Worten: „Wir erklären laut und feierlich: **Wir wollen keine Lehrer, die durch ihre Lehrweise die Zufriedenheit jener Organe und ihres Anhanges sich erwerben!** Wir schätzen uns glücklich, uns Ihres gediegenen Unterrichtes erfreuen zu können, und bitten zu Gott, daß zum Wohle der Kirche und des Vaterlandes noch Viele das gleiche Glück nach uns, bis in die möglichst fernsten Zeiten genießen mögen."

Gleichzeitig wurde Alban Stolz durch eine Adresse aus der Feder des Geheimen Hofrathes Karl Zell erfreut, welche mit den Unterschriften von Freiburgern aller Stände zahlreich bedeckt war. Dieselbe lautete:

„Hochwürdiger, verehrtester Herr! Charakterfeste Männer, welche mit Aufrichtigkeit und Ernst für sich selbst nach christlicher Tugend streben und dieselbe unter ihren Mitmenschen zu befördern suchen, bedürfen, im Bewußtsein ihrer guten Absichten und im Vertrauen auf Gott, weder des Lobes von Außen her, noch scheuen sie den Tadel der Welt. Dennoch können aber Umstände eintreten, welche es als Pflicht erscheinen lassen, daß solchen verdienten Männern ein öffentlicher Beweis der Anerkennung, der Verehrung und des Dankes gegeben werde. In diesem Falle befinden sich die ergebenst Unterzeichneten Ihnen gegenüber, hochwürdiger, verehrtester Herr! Ihre neuesten Schriften haben Veranlassung zu Angriffen in der Tagespresse gegeben, welche nicht nur gegen die bezeichneten Schriften, sondern auch gegen Ihre hochgeachtete Person gerichtet sind, und welche über das gewöhnliche Maß von Heftigkeit und Ungerechtigkeit weit hinausgehen, mit welchem diese Parteiblätter gegen alle diejenigen Personen und Bestrebungen aufzutreten pflegen, welche sich ihren Parteizwecken nicht unterordnen oder sogar denselben Widerstand zu leisten sich verpflichtet fühlen. Wenn die genannten Angriffe nur gegen Ihre schriftstellerische Thätigkeit gerichtet wären, so könnte man sie unbeachtet lassen, selbst wenn sie noch so ungerecht und gehässig wären. Das Urtheil der öffentlichen Meinung über Ihre Schriften ist längst festgestellt durch die vielen Tausende von Lesern aus allen Ständen, allen kirchlichen Bekenntnissen, im Süden und Norden unseres deutschen Vaterlandes und weit über dessen Grenzen hinaus. Aber jene Angriffe gehen weiter: sie suchen die Gesinnungen und den Charakter des Verfassers der Schrift zu verdächtigen, zu schmähen und zu verleumden. Dieses verwerfliche Beginnen dürfen Freunde der Wahrheit und Gerechtigkeit, welche Sie und Ihre Schriften kennen, nicht ungerügt und ohne die gebührende Zurückweisung vorübergehen lassen. Die Unterzeichneten fühlen sich daher gedrungen, vor Ihnen, hochwürdiger, verehrtester Herr, und vor der Welt, ihre stärkste Mißbilligung und ihren Abscheu auszusprechen gegen die Verdächtigungen, Schmähungen und Verleumdungen, welche man gegen Ihre Person zu veröffentlichen sich erlaubt hat. Wir wollen dem unbegründeten, gehässigen Tadel nicht ein wohlbegründetes Lob, wie wir leicht könnten, hier entgegenstellen. Aber Folgendes fühlen wir uns gedrungen zur Steuer der Wahrheit und Gerechtigkeit zu erklären, und wir bitten Sie, hochwürdiger, verehrtester Herr, uns hier diesen Ausdruck unserer Ueberzeugung zu gestatten: Wir kennen Alban Stolz als einen Mann, welcher sich ernstlich und mit Erfolg bemüht, seine Pflichten als Christ, Priester und Lehrer zu erfüllen. Wir wissen, daß sein Herz für Recht und Wahrheit lebhaft fühlt, wie nicht minder für das Wohl des Volkes und für die Leiden seiner Mitmenschen. Dieses Gefühl und die darauf begründeten Gesinnungen bethätigt er im Leben, und sie sind es zugleich, welche ihn als Schriftsteller beseelen. Wenn er daher das, was er als Laster, Unrecht, Verkehrtheit und Thorheit der Zeit erkennt, freimüthig und unumwunden mit dem Schwerte des strafenden Ernstes oder mit der Geißel der Satire bekämpft; — wenn er die Forderungen des gesunden Menschenverstandes und die wahren Bedürfnisse des Volkes gegen unsichere und willkürliche Theorien geltend macht; — wenn er die christliche Sitte und den christlichen Glauben, wenn er die Rechte der Kirche gegen Angriffe und Gefahren vertheidigt: so geschieht alles dieses aus denselben sittlichen Beweggründen. Bei einem solchen Schriftsteller einzelne Ausbrücke und Bilder zu gehässigen Angriffen zu mißbrauchen, ist kleinlich und unwürdig. Lassen Sie also, hochwürdiger, verehrtester Herr, sich durch solche unwürdige Angriffe nicht beirren. Mögen Sie die Geistesgaben, womit Sie Gott versehen hat, noch recht lange in ungestörter Gesundheit und Heiterkeit verwenden zur Beförderung der Religion und Sittlichkeit, zum Wohle des christlichen Volkes und der Kirche."

Durch die Erfahrung eines Besseren belehrt, hat Alban Stolz die Meinungen über die sogenannte Schulreform etwas abgeändert, die er früher in der „Warnung", sowie in den „siebenzehn nothwendigen Fragen" verfochten. Namentlich war er nunmehr für den Eintritt der Geistlichen in den Ortsschulrath. Er sprach dafür auf der bekannten Conferenz der erzbischöflichen Decane im Spätjahr 1867 und leitete seinen Vortrag mit folgenden körnigen Worten ein: Wenn ein Wolf einer Mutter ihr Kind raubt, so wird sie sich nicht auf den Boden setzen und lamentiren, auch sich nicht in einen Winkel stellen und protestiren, sondern dem Wolf nachgehen durch Feld und Wald, um ihr Kind womöglich zu retten. So sollte es auch der Klerus bezüglich der neumodischen Schulordnung machen, welche der Wolf des falschen und brutalen Liberalismus gebracht u. s. f.

Gegen die ganz und gar unnöthige Einführung der Zwangs-Civilehe, sowie gegen die Trennung der Kirche vom Staat hat Stolz im Jahr 1868 ein mannhaftes Wort eingelegt: „Der Wechselbalg, womit Baden und Oesterreich aufgeholfen werden soll".

Bei der Jubiläumsfeier des Erzbischofs Hermann am 25. März wurde die Lieblichkeit der Güte des Gefeierten in allen Variationen geschildert; unserm Stolz aber trat besonders hell vor die Seele, „wie ich und mein Leben mehrfältig das Gegentheil sei, schroff, unduldsam, stechend, eine wahre Dornhecke; gegen Arme oft wie ein Polizeidiener, fremder Tugend oft unhold, undankbar, rücksichtslos, hochfahrend. O Herr der Tugenden! brenne mit deiner flammenden Gegenwart diese Dornen auf dem Felde meiner Seele hinweg und lasse junges Grün darauf wachsen; — wenn es sein muß, so tilge mein Talent aus und gib mir die Gutmüthigkeit eines einfältigen, gering beachteten Menschen" (Dürre Kräuter, S. 28). Am 4. April schrieb er: "Heute hörte ich, der Herr Erzbischof habe nebst einigen Andern mich zum Geistlichen Rathe ernannt. Als Antwort darauf fiel mir ein: Dieß bringt mir keine Ehre und nützt mir nichts bei Gott, abgesehen von dem Danke, welchen ich für das Wohlwollen schulde." Es dürfte am Platze sein, hier ein Wort darüber einzuschalten, wie wenig Alban Stolz mit irdischen Ehren bedacht worden ist. Es war gut, daß er keine Spur kleinlichen Ehrgeizes besaß. Es ist keineswegs eine bloße Sage, daß **Friedrich Wilhelm IV.**, dieser "Romantiker auf dem Throne", sich mit dem Gedanken trug, Alban Stolz als den Nachfolger **Diepenbrocks** in Breslau zu sehen, doch ist bekanntlich nichts daraus geworden. Niemals hat Rom ein Wort der Anerkennung für ihn gehabt, geschweige irgend welche Auszeichnung. Doch — wir irren! Vor uns liegt ein zierliches, mit rothem Papier überzogenes goldbedrucktes Etui. Dasselbe birgt eine kleine Medaille aus versilbertem Nickel, wohl mehr als eine Mark werth. Auf der einen Seite zeigt dasselbe das gelungene Bild des neunten Pius, auf der andern aber das schöne Bild der Mutter des Herrn mit der Umschrift Causa Nostrae Laetitiae. Dieses Geschenk hat der selige Alban einmal aus der Stadt der Christenheit erhalten, begreiflicher Weise nicht vom Heiligen Vater. Er wollte dasselbe durch Ausloosen einem der ältesten Mitglieder des Gesellenvereines zukommen lassen, doch hat das Loos einen Andern begünstigt. Uebrigens erinnert mich das Schweigen Roms an die Thatsache, wie die Strenggläubigen in Frankreich und Italien und somit wohl auch in Rom selbst Alban Stolz wie Staudenmaier, Hirscher und andere deutsche Theologen für gelinde Ketzer hielten. Ich selbst kam einigemal in Disput hierüber mit stockfranzösischen Geistlichen, erzielte aber dadurch nichts als die höfliche Versicherung, ich sei selber ein Ketzer.

Als im Jahre 1865 die Hochschule Wien ihre Jubelfeier beging, da befand sich der Freiburger Pastoralprofessor unter denjenigen, denen die Würde des Ehrendoctors zuerkannt wurde. Das nunmehr gleichfalls in Bühl befindliche, vom 3. August 1865 datirte Diplom, auf Pergament großentheils in Gold und Purpur gemalt, ist eine wahrhaft künstlerische Arbeit. Der Inhalt betont Stolzens hervorragende Verdienste um die Förderung und Vertheidigung des katholischen Lebens. Nach welcher Richtung der Windrose hin Alban Stolz den gelbrothen Grenzpfählen den Rücken zukehren mochte, da war er der Löwe des Tages. In Freiburg selbst dagegen wurde er weniger von Einheimischen besucht als von Fremden aus allen Ländern und von den verschiedensten Lebensstellungen, darunter nicht wenige Protestanten. So traf einst ein protestantischer Prediger aus hohem Norden einen Geistlichen vor dem Mutterhause und fragte nach der Wohnung des Stolz. Der Geistliche, eben im Begriffe, diesen zu besuchen, führte den Prediger zu ihm. Voll Enthusiasmus umarmte der Fremde den kleinen Professor und konnte nicht Worte genug finden, um seine Verehrung auszudrücken.

Ein Herr, welcher längere Jahre in Smyrna, Konstantinopel und Adrianopel gelebt, hatte die Güte, mir unter Anderm zu schreiben: „Alban Stolz hat, wie Sie richtig bemerkten, in der Ferne mehr Verehrer gehabt als in der Umgebung. Die Franzosen haben ein Sprichwort: Quand il pleut sur le curé, il degoutte sur le vicaire — was im gegebenen Falle etwa zu übersetzen wäre: Wenn es auf den Professor Ruhm und Ehre regnet, so tröpfelt's auch noch auf dessen Schüler. Solches habe ich erfahren, erfahren namentlich während meines Aufenthaltes im Orient. Was, Sie sind ein Schüler von Alban Stolz? Sind Sie ein Glücklicher! So sagten mir manche Missionäre, und zwar keineswegs bloß Deutsche. Ich konnte ihnen nicht genug von Alban Stolz erzählen."

In der Bibliothek der bulgarischen Mission zu Adrianopel stehen die meisten Werke von Alban Stolz, sogar seine Originalkalender. Auch zu Beyrut ist er ein hochgefeierter Mann. Daß er in Nordamerika ungefähr so bekannt ist wie in Europa, braucht kaum gesagt zu werden. Daß seine Schriften übrigens im protestantischen Deutschland fleißiger gekauft wurden als im katholischen, ist eine etwas wunderlich klingende, jedoch feststehende Thatsache.

Wenn die Priester ihr fünfzigjähriges Jubiläum begehen, so pflegen auch Ordensauszeichnungen aus Karlsruhe vorzukommen. Im Jahre 1883 sind diese ausnahmsweise ausgeblieben, und erst als der Jubilar Alban Stolz bereits in die Gruft von Bühl versenkt war, wurden zwei oder drei Jubilare mit dem Zähringer Löwenorden bedacht. Leicht möglich zweifelte man in der Residenz, ob Stolz einen Orden überhaupt annehmen würde, und man zweifelte ganz mit Recht, denn auf Orden, Titel u. dgl. hat Stolz demokratisch wenig gehalten und mehr als einmal offen herausgesagt, er würde einen Orden gar nicht annehmen. — Einmal auch konnte Alban mir mit Freuden eine goldene Feder zeigen, welche von Rheinländern ihm verehrt worden war.

Im Spätjahr 1868 verlebte Stolz selige Tage bei dem einfachen und frommen Völklein am Thüringerberg, in Bregenz und in der Mehrerau, schließlich in seiner lieben Urschweiz. In dem nicht besonders gemüthlichen Basel hat ihn auf der Heimfahrt die Aeußerung einer welterfahrenen Schulschwester außerordentlich ergötzt: Die Männer mögen sich nur nicht einbilden, daß sie die Seele eines Frauenzimmers ergründen, denn dazu gehört die ganze Bosheit eines weiblichen Herzens!

Es dürfte Manchem angenehm sein, die Hauptstellen angegeben zu finden, in welchen Alban Stolz die bessere

Hälfte des menschlichen Geschlechtes behandelt. Hier sind sie: Spanisches S. 101, 164 ff., 288, 296. Besuch S. 69, 77, 99, 103 ff., 140 ff., 195, 235, 277. Witterungen S. 302 ff., 392, 403, 439 ff., 441, 514. Wilder Honig S. 56, 122, 203, 222, 237 ff., 243 ff., 263, 264, 272, 283, 304, 331, 353, 356, 361, 383, 422, 429, 444, 473, 490, 529. Dürre Kräuter S. 52, 136, 139, 224, 315, 351. Kalender 1846 S. 46, 108. Kalender 1858 S. 38, 86. Kalender 1873 S. 13.

Auf Neujahr 1869 hat er die Gemeinde am Thüringerberg in einem Neujahrsgruße aufgefordert, Jedes möge sich vornehmen, ohne Noth von sich nichts Gutes und von Andern nichts Böses zu reden. Der Pfarrer las nach der Predigt den Gruß vor; die Leute weinten und beteten laut für den Schreiber, die Ortsvorsteher fragten den Pfarrer, was sie ihm zum Danke thun sollten, die Kinder aber schrieben den Gruß ab, damit in jedes Haus ein Exemplar komme.

Die fortschreitende Vergeistigung der Welt= und Naturanschauung Albans läßt sich in seinen Schriften unschwer nachweisen. So schrieb er am 19. Jänner 1869: „Gewiß geschieht Vieles in der Welt, z. B. im Schicksal einzelner Familien, der Engel wegen, welche die Geschichte und Verflechtung derselben kennen, so daß Gott in dem Ereigniß vor den Engeln in seiner Gerechtigkeit verherrlicht wird, während wir Menschen es unbegreiflich finden." „Kein Blatt im Wald, kein Grashalm auf endlosem Wiesengrund bleibt unbeschaut; Engel studiren daran über die Weisheit und Herrlichkeit Gottes" (Dürre Kräuter, S. 71). Im Jahre 1869 wurde in Bayern ein giftiges Flugblatt massenhaft verbreitet. Dasselbe prangte mit dem Titel „Ein ehrliches Wort an das Landvolk". Der Schreiber rückte jedoch keineswegs heraus mit seinem ehrlichen Namen, sondern begnügte sich, dem Bauernvolke vorzuschwindeln, wie brave und gute Leute die Liberalen seien, welche Tag und Nacht ganz uneigennützig nur auf das Heil des Volkes sännen, während die Ultramontanen böse Herzen im Leibe trügen und wie man sich vor ihnen in Acht nehmen und ihnen besonders an Wahltagen keine Stimme geben solle. Wider diesen Lügenpropheten schleuderte Stolz seine „**Warnung vor einem falschen Papier. Ansprache an die Bayern und auch an andere Leute**". Im gleichen Jahre forderte er in seiner „**Einladung zu einer Lotterie, wo jedes Loos gewinnt**" zur Theilnahme am Bonifaciusverein auf, um den in protestantischen Gegenden zerstreuten Katholiken geistliche Hilfe zu verschaffen. Am 17. Oktober schrieb er: „Ich lese von Zeit zu Zeit, wie theils protestantische Synoden, theils einzelne Pastoren an den Papst Antworten oder öffentliche Sendschreiben erlassen. Die Geschichte erinnert mich daran, wie die Hunde und Hündlein auf dem Münsterplatze ärgerlich bellen, wenn das große Geläute vom Dom heruntertönt. So ist die Stimme des Papstes, der zum Concil ruft, die mächtigste Glocke, welche über die ganze Welt hintönt, und doch meinen die Kleinen, welche dagegen bellen in Berlin oder in Ansbach, ihre Stimme sei noch lauter." Er befand sich abermals in der Schweiz und hatte am 29. September die Freude, in Engelberg der Profeßablegung seines Neffen, des nunmehrigen Paters Benedikt Gottwald, und einiger andern Novizen anwohnen zu können, bei welcher Gelegenheit er die Festpredigt abgehalten hat. Besonders rührte ihn das Todtentuch, welches während der heiligen Messe die auf ihrem Angesichte neben dem Hochaltar ausgestreckten Novizen bedeckte. Erschüttert rief er aus: „Was ist doch eine solche katholische Ceremonie etwas unendlich tiefer Eindringliches als die glänzendste Predigt, wie das Tönen einer großen Glocke gegen ein Geigen=Concert" (Dürre Kräuter, S. 97).

Anfangs 1870 erinnerte er sich an eine Genugthuung, die ihm geworden. Keines seiner Geisteskinder war von überstrengen Katholiken bitterer kritifirt worden, als sein „Spanisches". Doch gerade durch diese Schrift sind zwei

Frauenzimmer, das eine in Berlin, das andere in Magdeburg, katholisch geworden. In den ersten siebenziger Jahren war der alternde Stolz thätiger als je. Er hat in den zu Wien erscheinenden „Weckstimmen" die liberalen Schlagwörter „Licht, Fortschritt, Freiheit" gehörig angeschwärzt, ein trostreiches „Gespräch mit armen Leuten" geführt, einen ganz vortrefflichen „Unterricht über den Vincenz=Verein" abgefaßt und im „Vortheilhaften Antrag" mit Erfolg zur Gründung von Vincentius=Vereinen aufgefordert. Das Jahr 1871 brachte den prächtigen „Feldbrief an deutsche Soldaten", sowie das „Lehrbüchlein für Kindsmädchen, zugleich für Mütter". Im Jahr 1872 aber entlud sich über Albans Haupt das letzte große Gewitter, welches die Herren Kirchenfeinde wider ihn zusammenhetzten. Er hatte die Ehrenmänner schon 1868 durch seinen „Wechselbalg" in arge „sittliche Entrüstung" versetzt. Nun kam die Frage von der Lehr=Unfehlbarkeit des Papstes an die Tagesordnung und zur Entscheidung. Gar Viele wußten nicht recht klar, ob der in seinem Hochmuth verletzte Professor Döllinger in München oder ob das Concil in Rom Recht habe. Stolz hat den Leuten den richtigen Weg in dem Schriftchen „Wohin sollen wir gehen?" gezeigt, und eine Auflage nach der andern flog in die Welt hinaus. Das half einen gewaltigen Strich machen durch die Rechnung so vieler Neuheiden, welche den alten Traum der Aufrichtung einer sogenannten deutschen Nationalkirche ohne Papst der Verwirklichung bereits nahe gesehen. Darob ergrimmten Juda und Hiram, wie vielleicht noch niemals. Der Stuhlmeister Kaspar Bluntschli trampelte auf dem Liebesgebot des Weltbaumeisters wie auf „Menschenliebe, Menschenwürde und Duldung" herum, donnerte und blitzte wider die Jesuiten und begehrte öffentlich, daß man den guten Alban Stolz in seinen alten Tagen aus der Universität Freiburg hinaus und auf die Gasse werfe. Schon früher hatten die „edlen Aussichtler" in der Dreisamstadt dem

Ministerium zugemuthet, den Professor Stolz abzusetzen. Nunmehr hofften sie mit Zuversicht, der scharfe Berliner Wind werde ihn wegfegen. Der kleine Alban hat aber den Heidelberger Professor, Geheimrath, Stuhlmeister und Bankaufsichtsrath Bluntschli weidlich heimgeschickt, zuerst im „Badischen Beobachter", dann aber noch weit gründlicher durch „Die Hexenangst der aufgeklärten Welt. Unversiegelter Brief an Herrn Bluntschli und Gebrüder". Er hat dem Jesuitentödter gründlich gezeigt, wer und was die Jesuiten sind und wer und was die Gegner derselben. Er schloß mit den gerade nicht feinen, aber sehr wahren Worten: „Endlich machen es die Freimaurer wie rechte Gauner auf einem Jahrmarkt. Wenn diese einen großen Diebstahl verübt haben und es Tumult gibt, so ergreifen sie unschuldige Leute am Kragen und schreien, diese seien die Diebe. So beschuldigen die Freimaurer die Jesuiten der Lüge, der Heuchelei, der Geldsucht, der Wühlerei, der Religionsfälschung, während gerade dieser Unrath am dicksten angehäuft ist in den Stallungen der Freimaurer" (Kleinigkeiten, II. S. 316).

Das Verhältniß zu seinen Mitprofessoren gestaltete sich je länger, je unerquicklicher. Er trat aus dem Senate, als die Herren beliebten, auch den Kirchenhistoriker Alzog, die beste und nobelste Seele, bei der Wahl des Prorectors zu übergehen. Er kehrte auch der Wirthschaftsdeputation den Rücken, da derlei Geschäfte ohnehin nicht nach seinem Geschmacke waren. Mit Bitterkeit hat er sich manchmal geäußert, als die Herren in der Residenz mit den Vätern der Albertina sich daran machten, das Grundstockvermögen der Universität anzugreifen, die Stipendien zu beschneiden und die katholische Albertina hauptsächlich durch den Aufbau von Prachtgebäuden für die seit den sechziger Jahren allerdings zu hohem Aufschwung gelangte medicinische Facultät arm zu machen. Er zog sich von jedem Nebenamte zurück und blieb zuletzt nur noch als Exekutor und Mitexekutor von etwa dreißig Stipendien, was ihm wenig Mühe und noch weniger Verdruß verursachte.

Ihn widerte es natürlich an, daß am 17. Oktober 1871 und fortan von allen Laien einzig und allein Hofrath Buß dem Heiliggeistamte beiwohnte. Die meisten der Herren überwanden nur am Geburtstage des Großherzogs oder des Kaisers seit Langem ihre Scheu vor Kirchenluft. Im April 1872 erzählt er, er habe eine Sitzung gehabt mit gelehrten Männern verschiedener Wissenschaft. Kein einziger derselben habe je ein christliches Zeichen von sich gegeben, seitdem er sie kenne. Dagegen seien sie ernstlich thätig in ihrem Fache: „Sie regen sich und arbeiten standhaft für einen Krautstengel, und ich sitze duselig und träge vor einem Goldfeld; ein wenig Graben ist mir zu lästig." Im Juni desselben Jahres aber bekennt er: „Je mehr ich katholisch werde, desto mehr wird es mir unbehaglich, mit manchen Universitäts-Professoren in Berührung zu kommen. Die trennende Schlucht wird immer größer. Sei es, daß ich es durchfühle, oder daß ich es mir einbilde — es kommt mir vor, als seien mehr oder weniger derselben dem Christenthum ganz abhold" (Dürre Kräuter, S. 204, 208).

## Lebensweise.

Je weniger der Mensch Bedürfnisse hat, desto freier ist er. In dieser Beziehung aber hatte Stolz sicherlich wenige Seinesgleichen. Nicht nur daß er seine Bedürfnisse auf das Nothwendigste einschränkte, er sann unaufhörlich darauf, deren noch immer weniger zu haben. Von der Wohnung begehrte er nichts als hohe Lage, sowie eine schöne Aussicht und letztere nicht einmal immer: „Ich finde etwas Poesieförderndes darin, in einem Zimmer zu wohnen mit nackten Wänden und ohne Aussicht als eine alte trockene Mauer; die Phantasie schafft ungestörter und reicher da, denn so ist die Einsamkeit größer. Dasselbe mag auch gelten von Wohnorten. Es möchte meinem innern Schaffen vielleicht nichts förderlicher sein, als ein einsames Dorf auf flacher öder Haide." Und weiter. „Es gibt auch eine Stille für die Augen, die dem denkenden und schaffenden Geist behagt, das ist, wenn im Zimmer oder in der umgebenden Natur Alles auf die äußerste Einfachheit beschränkt ist" (Witterungen der Seele, S. 289, 305).

So blieben denn auch die Wände in dem Zimmer Stolzens kahl, bis ihm Hirscher zwei schöne Oelgemälde verehrte, welche seine letzte Wohnung, das nördliche Eckzimmer im dritten Stocke des Mutterhauses, schmückten. Der weitere Zimmerschmuck beschränkte sich auf eine Statue der hl. Elisabeth, sowie auf einige Andenken an das heilige Land. Er liebte auch vorhanglose Fenster bis zu seinem seligen Ende. Seine Schwester war in der Erwartung, wiederum Haushälterin zu werden, ihrem Bruder nach Freiburg nachgezogen, allein sie hatte die Rechnung ohne den Wirth gemacht. Stolz wurde gegen jede Bedienung von Frauenspersonen immer mehr eingenommen: „Das Kloster hat einen eigenen Vorzug auch darin, daß der Priester keine weibliche Umgebung hat und von ihr nicht bedient wird. Selbst wenn Mutter oder Schwester das Hauswesen führen, liegt dennoch eine gewisse Weichlichkeit, ein feines Contagium, eine aria cattiva für die Mannhaftigkeit und priesterliche Würde darin. Auch der Offizier, wie der Bischof und gar der Papst haltet weibliche Bedienung für ungeziemend. Wo auch nicht die geringste geschlechtliche Neigung oder ein Verdacht möglich ist, hat weibliche Bedienung etwas Schmeichelndes für den sinnlichen Menschen, während männliche Bedienung etwas Stärkendes hat, wie frische Luft auf dem Gebirg. Solche Lebensbeziehungen gibt es noch manche, welche die allgemeine Moral unbemerkt liegen läßt, die aber von einem verfeinerten, nämlich priesterlichen Gewissen gleichsam gewittert wer=

ben. Ich möchte jenes Verzichten auf weibliche Umgebung mit dem Verzichten auf Fleischspeisen vergleichen. Es ist nicht geboten, aber es ist erhöhte Askese. Merkwürdig ist aber auch die Strenge, womit die Kirche jede weibliche Person vom Altar und Altardienst fernhaltet, sie soll nicht einmal nach alter Vorschrift in der Kirche singen. Nur die männliche Natur ist in Christus zu einer Person mit der Gottheit vereinigt" (Dürre Kräuter, S. 178). Schon im Jahre 1846 hat er erklärt: „Es behagt mir ganz eigenthümlich, ohne Haushaltung und wie in einer Kaserne ohne weibliche Pflege zu sein. Obschon mein Leib sehr sensibel ist, so liebte ich dennoch von jeher Rauhheit und Abhärtung — das Einzige, was ich fürchte, ist Kälte, weil mein Denken dadurch gehindert wird. Deßgleichen gefalle ich mir darin, ganz ohne überflüssige Möbel, gleichsam wie im Feldlager und auf dem Sprung zu wohnen." Unter die „überflüssigen" Möbel rechnete er vor Allem das Kanapee und gepolsterte Sessel. Außer den erwähnten Gegenständen machte den Hauptschmuck seines Wohngemaches ein uralter Wimmerkasten aus. Er selbst hat auf der Reise nach Spanien über sein Klavierspiel gespottet; ich habe ihn bloß einigemal belauscht, als er Septimenaccorde und Molltöne in die sommerliche Nachtluft hinauszittern ließ.

Stolz war ein außerordentlicher Freund der Musik; Musik war für seine Seele, was die Wärme für seinen Leib, aber auch bezüglich dieses Punktes war er originell. Musik und Gesang, welche dem sogenannten gemeinen Volke zusagten, gefielen auch ihm besser als die epileptischen Zuckungen der modernen Opernschreiber. Er blieb manchmal auf der Straße stehen, wenn er eine gute Schwarzwälder Orgel oder das Geigenspiel eines Blinden hörte, während die Musikanteneitelkeit, welche „auf der Geige oder auf der Gurgel Seiltänzereien aufführt", ihn oft mit Ekel erfüllte. Er meinte, es gehöre etwas dazu, um inne zu werden, „wie aus den Volks=

melodien mehr als aus jeder künstlichen Musik das Menschenherz unmittelbar frisch und warm herausspricht" (vgl. Spanisches, S. 52). Außer den Volksweisen liebte er klassische Musik, die schöne Kirchenmusik im Freiburger Münster hat seine Seele viel tausendmal zu Gott emporziehen helfen. Ein besonderer Freund des **gregorianischen Gesanges** ist Stolz jedenfalls nicht gewesen. In den „Dürren Kräutern" vergleicht er die Choralenthusiasten, welche in der Kirche höchstens noch die Orgelmaschine dulden wollen, mit den Vegetarianern und wirft beiden vor, daß sie die Menschheit borniren und fasten lassen wollen. Ihm kommt es nicht katholisch, wohl aber als steifes Byzantinerthum vor, wenn man nur gregorianisch singen und die Fortschritte der Musik in der Kirche nicht benützen wolle. Er behauptet, selbst manche Composition von Palestrina sei eben eine musikalische Rechnung, keineswegs aber eine die Seele ansprechende und erhebende Musik und hat dieß selbst in der sixtinischen Kapelle erfahren. Der polyphone Gesang ist ihm ein musikalischer Zopf, ein Kunststück des Componisten wie das Eiertanzen, ein kunstgerechtes Gejohl (vgl. S. 113, 128, 254, 285). Er erklärt kurz und gut: „Uebrigens ist es wechselseitig intolerant und unverständig, wenn man eine Richtung und Gattung über Alles preist und allein der Kirche würdig behauptet. Wie Gott keinen Baum und keine Blume geschaffen hat, welcher oder welche ohne Zweifel am schönsten ist, so ist es auch mit den Schöpfungen des Menschen in der Kunst; es haben verschiedene Formen jede ihre Berechtigung. Wer nur gothisch bauen und nur Choral singen will und alles Andere vernichtet, der ist eben ein **bornirter Mensch**" (vgl. Dürre Kräuter, S. 286).

So einfach Stolz für sich lebte, so hat er doch Einladungen zu Gastmählern angenommen und damit in erhöhtem Grade sich der „geheimen Schmach" des Essens unterzogen, wenn er nicht wohl auszuweichen vermochte. Er wollte eben auch hierin nicht auffallend sich benehmen. Niemals aber hat er selbst einen Sterblichen zu Tische oder zu einem Abendtrunke eingeladen. Am liebsten besuchte ich ihn beim Essen; ein einzigesmal hat er mir ein Glas Wein angeboten, ich lehnte es dankend ab und niemals habe ich eine zweite Einladung erlebt. Sein liebstes Dessert waren Neuigkeiten, die ihn interessirten, oder erträgliche Witze, die er selbst am besten zu machen verstund. So hatte er einmal aus dem Markgräflerland einen musterhaft groben Brief bekommen, weil er die ganz richtige Ansicht in die Welt hinausgeschrieben, der „Markgräfler" sei ein säuerlicher Wein und nur deßhalb so berühmt, weil er in einer protestantischen Gegend wachse. Die Zuschrift kam natürlich von einem ergrimmten Weinhändler. Stolz erwiderte dem Manne, wenn seinem Weine nicht mehr Geist innewohne als seinem Geschreibe, so finde er sich in seiner Ansicht erheblich bestärkt. Wenn ich vermöge meines quecksilbernen Temperamentes mitunter mich selbst beschimpfte und etwa ausrief: O ich Esel, ich Hornvieh! — so vergaß er niemals trocken beizufügen: Widersprechen wäre Grobheit! Stolz war überhaupt unvergleichlich offenherzig; hierfür ein Beispiel. Ein Schüler von ihm, ein gar geschniegeltes und gebügeltes Herrchen, lud ihn einmal ein, seiner Predigt beizuwohnen. Nach Art junger Kanzelredner declamirte er schrecklich über die dermalige Verderbtheit der Welt und wollte darob blutige Thränen vergießen. Stolz, der ihm mißvergnüglich zugehört hatte, fragte ihn nachher, wo denn die blutigen Thränen seien, die er weinen wolle, und fügte bei, diese Thränen wären jedenfalls weitaus das Beste an der ganzen Predigt gewesen! —

In Schlafrock und Pantoffeln hätte Stolz als einen weichlichen „Kulturphilister" sich selbst verachtet. Und jahrelang hat er keine Unterkleider getragen, jahrelang nicht einmal wollene Strümpfe; seine baumwollenen hat er mehr als einmal, wenn die Bändel desertirt waren, mit Spagat bei

mir wiederum festgemacht. Auf eine armselige Kopfbedeckung
war er ganz erpicht. Als ich ihm während einer kleineren
Reise wiederholt vorstellte, daß ein Handwerksbursche kaum
seinen Hut von der Straße auflesen würde, da trat er bei
der ersten Gelegenheit in einen Laden. Er kam heraus mit
einem schönen neuen Hute in der Hand, doch bevor er den=
selben aufsetzte, lachte er mich ein wenig spitzbübisch an und
strich die Haare so gründlich rückwärts, daß der neue Hut
binnen einer Minute schier wie ein alter aussah. Gleichgültiger
bezüglich seiner Kleidung war höchstens noch Freund Zugschwerdt.
Nur ein einziges Mal sah ich Stolz unwillig werden ob einem
Gewand. An einem glühendheißen Nachmittage zogen wir zum
Schwabenthore hinaus mit dem P. Pius Zingerle aus
Meran. Dieser steckte in dem schweren blauen Ueberrocke,
wie ihn die Benediktiner auf der Reise zu tragen pflegen.
Stolz schlug den Weg durch die Karthäuserstraße ein, wo
die Sonne gerade am ärgsten wüthet und auf dem Schloß=
berge berühmten Wein auskocht. Der arme Pater schwitzte
gewaltig, aber um keinen Preis war er zu bewegen, seinen
Ueberrock auszuziehen. Erst als wir in unserm Eckzimmerchen
im Gasthaus zum Schiff angekommen waren, that er es auf
wiederholte Aufforderung und damit war das Räthsel gelöst.
Seine Kutte war nämlich dermaßen abgeschossen und geflickt,
daß er sich darin in keiner Straße sehen lassen konnte. Der
namhafte Gelehrte erzählte uns lächelnd, er habe seinen Reise=
pfennig durch Privatstunden zusammenbringen müssen und die
Umstände hätten es nicht gestattet, so lange mit der Reise
zuzuwarten, bis er zu seinem Ueberrock auch noch eine neue
Kutte hätte anschaffen können.

Alban Stolz war die Bedürfnißlosigkeit selbst. Er er=
laubte sich nicht einmal den Luxus, einen Kanarienvogel zu
halten, geschweige ein Hündchen, und Niemand hat ihn je=
mals in einer Droschke gesehen, wenn er nicht auf Reisen
war. Er schnupfte nicht, rauchte nicht, gespielt hat er nur

zuweilen während seiner Studentenjahre zur Unterhaltung, und sehr mäßig war er im Essen und Trinken. Bier wie Wein hat er regelmäßig getrunken, nicht um eine Million aber hätten seine Lippen in spätern Jahren ein Gläschen Liqueur berührt. Was er vom Essen und demgemäß von Bauchmenschen und Feinschmeckern gehalten, hat er schon im Herbst 1848 heraus= gesagt und in späterer Zeit bekräftigt: „Ich sehe nämlich das Essen als eine andere Gattung von Nothdurst an, ein Zeichen der sinnlichen Erniedrigung unseres Geschlechtes, indem wir im Essen stets wieder Erdsubstanz in uns aufnehmen, welche uns wie die Asche am Aschermittwoch erinnert: Du bist aus Erde und mußt mit Erde den Abgang am Leibe wieder flicken. Wer nun ohne Ahnung von der geheimen Schmach, welche im Essen uns angethan wird, demselben wie einem ehrenhaften wichtigen Geschäfte sich hingibt, der scheint mir aus der Thierheit noch nicht herausgegohren. Feinfühlige Frauenzimmer essen gemeiniglich in Gesellschaft niemals viel, sondern wollen wenigstens den Anschein haben, als lebten sie wie Bienen und Schmetterlinge. Und daß der Sultan und der Papst allein essen, mag gerade aus dem Gefühl hervor= gegangen sein, daß eine sehr hohe Würde sich in ähnlicher Weise nicht mit dem Essen vor den Augen Anderer vertrage, als mit anderen natürlichen Bedürfnissen, wenn sie unver= hohlen abgethan würden. Vornehme Leute aber, die eine gewisse Ostentation mit ihrem ‚Speisen' treiben und die selbst auf Vergnügungsreisen es als ein wichtiges Geschäft be= treiben, stundenlang an der Tafel zu kauen, sind mir raffi= nirte Affen, welche es im Bauchcultus etwas weiter gebracht haben, als das gemeine Stallthier" (Wanderbüchlein, S. 10). Zu seinen zahlreichen Eigenheiten gehörte auch die, daß er viele Jahre lang keinen Löffel voll Suppe genoß; er pflegte die aus= gesuchteste Suppe als „miserables Geschlamp" zu verunglimpfen und hoffte sogar einige Zeit, mich zu seiner Lehre zu bekehren. [Er täuschte sich darin in mir, wie in manchem andern Stücke.]

Sein Lebenlang ist Stolz am frühesten Morgen aufgestanden, er pflegte schon um fünf Uhr die heilige Messe zu lesen. Dann blieb seine Zeit getheilt zwischen Gebet und Arbeit. Sein Leben war ein Leben nach der Uhr, doch pflegte er tagtäglich seinen Spaziergang zu machen. Das schlechteste Wetter vermochte ihn nicht davon abzuhalten, so empfindlich er auch gegen die Kälte war. Solche Empfindlichkeit hatten manche Besucher im Winter zu büßen, denn Alban duldete in seinem Zimmer keine Temperatur unter 18 Grad Réaumur. Er bekam nicht nur Briefe aus aller Herren Länder, Briefe aller Art, sondern auch Besuche von Nah und Fern, nur zu viele Besuche. Das Gerede von Leuten, das wie seichtes Wasser aus einer Brunnenröhre floß, war ihm eine bittere Qual, die er mitunter grob abschüttelte.

Ich selbst hatte das Glück, viele größeren Spaziergänge und Ausflüge mit ihm zu unternehmen. Ich wußte mich in seine Eigenheiten zu fügen und wußte noch weit besser, wie seelengut er es mit mir meinte. Einige Gewohnheitsflüche meiner Heimath waren an mir haften geblieben, auch hütete ich mich keineswegs sorgfältig vor herben Urtheilen über Abwesende. Stolz machte mir den Vorschlag, ihm jedesmal einen Strafgroschen zu geben, so oft ein Fluch oder eine schlimme Rede mir entfuhr. Die Methode hat trefflich gewirkt, denn der Geldbeutel war meine schwache Seite und Stolz forderte mit eiserner Unerbittlichkeit meine Groschen.

Daß meine Wenigkeit überhaupt denn doch nicht neben Alban Stolz durch das Leben trabte gleich einem Pudel, der von dem hohen Wesen seines Herrn keine Ahnung besitzt, könnte durch eine Thatsache wohl beglaubigt werden. Ende der fünfziger Jahre nämlich trafen wir Beide auf seinen Vorschlag hin das Uebereinkommen, daß Jeder rückhaltslos heraussage, was ihm am Andern mißfalle. Er hat bezüglich meiner Person so redlich Wort gehalten, daß ich mitunter vor den Spiegel trat, um den schlechten Kerl doch näher zu betrachten, der da herausschaute. Allerdings bin ich ihm nichts schuldig geblieben. Nachdem er mich einmal besonders hart mitgenommen, spielte ich meinen allerletzten Trumpf aus: „Ich habe Sie stark im Verdachte, daß Sie von Originalitätshascherei keineswegs frei sind und vor lauter Hochmuth ob Ihrer vermeintlichen Demuth schier zerplatzen!" Diesmal wurde er ungewöhnlich ernst und entgegnete nach einer Pause: „Sie könnten einigermaßen Recht haben!"

Bei größern Reisen vermied er nach Kräften die Lieblingspunkte der Touristenwelt, wie beispielsweise das Luxusbad Ischl oder das Berner Oberland; auch auf unsern Ausflügen und Spaziergängen pflegte er immer Pfade einzuschlagen, auf denen wir vom „Stadtvolk" und anderweitigem „Kulturgesindel" möglichst wenig behelligt wurden. Bei Ausflügen blieb ausbedungen, daß ich ihn von Zeit zu Zeit für eine halbe oder ganze Stunde verließ, worauf wir an einem verabredeten Orte wiederum zusammentrafen. In Wirthshäusern machte er kein Wesen, er trank und aß, was man ihm gab, und war mit jeder Baracke zufrieden. Droben auf dem hohen Schwarzwalde, und zwar auf der Erlenbruck, hat er seinen Besuch geschrieben in damals dichter, fast erschreckender Bergeinsamkeit (vgl. Besuch bei Sem, Cham und Japhet, S. 7, 9, 14 ff., 20, 23, 29, 33, 41, 45). Er hat die Natur da droben mit dem ganzen Genie seines Natursinnes ausgemalt. In jener Zeit gab es noch keine „Luftschnapper", der Anblick von Juden, Stadtfräulein oder gar Engländern hatte diese schöne Natur noch nicht verkleckst. Wäre aber ein Luftschnapper in die Erlenbruck gerathen, er hätte sich leicht in eine Räuberhöhle des Spessart versetzt geglaubt. Die Wirthsleute waren gut und fromm, allein von Reinlichkeit hatten sie keine idealen Begriffe, von Comfort keine blasse Idee. Sauerkraut und Speck, Speck und Sauerkraut, zur Abwechslung eine ganz verdächtige Nudelsuppe oder „Bachemocke" (zerstoßener Pfannenkuchen) machten die Delikatessen aus. Stolz hätte schöne Gelegenheit gehabt, in seiner düstern Stube Hals und Bein zu brechen. Zeitig machte ich mich davon und unverletzt folgte er mir einige Wochen später nach Freiburg, nachdem ihn die Septemberkälte vom hohen Schwarzwald herab in das milde Thal der Oos getrieben hatte.

In frühern Jahren ließ sich Stolz in übermüthigen Stunden auch zu manchem nicht ganz gelinden Unsinn hinreißen. Er selbst hat mir erzählt, er habe sich auf dem Meer, als die See hohl ging, einmal auf das Verdeck festbinden und die Wogen über sich wegfluthen lassen. Das trug wohl bei zu seinem langwierigen Halsleiden, dessen Entstehung er selbst einem Fußbad im Jordan zuschrieb. Das Uebel verlor sich nach Jahr und Tag und zwar nach seiner Meinung in Folge des Gebetes Anderer für ihn. Mit dem Privatdocenten J. B. Weiß aus Ettenheim, seit langen Jahren Professor der Geschichte in Graz und Verfasser einer trefflichen Weltgeschichte, und später mit mir fiel es Stolz wohl ein, auf einsamen Bergspaziergängen Wettrennen zu veranstalten und zwar bergauf. Kein Sterblicher sah ihn jemals schwitzen; er lächelte nur, wenn ich im eigenen Schweiß hätte schwimmen können. Er trieb es aber noch ärger. Auf seinen Vorschlag hin wateten wir einmal eines unschönen Abends im tiefen Schnee des Straßengrabens die erkleckliche Strecke vom Schützenhaus bis nahe hinauf zum Gasthof zum Schiff. Auch tüchtige Durchnässungen gehörten zu den Liebhabereien des originellen Mannes, der sich nun einmal mit aller Gewalt zu einem Herkules abhärten wollte.

Adelige und geistliche Herren, Professoren wie hervorragende Laien, pflegten sich vor dem Aufbaue des Vereinshauses nicht bloß im Gesellenverein zusammenzufinden, sondern im engern Kreise auch anderwärts, bald im Wilden Mann, bald im Kameel oder Pfauen. Alban Stolz hat selten gefehlt und zur Gemüthlichkeit des Abends Erkleckliches beigetragen.

Am heitersten hat man den kleinen Professor wohl im Gesellenverein gesehen, namentlich wenn dieser gut besucht war oder wenn man sich auf einem Ausfluge befand. Da schmetterten die Reden, da sangen die Geigen, da klangen die Zithern, und wenn das Lied erschallte: „Prinz Eugenius der edle Ritter", da ging auch unserm Präses und späteren Diöcesanpräses das Herz auf. In der Regel aber ist er innerlich einsam und kühl mitten in der lärmenden Gesellschaft dagesessen.

Die ersten Anfänge des Freiburger Gesellenvereins sind merkwürdig genug; sie reichen zurück bis in den Anfang der vierziger Jahre. Etwa sieben Lehrlinge, darunter der heutige Privatmann Baptist Losinger, Schreiner Kammerer u. s. f., geriethen auf den Einfall, die Gesellen nachzuäffen und als fidele Brüder an Sonntag-Abenden im „Schmeck-am-Becher" zu kneipen. Damals jedoch war den Lehrbuben das Kneipen streng verboten und die Mama Polizei fuhr mit Fug und Recht dazwischen. Allein die jungen Bursche meinten, sie seien eine Corporation; denn hatten sie auch keine Statuten, so doch bereits ihre Bundeslieder. Der Aergste unter ihnen, Losinger, wußte Rath. Auf seinem Zimmer kam man fortan zusammen, genoß statt des Bieres Groschenwein, sang Lieder und lärmte weidlich dazu, bis eines schönen Abends der grimmig gewordene Hausmeister die ganze Sippschaft zum Haus hinausjagte. Dieselbe war ohnehin für die Wanderschaft reif. Losinger und noch Einer kamen zuerst wieder heim und fanden anläßlich einer Mission, welche im Jahre 1845 drüben im Elsaß zu Blodelsheim gehalten wurde, die richtige Weisung. Fortan waren sie Werber für die katholische Sache. Der Erste, der sich ihnen anschloß, war ein Schlossergeselle aus der Schweiz, ein Zwinglianer. Er hörte katholische Predigten, las den Kalender für Zeit und Ewigkeit und andere gute Schriften, und trug auf einem Spaziergang mit Thränen in den Augen den überraschten Freunden den Wunsch vor, ein Sohn der katholischen Kirche zu werden. Er ist es auch geworden und sein Leben hindurch ein Freund seiner Freunde geblieben. Diese wußten noch immer nicht recht, was sie mit ihrem Vereine eigentlich wollten. Da fand Einer beim Abbruche eines alten Wandkastens ein Büchlein der Bruderschaft vom guten Tod aus dem Jahre 1620. Damit waren die Fundamente der Statuten entdeckt; sofort wurde die noch heute bestehende Bruderschaft zu St. Martin gegründet, sowie ein Männergesangverein für Verherrlichung des Gottesdienstes. Am Dreikönigstage 1846 ward der erste Stiftungstag gefeiert beim Buschwirth Anton Heizler in der Pfaffengasse, seit der neuen Aera ziemlich heimtückisch „Herrenstraße" umgetauft. Heizler selbst, ein guter Baßsänger, wurde zum Vorstande gewählt und als solcher feierlich angesungen. Im Jahre 1848 wurde den „Betbrüdern" klargemacht, wie verhaßt sie seien, und sie sind auf fünf Mitglieder herabgeschmolzen. Doch der Sturm raste vorüber, der Stadtschullehrer Brobbeck, eine edle Seele, nahm sich des Vereines an und verbesserte 1850 die Statuten. Schreiner Kammerer wurde Vorstand und Kassier. Der Kassenstand fand längere Zeit Platz in der Tiefe eines Zündholzschächtelchens, bis Schreiner Walter dem Vereine einen regelrechten Geld- und Archivkasten schenkte, dem nunmehrigen Fragekasten des Gesellenvereins. Nach allerlei unliebsamen Vorkommnissen, welche Vater Brobbeck aber so zu vermitteln verstand, daß der Polizeiamtmann selbst ein Freund des Vereins wurde, hatte man den guten Einfall, den Professor Stolz, den Hofrath Buß und andere Herren zu einer Unterhaltung einzuladen. Die Geladenen erschienen nicht bloß, nein, der katholische Männergesangverein ward umgewandelt in einen Gesellenverein nach den Ideen Kolpings. Alban Stolz wurde Vorstand des neuen Vereins und damit war der Anfang gemacht, um der katholischen Mehrheit der Stadt nach und nach auch öffentliche Geltung zu verschaffen. Die bescheidenen Bürgersleute Losinger, Ludwig Fuchs, Kammerer, Walter, Heizler, Hänser Maier, der Lehrer Leopold Künstle, Uhrenmacher Alexander Köbele, Buchbinder Paul Laile, Schuhmacher Andreas Roth, die Bäcker Karl Allgaier und Joseph Hauser, Hölzlin und Andere haben in der That Größeres und Besseres in's Dasein rufen helfen, als manche lichtfreudigen Professoren und Hofräthe der weiland katholischen Albertina, die „edle Aussicht" nicht zu vergessen.

Das war aber weder eine kleine noch eine angenehme Arbeit. Der Gesellenverein war in den langen, bösen Tagen der Kirchenstreitereien keineswegs auf Rosen gebettet. Die Vorsteher und Mitglieder wurden auf jegliche Weise verfolgt und verdächtigt; sie waren der Freiburger Schandpresse schutzlos preisgegeben, man beschimpfte sie in den Wirthshäusern, sie wurden polizeilich schärfstens überwacht und hatten beim Heimgange aus dem Vereinslokal schier an jedem Kastanienbaum einen Polizeidiener zu passiren. Zweimal versuchte man, meine Wenigkeit aus der Stadt zu entfernen, und unter den Scheingründen hierfür spielten jedesmal die Thatsachen die Hauptrolle, daß ich im Gesellenverein Reden hielte und fast nur mit Geistlichen Umgang pflöge. Es wuchsen eben schon damals Leute genug, welche aus Unwissenheit oder Bosheit behaupteten, man treibe mit den kaum der Lehre entwachsenen Gesellen regierungsfeindliche Politik. Als aus dem Gesellenverein heraus der Mittwochsverein erwuchs, in welchem die Wochenrundschau über Tagesbegebenheiten eine Hauptrolle spielte, da wurde die Sache noch ärger. Monatelang belästigte der Polizeikommissär die harmlosen Mittwochsversammlungen. Mein „Freiburger Bote" ermangelte keineswegs, die überflüssige Maßregel allwöchentlich zu konstatiren, und wurde flugs um Geld bestraft, als er dem Polizeikommissär für das neue Jahr 1866 einen weichen Ruhesessel angewünscht. Der Mann wurde endlich doch unsichtbar.

Zu solchen Freublein kamen andere, namentlich der Genuß eines schlechten Bieres, welches aber Stolz ganz in Ordnung fand, denn er meinte, es werde weniger Bier getrunken und das sei die Hauptsache. Er war überhaupt dem Bier nicht sehr geneigt und schrieb: "Bier mag ein fleißiger Arbeiter trinken; es kann ihn erfrischen und auch etwas zur Nahrung beitragen. Allein das Bier wird, im Ganzen genommen, gerade keine besondere Wohlthat für das Menschenvolk genannt werden können. Vielleicht wird das meiste Bier von solchen allabendlich getrunken, welche überflüssig genährt sind und es gar nicht bräuchten. Viele trinken es hinein, wie sie ihre Cigarren rauchen, nicht als wollten sie ein Bedürfniß des Leibes befriedigen, sondern sie nehmen von Zeit zu Zeit immer wieder einen Schluck von dem braunen Suff, um dem Gaumen eine armselige Lust zu bereiten, den Leib zu beschweren und langsam die Gesundheit zu verderben. Man sagt auch, daß das viele Biertrinken in die Länge den Menschen dumm oder noch dümmer mache, als er bisher gewesen. Wenn aber der Bierbrauer viele Frucht aufkauft und zu Bier degradirt, so wird auch das Brod theurer für den armen Mann" (Kalender für Zeit und Ewigkeit 1878, S. 13). Aerger in Sachen des Trinkens war nur noch Einer, nämlich "Vater Kolping" selbst. Dieser muthete seinen Zuhörern völlige Durstleiderei zu; solches Ansinnen war aber doch gewiß unbarmherzig, wenn er selbst auch zwei und mehr Stunden unausgesetzt zu reden verstand und zwar, ohne daß er auch nur einen Schluck Wasser getrunken hätte.

Bei allbem gedieh der Gesellenverein frisch und fröhlich und Stolz hielt bei ihm aus, was in jenen Zeiten und bei seiner amtlichen Stellung nicht wenig heißen wollte. Er hat dem Gesellenverein in der weiten Erzdiöcese zum Leben verholfen und demselben auch in der Schweiz, wo er beispielsweise 1862 zu Luzern bei der Fahnenweihe die Predigt gehalten, Manches genützt. Er hielt aus, weil er Gutes zu stiften hoffte und besonders zu Ehren des heiligen Joseph, den er hoch verehrte: „Es gibt nur einen einzigen Menschen, welcher Jahre lang den intimsten Umgang hatte mit den zwei Personen, die auf Erden und im Himmel den allerhöchsten Rang nach Gott einnehmen. Dieser Mann ist der hl. Joseph. Deßhalb dürfen wir wohl annehmen, daß er auch im Himmel ewig der Menschheit Christi und Maria am nächsten stehe, und daß somit auch seine Fürbitte eine ungewöhnlich große Gewalt ausübe, wie auch die Erfahrung bestätigt" (Dürre Kräuter, S. 360).

Schon Ende 1851 schrieb er: „Ich fühlte gestern in dem Gesellenbund recht bestimmt, was für ein edles, geistig schönes Wesen ein Jüngling ist, wenn er nicht von Gott seine Seele abgekehrt hat, und wie das Zusammentreten von einer ganzen Gesellschaft, ein Verein, wechselseitig im Guten anregt und stärkt. Auch scheinen mir diese jungen Handwerker ein frischeres kräftigeres Gemüth zu haben, daher auch reiner zu lieben und zu denken als Studenten; letztere haben schon mehr oder weniger oft gelitten durch ihr unnatürliches Schulleben" (Wilber Honig, S. 116).

Nachdem in der Mitte der sechziger Jahre das katholische Vereinshaus gebaut worden, da hat der alternde Mann seine Vereinslasten alsgemach jüngern Schultern zugeschoben und sich nach und nach zurückgezogen, sein reges Interesse jedoch in den Vereinen zurücklassend. Er überließ das Präsidium des Freiburger Vereins dem heitern und humoristischen Max Jäger, nunmehr Pfarrer von Kirchzarten, dessen Nachfolger Hermann **Finneisen**, später Oskar **Liehl** wurden. Als Diöcesanpräses functionirt schon seit Jahren der hochwürdige Official Weickum, eine tiefgemüthliche Dichterseele, welche mit jungen Leuten unvergleichlich besser umzugehen versteht als der gar zu ernste Alban.

Dem Vincentiusverein wie dem Dienstbotenverein ist er getreu geblieben, so lange seine Kräfte reichten.

Ueberall, wohin die Fühlfäden seines Geistes reichten, erstand ein Werk der christlichen Charitas. So hat er auch eine **Priestercongregation** in das Leben gerufen, deren Vorstand er längere Jahre hindurch war. Auf seine Veranlassung hin übernahm diese Congregation die Unterhaltung der katholischen Missionsstation zu Rostock. Zwei Ansprachen, welche Stolz bei Congregationsfesten gehalten, sind im Druck erschienen, nämlich die aus den Jahren 1879 und 1883; letztere hat unter dem Titel „**Dulcamara**" als eine der letzten Geistesreliquien des Verewigten in der „Linzer theologischen Quartalschrift" (Jahrg. 1884, S. 347) Aufnahme gefunden.

Wohl hat Alban Stolz in seiner lieben Schweiz bei den Versammlungen des Piusvereines sich hören lassen, niemals jedoch bei den **Generalversammlungen der katholischen Vereine**. Er hat einige derselben, jedenfalls eine zu **Frankfurt**, sowie die zu **München** besucht, welche im Jahre 1861 abgehalten wurde. Die große Aufmerksamkeit, welche ihm die Bayern fortwährend widmeten, ist ihm lästig geworden. Natürlich hat er auch an den beiden Generalversammlungen seinen Mann gestellt, welche in Freiburg selbst abgehalten wurden. Als Redner ist er jedoch nicht aufgetreten, schon deßhalb nicht, weil er die gewaltigen Stimmmittel für eine großartige Versammlung nicht besaß; er war in dieser Hinsicht weder ein Buß noch ein Moufang, noch auch ein Windthorst oder Schorlemer-Alst. Alban Stolz hatte aber, gleich vielen andern Leuten, noch andere Gründe, sich um die Generalversammlungen immer weniger zu kümmern. Der geniale Buß war der Vater dieser Versammlungen; er trug sich mit der großartigen Idee einer lebenskräftigen Organisation aller katholischen Vereine des weiten deutschen Vaterlandes. Die Verwirklichung dieser Idee setzte weniger glänzende Redner voraus, welche in den Tagen der Generalversammlungen die Zuhörerschaft begeistern, als thatkräftige

Männer in bedeutender Anzahl, welche das ganze Jahr hindurch rührig und rastlos für das Vereinsleben wirken und zu allerlei Opfern bereit stehen. An solchen Männern hat es von vornherein gefehlt, jedenfalls an einer erklecklichen Anzahl derselben. Deßhalb ist Bußens Idee zum besten Theile in's Wasser gefallen, so daß er in seinen letzten Zeiten von seinem eigenen Kinde nicht mehr viel wissen mochte.

## Reisen.

Alban Stolz lebte der Meinung, wenn Einer eine Reise thue, so könne er was erzählen, und demgemäß hat er vieler Menschen Städte gesehen und deren Sinn erkannt. Um dieß desto gründlicher thun zu können, pflegte er seine geistliche Tracht abzulegen und im bequemen kurzen Röcklein des Laien herumzuhaudern. Die Wanderlust war ihm angeboren, das „Heimweh, überall zu Hause zu sein", hat ihn schon in seinen Studentenjahren beseelt und auswärts getrieben. Von den Fesseln des Alltaglebens befreit, konnte er sich seinem innersten Wesen gemäß gehen lassen, da konnte er Mensch sein und nur Mensch. Deßhalb hatte er auch bis in sein hohes Alter hinauf die Gewohnheit, seine Ferienzeiten stets außerhalb der Dreisamstadt zuzubringen. Als ächten Süddeutschen zog es ihn weit weniger nach dem kalten Norden, als nach dem sonnigen Süden und nach dem geheimnißreichen Osten. Freilich hat er Berlin einmal gesehen und später auch die Wartburg; nicht minder hat er Holland bewundert und in London der „Königin Gänsewiese". Doch am liebsten und häufigsten besuchte er das Schweizerland und Italien, Tirol und Oesterreich. Seinem Ausflug nach Spanien sowie seiner Pilgerfahrt nach Jerusalem hat er bekanntlich eigene Schriften gewidmet, aus denen man auch ersehen kann, daß ihm die europäische und kleinasiatische Türkei so bekannt geworden, wie Hellas und das Land des Nil mit seiner Siegesstadt.

Nicht selten lief er im wildesten Gebirge und in Waldungen herum, ohne Kenntniß des Weges wie ohne Führer, arglos und sorglos gleich einem Kinde. Gar manches auffallende Vorkommniß und gar manche glücklich überstandene Gefahr haben sein Vertrauen auf Gott und seinen Schutzengel mächtig gefestigt. Er hat mir Vieles hierüber erzählt, was nicht gedruckt ist. Er sagt im „Spanischen": „Uebrigens bin ich Gefährlichkeiten keineswegs abhold; sie geben dem Leben einen haut-goût." Der Anblick der sehr vielen Gensdarmen auf den Straßen Cataloniens machte ihm Vergnügen, weil er daraus schloß, daß die Gegend sehr unsicher sei, und weil er sein Geld vortrefflich versteckt hatte. Auf der Fahrt von Valencia nach Madrid that es ihm ordentlich leid, daß keine Räuber sich in den Weg stellten (S. 128).

Reisen haben ihn ausgelüftet an Leib und Seele und insbesondere auch seine Seelenkenntniß erweitert. So sah er einmal einen Menschen, der auf einem steinernen Brückengeländer ausgestreckt lag und schlief. Im ersten Augenblicke besorgte Stolz, der Schläfer könnte in die nicht unbeträchtliche Tiefe hinabstürzen; doch beruhigte ihn seine Erfahrung, daß die Seele, welche ohne unser Bewußtsein in uns wacht und wirkt, denselben vor jeder unvorsichtigen Bewegung bewahren werde. „Ich hatte gerade auf meiner Reise Gelegenheit gehabt, auf's Neue mich zu überzeugen, daß in uns eine erkennende Kraft liegt, welche thätig ist, ohne daß sie unmittelbar durch Sinneswahrnehmungen oder Reflexion ihre Erkenntniß schöpft und welche ohne unser Wissen ihre Funktionen verrichtet. Dieselbe greift dann in das Bewußtsein herüber, wenn irgend ein persönliches Interesse betheiligt wird und die Aufmerksamkeit nicht auf gewöhnlichem Wege darauf sich wendet. Ich verlor einige Male das Futteral zu meinem Regenschirm; während ich dieses mit den Sinnen nicht wahrnahm, mahnte es mich dennoch jedesmal daran gleich nach einigen Schritten. Wenn ich zu irgend einer

Stunde in der Nacht abreisen mußte, durfte ich mich fest darauf verlassen, daß es mich eine Stunde vorher oder noch früher aufwecken werde. Sehr oft findet meine Hand ohne bewußte Ueberlegung gleich auf das erste Mal in einem Buche die Stelle, welche ich suche. Bei Arko ging ich in einem wilden Gewitterregen rasch mit vorgehaltenem Regenschirm auf ein Haus zu, das ich etwa 200 Schritte von meinem Wege sah. Plötzlich treibt es mich ohne bewußten Grund, den Regenschirm höher zu halten und aufzuschauen — da sehe ich vor meinen Füßen einen bis zur Uferhöhe angeschwollenen Bach — ein Schritt weiter hätte mich hineingestürzt. Es scheint dieses sinnenlose Erschauen aus derselben Seelenkraft hervorzugehen, welche im Somnambulismus unnatürlich aufgeregt und erhöht sich zeigt" (Wanderbüchlein, S. 64).

Das Reisen hat aber nicht bloß Alban Stolzens Leib gekräftigt, nicht bloß seine Kenntnisse erweitert und auch nicht bloß seine schriftstellerische Schaffluft neu belebt, sondern es hat ihn vor Allem religiös gekräftigt: „Wenn ich keine Umgebung und keine Menschen sehe, welche mich an meine gewöhnlichen Lebensverhältnisse erinnern und mich mit der Fluth von Werktagsgedanken überschwemmen, regt sich in meinem Geiste dessen tiefstes Leben, und der Sternenglanz der höhern Welt leuchtet über ihm. Auf meinem stillen Zimmer im Wohnort fühle ich mich nicht so einsam mit Gott allein, als mitten im Menschengewühl des fremden Landes; dort ist mein Inneres mit dem Staub der Alltagserlebnisse bedeckt und engbrüstig davon; hier weht die frische Luft stets wechselnder neuer Begegnisse und concentrirt den Geist auf den Augenblick der Gegenwart und die stille Nähe Gottes. Und wenn ich auf mein gewöhnliches Leben zu Haus zurücksehe, so steht es mir viel objectiver und klarer vor der Seele in der Fremde, als wenn ich, mitten in's Getrieb des Berufes hineingestellt, mein Thun und Lassen beurtheilen will. Aehnlich mag es auch vielen Andern gehen. Deßhalb ist es, abgesehen von manchen andern (katholischen) Gründen, Unverstand und Rohheit, unbedingt das Wallfahren verbieten zu wollen" (Spanisches, S. 51).

Auch als Reiseschriftsteller ist Alban Stolz originell gewesen. „Ich bin mehr als eine Welt, und wenn die Menschenseele geistig kultivirt ist, ohne unnatürlich geworden zu sein, so ist sie so schön und schöner, als eine herrlich bebaute Gegend, wo zugleich der Kraft und Herrlichkeit freier Natur Platz gelassen worden ist. Deßhalb lobe ich es nicht, wenn eine Reisebeschreibung objectiv gehalten ist, obschon dieses das höchste Lob sonst gewinnt; denn da setzt sich der Mensch gegen die Erde zurück, als wäre diese mehr. Hingegen wenn ich darstelle, was die Reise auf mein Inneres gewirkt hat, dann machen die Gegenden ihre Reisen durch mich, und ich bleibe in Stolz und Majestät, welche dem Menschen der Natur und Welt gegenüber gebührt. Und wer es liest und es vorzieht der objectiven Beschreibung, der zieht den Menschen und den Geist vor gegenüber dem Coulissentheater todter oder nur thierlebendiger Natur" (Witterungen der Seele, S. 385).

Den tiefsten Grund seiner Wanderlust hat er in folgender Stelle ausgesprochen: „Warum treibt es mich fort und fort in die weite Ferne? Wenn der Zugvogel im Frühling bei uns aus dem Ei hervorbricht, so fühlt er im Spätjahr doch unfehlbar die Wanderlust. So bin ich auch eine Zugseele; mein Jahr ist freilich länger als das Jahr des Zugvogels, weil ich ein Mensch bin, und so mag es wohl geschehen, daß mein Spätsommer und mein Wandertrieb mehr und mehr noch kommt, wenn ich 40 Jahre alt werde. Es war ein feuriger Span mir in die spirituöse Seele geworfen, als mir H(irscher) im Spätjahr 1844 prophezeite, ich werde, bevor 15 Jahre vergehen, noch nach Jerusalem kommen. — Aber auch dort in Asien, wohin ich von Jugend auf strebe,

werde ich keine Ruhe finden — ich habe zwar zunächst Heim=
weh nach weiter Ferne, aber mehr noch ist es (unerloschen
und in der Knospe) ein Heimweh nach Allgegenwart, das
Sehnen nach Erlösung von den Beschränkungsbanden des
endlichen Seins, das eingepfercht ist in den Augenblick der
Gegenwart und den Punkt des Orts — denn mein Heim=
weh geht nicht nur in die Ferne und in die Peripherie nach
allen Seiten, sondern auch in die Ferne der Zeit; ich möchte
mich verleben in die tiefste Vergangenheit der Geschichte
und in unübersehbarste Zukunft" (Witterungen der Seele,
S. 314 ff.):

> Ich möchte heim, bin müd von deinem Leibe,
>   Du arge, falsche Welt!
> Ich möchte heim, bin satt von deiner Freude,
>   Glück zu, wem sie gefällt!
> Weil Gott es will, will ich mein Kreuz noch tragen,
>   Will ritterlich durch diese Welt mich schlagen,
> Doch tief im Busen seufz' ich insgeheim:
>   Ich möchte heim!

Abgehetzt vom Gedräng des Lehrdienstes, war ihm im
August 1848 eine Erholungsreise so nothwendig, wie einem
Menschen, der lange auf einer Seite gelegen, das Sich=
umkehren. Wir lassen uns näher auf diese Fahrt ein, er=
stens, weil sie in die beste Lebenszeit Stolzens fällt, zweitens,
weil das „Wanderbüchlein aus dem Jahr 1848" zu
Würzburg im Chilianeum erschien, und drittens endlich, weil
das Büchlein verhältnißmäßig wenig bekannt ist und jetzt
erst in die gesammelten Werke aufgenommen werden wird.
In den ersten Tagen des September fuhr er landabwärts,
Karlsruhe und Stuttgart zu. Keine dieser Residenzstädte
interessirte ihn; die glatten Straßen, die kalten Häuser und
das Geläuf von Angestellten und Geschäftsmenschen waren
ihm unerquicklich „wie Mondschein in einer Winternacht".
In Donauwörth forderte ein Pärlein seine Laune heraus:

„Der Herr schien ein Handelsreisender zu sein von dem reinsten Vollblut, nothdürftig hübsch, sehr gewissenhaft nach der gangbaren Mode gekleidet, aller Individualität und alles Gemüthes gänzlich bar, kein Mann oder Mensch, sondern durchaus nichts als ein Handelsreisender. Obschon nun das Frauenzimmer, mit welcher er seine Gespräche aufführte, zufällig erst am Tisch mit ihm bekannt geworden zu sein schien: so war sie doch ihrer ganzen Erscheinung und Behabung nach das vollkommenste Ebenbild von ihm, das sich nur an einem Weibsbilde denken läßt, ein in eine weibliche Person verwandelter Handelsreisender" (S. 13). In der Domkirche zu Augsburg sprach ihn besonders ein Muttergottesbild in Lebensgröße an, gemalt in schwarzer Trauerkleidung mit einem schwarzen Schleier, der von beiden Seiten des Hauptes bis zum Boden herabfließt. „Wenn der ätzende Verstand es vielleicht verhöhnen möchte, indem man zur Zeit von Christi Tod keine solche Trauertracht getragen habe, so findet das Gemüth sich die heilige Jungfrau und ihr Leidtragen viel näher gerückt, wenn sie in der Trauertracht erscheint, die wir in Todesfällen gewöhnt sind" (S. 15).

In Regensburg erzählte ihm sein Begleiter Pustet viel von den Bischöfen Sailer und Wittmann; Wittmanns Zimmer sei ärmlicher ausgestattet gewesen als das des letzten Vicars. Bei seiner letzten Krankheit sei drei Tage lang der Hof des Seminars, worin er lag, unaufhörlich von Menschen angefüllt gewesen, welche unaufgefordert auf dem Boden knieten und für ihren kranken Hirten beteten. „Was ist doch alle Familienliebe gegen die reiche heilige Liebe, welche ein treuer Seelsorger zu gewinnen vermag! Dieß ist die Erfüllung des Wortes Christi bei Marcus 10, 28—30, die Brüder, Schwestern, Mütter und Kinder hundertfach in dieser Zeit schon gewonnen, wenn man nur des Evangeliums willen im Cölibat Vater, Mutter, Weib und Kind aufgegeben hat" (S. 17). Er fuhr die Donau hinab nach

Linz, wo Bischof Ziegler ihn sehr herzlich aufnahm. Die Nationalgarden und Studenten mit ihren dreifarbigen breiten Bändern behagten ihm gar wenig: „Mich ekelte dieses von Liberalismus besoffene Oesterreicherthum gründlich an; es gleicht einem unter strenger Zucht gehaltenen Knaben, der plötzlich freigelassen wird und nun haltlos und gierig sauft, schreit und wüst thut." Der Domprediger kam bei ihm schlecht weg, desto besser gefiel ihm die Musik. Auf der Weiterreise überzeugte er sich mehr und mehr, daß die Volks= sprache in manchen Provinzen Oesterreichs in einer sehr nahen Verwandtschaft mit der Sprache des Nibelungenliedes stehen geblieben ist. Ischl hat er gar nicht angesehen, weil er ge= hört, dieses Bad sei ein Sammelplatz der vornehmsten Welt und nirgends werde man durch die Etikette, sowie durch die Wirthe ärger geschnürt. Die Gegend am Grundelsee durch= wanderte er zu Fuß, die hohe Schönheit derselben machte ihn glücklich. Er übernachtete in einem einsamen Hause am See; die Wirthin ging barfuß, ihr Bier war ein abscheuliches Liebig=Gebräu, ihr Brodlaib so altbacken, daß man kaum etwas davon abzuschneiden vermochte, der „Eierschmarren", den ihm die Wirthin bereitete, so fett, daß er schier nichts zu essen vermochte. Er begehrte Wasser zum Trinken und zum Waschen und erhielt es in einem Bierglas. Das Ein= geweide des mächtigen Bettes bestand „nächst mir aus rei= nem Heu, Schilf oder Stroh". Er freute sich aber ob solch ungeschlachter Wirthschaft und gab der Wirthin mehr als die siebenzehn Kreuzer, welche sie ihm anrechnete. Er machte einen Abstecher nach dem wenig besuchten Duplisee. „Der See im tiefen Schooß dieser schwarzen Felsenwände kam mir vor wie Donner, wie ein stehengebliebenes versteinertes Un= gewitter, wenn es kohlschwarz und fürchterlich am Horizont aufsteigt. Und wenn man länger in diesen düstern Felsen= tempel mit seinem Wasserabgrund schaut, so vergißt man fast, daß man noch ein lebendiger Mensch ist; man wähnt sich schon abgeschieden von der Welt, eine Seele im Scheol, ohne Freud und ohne Leid, ohne Erinnerung und ohne weiteres Hoffen."

Ueber Berg und Thal meist einsam wandernd, das Herrenvolk nach Kräften meidend, überstand er das urlangweilige Klagenfurt und überstieg die von Kälte und Hitze ausgedorrten Kalkhöhen der julischen Alpen. Vom Gipfel derselben entzückte ihn der Anblick des Meeres in der höchsten Fülle seiner Lieblichkeit. Es wurde ihm, wie wenn er plötzlich vor einer offenen Kirche stünde, in welcher gerade Gottesdienst gehalten wird, und unwillkürlich zog er seinen Hut ab. In Triest besuchte er ein französisches Linienschiff, eine englische Fregatte und erhielt sogar Gelegenheit, eine österreichische Brigg zu besteigen, deren Offizier ihn frug, ob Baden in Böhmen liege. Das Theater gefiel ihm sehr gut und noch weit besser die herrliche Musik der Oper Lucretia Borgia. Diese Oper erweckte in ihm ein wahres Heimweh nach Wien und nach dem damals belagerten Venedig. Seiner Gewohnheit gemäß auf dem Bocke beim Kutscher sitzend, fuhr er von Triest durch theilweise höchst trostlose Striche in das weitläufige Görz und von da in das alte und graue Udine, dessen freundliche und dem österreichischen Kaiserhause ergebene Bewohner ihm sehr zusagten. In Treviso erfüllte ihn der Anblick vieler kranker Soldaten mit einem so heftigen Schmerze des Mitleidens, wie noch nie in seinem Leben; er mußte sich abwenden, um die gewaltsam hervorbrechenden Thränen zu verbergen. In dem mit Soldaten vollgepfropften Verona fand er neuen Anlaß, das bescheidene und freundliche Wesen der österreichischen Offiziere zu loben. Solche erzählten ihm viel von dem Feldzuge, wie von dem mitunter schändlichen Benehmen der Bewohner von Mailand, Verona und Padua. In Roveredo wollte er eine der vielen Seidenfabriken besichtigen; aus der ersten trieb ihn das unhöfliche Benehmen eines großbärtigen Patrioten fort, desto freundlicher begegneten ihm aber die Leute einer andern Fabrik. Den „blaugrünen Gardasee mit seinen Bergen von Marmor und seiner südlichen Pflanzung" hatte er schon drei Jahre früher gesehen und eine heftige Liebe zu ihm gefaßt, diese Liebe aber trieb ihn wiederum an dessen Gestade. In Riva schilderte ihm ein Militär, welch greuliches Lumpengesindel die italienischen Freischärler und wie wunderbar feig, mit Ausnahme der Piemontesen, dieselben gewesen seien. Große Freude hatte er an den Tirolerschützen, die zu Tausenden freiwillig nach Oberitalien marschirt waren. Alle Gewitter, wolkenbruchartige Regen und überschwemmte Straßen beirrten unsern Alban wenig in seiner Wanderfahrt. Zwischen Riva und Arco bekam er Kameradschaft, nämlich drei Tirolerschützen, welche in Trient Brod fassen sollten. Wastl, der Unteroffizier, war ein ebenso schöner als offenherziger und naiver Mann von ungefähr 50 Jahren, die beiden anderen Schützen „liebenswürdige Kinderseelen in kraftvollen Mannsleibern". In Bezzano erfuhren sie, die Etsch sei in Trient gewaltig ausgetreten und habe die Straße nebst allen Brücken so gründlich zerrissen, daß es unmöglich sei, zu Fuß durchzukommen. Nachdem sie übernachtet, fanden sie am andern Tage einen Italiener, der bereit war, um einen Zwanziger sie auf Gebirgspfaden nach Trient zu führen. Dieser erzählte, wie unglücklich sein Ort sei, das kleine armselige Vigolo; der Grundherr sei gar kein guter Herr, in diesem Sommer habe ein furchtbares Hagelwetter Alles zusammengeschmettert, dazu sei jetzt die Wasserverwüstung gekommen, wo die Straßenherstellung schweres Geld koste. Er erzählte auch, wie entsetzlich die „Briganten", nämlich die Oesterreicher, in sein Thal hereingeschossen hätten. Eine Nothbrücke brachte Stolz mit seinen drei Tirolern in das vielleicht fromme, politisch jedoch urradikale Trient hinein. Hier las er die Nachricht vom Struve-Putsch, ließ sich aber dadurch den Appetit nicht im mindesten verderben. Bei seinem

Herumwandern in dem weitläufigen Trient hat er an das
Concil nicht einmal gedacht, geschweige das Conciliumshaus
gesehen. In dem tiefernsten Dome fesselte seinen Blick und
seine Füße ein Altarblatt, die schmerzhafte Mutter Gottes dar-
stellend; "es war ein altes geistig hohes Bild, das einen
tiefen Eindruck auf mich machte. Ich habe schon längere
Zeit die Verehrung und Anrufung der heiligsten Jungfrau
gegen frühere Jahre sehr vernachlässigt, nun drang mir beides wieder mächtig aus der Seele. Ich blieb in weltver-
gessener Betrachtung da stehen, und es kam mir Andacht und
leise Trauer an. Ich zeichnete sie in einigen Worten auf:
‚Dein Schmerz ist ohne Schuld und rein in Gott, so groß
er auch ist; darum ist er doch nicht der größte, den es gibt!
Er ist Trauermusik, weil er in seiner glühenden Qual unendlich schön ist! Vielleicht warten meiner ganz andere
Schmerzen, die den Fluch der Verwerfung und Zertrennung
von Gott in sich tragen! — O bitte du für mich; es fliegt
mich hier wieder deine Verehrung an, so innig und warm,
wie in den besten Tagen der Vergangenheit!'" — — Die
in Trient wie in Italien überhaupt einheimische Thierquälerei
widerte ihn an, ebenso die „Weibsbilder" mit ihren dicken
Köpfen und schwarzen Roßhaaren, am meisten aber das re-
bellische „Herrengesindel". Im schönen Etschthal dachte er
daran, Maria Mörl in Kaltern zu besuchen, vermochte jedoch zu keinem festen Entschlusse zu kommen. In der Fran-
ziskanerkirche zu Bozen hörte er die letzten italienischen
Melodien, Marienlieder mit Orgelbegleitung, „gegen welche
unsere weltlichste Figuralmusik nicht nur fromm, sondern choral-
mäßig streng ist". Es erfüllte ihn mit süßer Trauer, das schöne
Land verlassen zu müssen. Unter allen Alpenübergängen
kam ihm der über den Brenner als der geringste vor. Auf der
Fahrt nach Innsbruck fielen ihm zwei Dinge auf, nämlich die
unmäßig zahlreichen Crucifixe und dann mitten im wilden Gebirge manches Wirthshaus im widerwärtigsten Kasernenstil.

Wir müssen leider uns darauf beschränken, auf das Wanderbüchlein aufmerksam gemacht zu haben. Es schließt mit einer herrlichen Betrachtung, deren letzte Zeilen lauten: „Und Du, o Herr, bekränze und kröne nun die reiche lange Wohlthat meiner Reise mit der höchsten Wohlthat, daß ich jetzt eine neue heiligere Wallfahrt beginne, eine Wanderung zu Dir, jeden Tag einen Schritt tiefer hinein in Deine Atmosphäre. Laß dieses kein leeres unfruchtbares Phantasiespiel sein, was ich da denke und bitte, und gib mir zum Danke für den hohen Genuß der sinnlichen Reise die höchste Wohlthat, daß ich vor Allem und mit ganzer Seele Dich suche; anders kann ich nicht danken, als im Empfang und im Umfassen dieses neuen höhern Gutes. Habe ich gern und willig Nachtwachen, Kälte, Regen, Anstrengung und Müdigkeit übernommen, um weite Landstrecken durchzureisen und Vieles zu sehen: so will ich auch entbehren, dulden und mich anstrengen, um Dir näher zu kommen. Du, mein Gott, hast mir diesen schönen Gedanken in die Seele fallen lassen — o segne diese himmlische Blüthe, daß sie nicht verwelke, ohne Frucht zu bringen!" —

In welchem Jahre Alban Stolz zum ersten Male nach Italien gekommen war, weiß ich nicht genau. Aber um Ostern des Jahres 1852 konnte ich ihm gewisse Aufträge nicht ausrichten, weil er sich in Rom aufhielt. Von der Stadt der Apostelfürsten ist er herzhaft hinübergefahren nach Malta und Griechenland, dann ein wenig in Kleinasien herumgewandert, hat sich hierauf Konstantinopel genau besehen, pilgerte durch die europäische Türkei und das Ungarland nach Wien und von da heimwärts. Wiederum war er in Rom im April 1857. Pius IX. hat ihn sehr ehrenvoll aufgenommen und unter Anderm einen „Hammer der Irrgläubigen" genannt. Leicht hätte vorkommen können, daß Stolz in Rom gewesen wäre, ohne den Papst zu sehen. Er wollte sich nämlich durchaus nicht herbeilassen, vor dem Papste, als vor einem Menschen, zu knieen, und es fiel schwer, ihm einzureden, daß es sich ja nur um eine Hofceremonie handle. Von dieser Romfahrt hat er für die Pfarrkirche seiner Vaterstadt, deren Patrone die heiligen Apostel Petrus und Paulus sind, kostbare Reliquien heimgebracht. Im Gesellenvereine aber hörte ich ihn in einigen Vorträgen von Rom und besonders von den Katakomben erzählen. Im „Unendlichen Gruß", seinem Kalender auf das Jahr 1858, hat er geschrieben: „Ich bin letzte Ostern einige Wochen in Rom gewesen. Es fehlt nicht viel, daß vierhundert Kirchen drin sind; die größte ist so groß, daß man das Freiburger Münster sammt seinem Thurm hineinstellen könnte. Und man kann ein ganzes Jahr in Rom leben und alle Tage umhergehen, um alles Merkwürdige zu schauen — und man ist nach einem Jahr noch nicht fertig. Die prächtigen Bilder und Malereien, die in Kirchen und Palästen sind, kann man gar nicht zählen, viel weniger beschreiben. Aber von all der unermeßlichen Pracht und Herrlichkeit hat fast nichts mehr die innerste Seele in mir so berührt und eine so liebe Freude gemacht, als ein armes geringes Bild, das man in den Grabgängen (Katakomben) gefunden hat, welche stundenweit unter und um Rom herum unter dem Boden sich hinziehen." — „Man findet jetzt noch dort Höhlen zu Kirchen ausgewölbt und mit christlichen Bildern angemalt. Dort hat man auch ein Bild gefunden, auf welchem Adam und Eva abgebildet ist, und zwischen beiden steht Gott Vater und reicht mit der einen Hand der Eva ein Lamm, dem Adam einen Bund Fruchtähren. Was bedeutet dieses?" (Kalender für 1858, S. 52 ff.)

Jahrelang sehnte er sich nach Spanien und seine Sehnsucht fand Nahrung durch Bücher. Als das höchste Glück würde er es angesehen haben, wenn er nach Granada hätte ziehen und bei den dortigen „diamantenen Menschen" für immer bleiben können. Freilich meinte er, es sei aber doch besser, nach dem Himmel zu streben, denn dort habe Alles Bestand. Allein die Sehnsucht nach der Ferne ließ ihn nicht ruhen: "Alles füllt nicht aus, nichts reizt mich mehr, nicht das schärfste Gewürz an Ehre und jeglicher irdischen Freude. Krankhaft begehre ich nach Italien oder Spanien, wo ich die Sprache und mich die Menschen nicht verstehen — und das weite Deutschland und gute Oesterreich, wo so Manche mich mit großer Liebe und Verehrung aufnehmen wollen, wo ich in eine neue Heimath käme: das zieht mich nicht an und ist reizlos für mich. — O meine Seele, wann wirst du glauben und von dem Glauben an- und überfüllt werden: nur Gott ist groß genug für eine göttliche Seele, um Genüge zu finden!" Unauslöschlich besonders blieb die Sehnsucht nach Spanien. Er selbst hat sich dieselbe zu erklären versucht: "Ist es aber auch recht, daß ich fort und fort diese Sehnsucht nach Spanien in mir anfache? Ich hätte vielleicht die stille Gluth löschen können und könnte sie wohl noch löschen — aber ich wollte und will nicht. Es ist mir, als wollte meine kalte, stets frierende Seele sich daran wärmen wie an einem glimmenden Kohlenfeuer. Es ist in den Irrenhäusern sehr oft zu sehen, daß einzelne Kranke durchaus alle Theilnahme und Liebe für Personen oder Dinge verloren haben. In diesem Zustand bin ich selbst einigermaßen schon mein ganzes Leben hindurch. Ich komme mir vor wie eine Statue des Pygmalion, welcher Bewußtsein und Verstand eingehaucht wurde, aber kein Gemüth. Im Kopf ist es lebendig geworden, aber nicht im Herzen. Deßhalb treibt es mich gewaltsam, wo auch nur geringe Neigung glimmen will, sie anzufachen, um mich an der Flamme zu wärmen und selbst erst ganz lebendig zu werden" (Witterungen der Seele, S. 475 ff.).

Aber der letzte Grund seiner Sehnsucht nach Spanien war doch ein besserer: sein ganzes Wesen hatte viel Verwandtes mit den Menschen des Süden und insbesondere mit dem Charakter des naturwüchsigen Spaniers. Stolz war in dieser Hinsicht kein richtiger Deutscher gewöhnlichen Schlages. Die Amphibienseelen und hausbackenen Philister daheim haben ihn stets angewidert. Anfangs 1848 hat er geschrieben: „Flammst du wieder auf, du alte Gluth? Daß du nicht sterben kannst, wurde ich schon lange inne; daß du aber immer wie ein Vulkan nach längerem Ruhen wieder wild auflodersft, das hatte ich vergessen. O España, o Süden, o Orient, warum grämt sich meine Seele in fieberhaftem Heimweh von Jugend auf dorthin? Ich möcht' in wilde Thränen ausbrechen, aus ungestillter heftigster Sehnsucht fort, fort in heiße, heiße Länder zu glühenden Menschen. Weh mir, ich verkümmere in diesem Winterland, wie ein Palmbaum im Norden in den Fichtenwald gepflanzt" (Witterungen der Seele, S. 481 ff.). Und keine zwei Jahre hat es mehr angestanden, da ward einer seiner Lieblingswünsche erfüllt; durch la belle Franco flog er mit Leib und Seele über die Pyrenäen hinab in's Baskenland und weiter hinein in das Land der Cide und der Calderone. Und nur noch wenige Jährlein weiter, dann hat er sich gerüstet zum Besuche bei Sem, Cham und Japhet. Er schrieb im Februar 1855: „Ich habe ein Gefühl der Sicherheit, daß meine Reise nach Jerusalem gut ablaufen werde, wie ich es bei der Reise nach Konstantinopel hatte; zugleich bin ich auch moralisch versichert, daß meine Reise nicht nur erlaubt sei, sondern von Gott gewollt ist und ein hohes seltenes Gnadengeschenk. Und dennoch könnte Beides Täuschung sein. Auch ist mir schon eingefallen, daß es eine schönere, unendlich werthvollere Wallfahrt gibt, nämlich wenn man durch Fortschritte im gottseligen Leben nicht dem Grabe Christi, sondern dem lebendigen Christus näher kommt; schon der Empfang des heiligen Abendmahles mit gut vorbereiteter Seele ist unermeßlich mehr, als eine Fahrt nach Jerusalem. Dennoch könnte mir diese Fahrt sehr zuträglich sein. Das Leben kommt mir allmählich reizlos, einförmig und langweilig vor; selbst das Reisen war mir seit einigen

Jahren schmacklos. Nun erwachte zu dieser Reise eine frische Lust, wie ich fast noch niemals in frühern, selbst in den besten Jahren inne geworden bin. Somit könnte diese Reise meine alternde Seele wieder aufpflügen, so daß wieder ein gedeihliches Sprossen und Treiben der Gedanken und Gefühle daraus hervorginge" (Witterungen der Seele, S. 236).

Wiederholt hat Stolz auseinandergesetzt, wenn er reise, also müßig sei, so komme ihm eine große Fülle neuer Gedanken, sowie große Innigkeit des Gebetes. Und im Jahre 1870, als sein Lebensabend bereits längere Schatten warf, machte er folgende Bemerkungen: „Ich wußte nicht, wozu ich in früheren Jahren meine Tagebücher schrieb; es war ein Naturtrieb, nicht aber ein über den Augenblick des gefühlten Bedürfnisses hinausgehender Zweck. Gott aber gab mir jenen Trieb, weil er selbst einen Zweck damit verfolgte, der aber mir unbewußt blieb; jetzt aber sehe ich es ein. Wie ich hier erst in späteren Jahren inne wurde, was Gott mit jenen absichtslosen Schreibereien wollte: so ging es mir auch mit meinen Reisen. Ich that sie gleichsam in blindem Trieb, sozusagen als Zeitvertreib; jetzt erst sehe ich ein, wie sie nothwendig für den Erfolg meiner Schriftstellerei waren" (Dürre Kräuter, S. 120).

Ohne Stolzens Reisen hätten wir nicht bloß kein „Spanisches" und keinen „Besuch", sondern noch sehr viel Anderes nicht, was uns in seinen Schriften unterhält, belehrt, erheitert!

## Letzte Zeiten und Erlösung.

Stolz war häufig und auf vielerlei Arten leidend. Schon im Jahre 1845 brachte ihn ein verletzter Arm zur Einsicht, man könne die Schmerzen nicht nur dem Grade nach unterscheiden, sondern auch der Art nach; der menschliche Leib sei ein unermeßlicher Abgrund von Schmerzen, welche in gesundem Zustand wohl gebunden sind, aber latent in Hülle und

Fülle daliegen. Einen ganz gewaltigen Respekt hatte er vor dem Altwerden, wie er denn schon im Hornung 1847 schrieb: „Ich habe einen eigenthümlichen Abscheu, mich alt zu denken, ja es wandelt mich ein heimliches Entsetzen an, mich mir im Greisenalter vorzustellen. Es scheint eben doch, daß das Greisenalter ein halber Todes- und Verwesungszustand ist, und in ihm sinnlich die Schmach der Sündigkeit hervortritt, denn ohne Sünde wäre der Mensch gewiß nie in einen Greisenzustand gekommen. Auch liegt in meiner Seele ganz besonders der Charakter der Kindlichkeit, dem es eben deßhalb auch unerträglich scheint, einmal die Leibeslarve eines alten Mannes um sich zu haben" (Witterungen der Seele, S. 388). Seine zunehmende Religiosität wurde ihm zu einem unerschöpflichen Arsenal von Trostgründen, das er freilich brauchen konnte, indem mit den Jahren auch die Leiden sich häuften. Gegen Ende 1854 plagte ihn heftiges Kopfweh; er dachte in seiner Schlaflosigkeit an das Leiden Christi und an das Fegfeuer, sowie daran, daß er für seine Sünden noch nicht das Geringste gebüßt habe. Allein es wollte ihm nicht recht gelingen, seine Leiden mit Christi Leiden zu vereinigen. Freilich fand er, daß körperliche Leiden doch nichts Geringes seien, und lernte Mitleid mit Andern haben und zugleich Christi Leiden auch sinnlich abschätzen. In Folge heftigen Herzschlages bekam er 14tägiges Blutspeien. Das freute ihn aber, denn er gerieth dadurch in eine Stimmung der Heiterkeit, des Leichtsinnes und der aufgeregten Phantasie. Als eines Morgens das Uebel besonders arg wurde, glaubte er eine ungemein schöne und ansprechende Musik zu hören. Stolz war eine durch und durch wahrhaftige Natur; niemals hat er gelogen, weder amtlich noch außeramtlich. Deßhalb darf man auch an seinen Leichtsinn glauben. Er hatte denselben wenige Monate vorher bethätigt, indem er allen Abmahnungen zum Trotze einen Ausflug nach München machte, als gerade die Cholera dort am ärgsten hauste. Unter den Leiden, von denen er gerne heimgesucht wurde, war lang andauernde Heiserkeit; er betrachtete dieselbe aber als ein ihm von Gott umgelegtes Halsband, um ihm einerseits den Uebermuth auf seine Gesundheitsstärke zu schwächen und ihn anderseits zu zwingen, die Erläuterung zu seinen Vorlesungen vorher besser zu überlegen, um recht kurz sein zu können. Im Juni 1859 hielt er eine kleine Revue über die Wirkungen seiner Uebel: „Zahnweh ist mit großer Reizbarkeit verbunden, gibt mir aber zum Theil auch eine poetische Stimmung. Starke Heiserkeit macht mißmuthig und traurig. Ein wenig Fieber bringt mir oft eine sehr behagliche, phantasiereiche Stimmung. Frieren macht ideenleer, übellaunig, gleichsam schlecht im ganzen Wesen" (Wilder Honig, S. 365). Zu den gewohnten Uebeln kamen aber bald noch andere. Anfangs 1860 klagte er, er habe seit einiger Zeit ein „krummes Auge", so daß ihm beim Lesen die Linien ganz schief gebogen vorkämen und auch die Gesichter der Vorübergehenden so verschoben, wie wenn man etwas durch ein falschgeschliffenes Glas anschaut. Er meinte: „Die Ursache ist vielleicht ein ganz kleiner, störender Punkt im Aug', daß alle Schönheit für mich zerstört oder unschaubar ist. So mag oft auch ein einziger religiöser Irrthum bewirken, daß dem Menschen Gott und die ganze Welt verschoben und unrichtig vorkommt." Immer fleißiger dachte er an seinen Tod und ganz sachte wurde die Sehnsucht nach demselben rege. So schrieb er Anfangs Hornung 1864: „Es kommt mir schon seit geraumer Zeit nicht nur das Leben, sondern die ganze Schöpfung als welk, unbedeutend und langweilig vor. Die ganze Schöpfung spricht mich wenig mehr an, als wäre eben doch alles Sichtbare nur ein vorüberfliegendes Schattenspiel. Gewiß ist Gottes Werk groß und wunderbar, aber mein Aug' ist welk und meine Seele vertrocknet. Gott bessere es" (Wilder Honig, S. 556 ff.). Und weiter: „Die Welt welkt mir ab, oder genauer bezeichnet: ich welke der Welt ab. Es ist eine

Stimmung in mir, als wäre alles Irdische ebenso abgelebt und sei so siech geworden, wie mein leibliches alterndes Dasein. Wie der Tag und die Sonne dem brechenden Auge dunkel vorkommt, so geht es meiner leiblich eingeengten Seele mit der Erde, und leider auch mit dem Himmel; es ist mir, wie wenn selbst Gott und sein ewiges Reich winterlich für mich abschieden. Der Tod, wenn es gut dabei ausgeht, brächte mir eigentlich eine Auferweckung, eine Auferstehung von den Todten, ein neues Leben" (Dürre Kräuter, S. 58 ff.):

> Herr, ich harre, Herr, ich dürste
> Schmerzlich nach der Ewigkeit;
> Führe mich, o Lebensfürste,
> In den Frieden aus dem Streit;
> Müde bin ich all der Leiden,
> Müde, müde auch der Freuden,
> Meine Seele schreit nach dir:
> Herr, mein Gott, wann rufst du mir?

Gott wollte aber seinen eifrigen treuen Diener noch länger hienieden und denselben doch noch manche Freude erleben lassen. So sah das Volk mit innerer Theilnahme, wie ingrimmig sein kleiner Liebling von den Feinden Christi und der Kirche verlästert und verfolgt wurde. Die Jesuitenfresser und Albantödter sollten eine unzweideutige Antwort erhalten und deßhalb im Herbst 1874 kein Anderer als Alban Stolz in den Deutschen Reichstag gewählt werden. Alles haben die Gegner in Bewegung gesetzt, um solche „Schmach" abzuwenden. Von vornherein war man darüber klar, daß die Protestanten und die Juden des Wahlbezirkes einstimmig gegen Stolz sich aussprechen würden. Daß es aber noch viele Andere gleichfalls thaten, hierfür sorgte der Gegencandidat Eduard Fauler, ein altgeschulter Virtuose in der Anwendung des liberalen Leibgrundsatzes: „Der Zweck heiligt das Mittel." Vergleichweise fiel die Wahlgeschichte für Alban Stolz ganz glänzend aus, das Stimmenverhältniß war 5000 gegen 8000, eine weit größere Zahl, als die Gegner gefürchtet. An seine Wähler aber hat Alban Stolz folgende Ansprache gerichtet:

„An meine Wähler! Vor Allem danke ich denen, welche mir ihre Stimme gegeben haben, für das gezeigte Vertrauen. Zugleich spreche ich meine Achtung aus vor dem gesunden Menschenverstand und dem mannhaften Charakter, welchen dieselben an den Tag gelegt haben. Gesunden Menschenverstand haben meine Wähler gezeigt, indem sie die Verdächtigungen, womit gegen meine Person mündlich und gedruckt gehetzt wurde, in ihrer Lügenhaftigkeit erkannten, und indem sie die Einsicht hatten, wo eher Interesse für das Wohl des Volkes zu erwarten sei: bei Fabrikherren, welche durch die Arbeit armer Leute reich werden, oder bei einem Geistlichen, dem es nicht darum zu thun ist, reich zu werden. Männlichen Muth aber haben meine Wähler bewiesen, indem sie sich nicht gefürchtet haben, mir ihre Stimme zu geben vor den vielfältigen Aufpassern, und dadurch sich unangenehm zu machen bei hohen und niedern Stabhaltern, bei den Insassen der Freimaurerbuden, und bei vielen Geldmännern von Gewicht. Daß die Mehrheit der Stimmen nicht auf mich gefallen ist, läßt sich leicht erklären aus dem intoleranten Eifer der Protestanten, welchen dieselben in der Regel bei allen Wahlen zeigen, wenn Gefahr ist, daß ein gläubiger Katholik gewählt werden könnte, während im Badischen wenigstens eine große Zahl von katholisch Getauften in solchen Angelegenheiten auch nicht das geringste katholische Ehrgefühl zeigen. — Jedoch war es mir erwünscht, daß die Mehrheit der Stimmen nicht auf mich gefallen ist, indem ich bei der gegenwärtigen Zusammensetzung des Reichstags, wo bei so Vielen die Wohldienerei gegen die **preußische Pickelhaube** vorherrscht, mit meinen Ansichten und Gesinnungen nur Zorn und Staub aufgeregt hätte. Ich werde sie auf anderem Wege meinen Wählern darlegen, nämlich in einem Kalender, den ich für das nächste Jahr herauszugeben gedenke."

Schreiber dieses hat Stolz aus allerlei Gründen zu seinem Durchfalle von Herzen gratulirt. Ein Hauptgrund war die Gewißheit, daß er sich der strammen Organisation des Centrums nimmermehr unbedingt gefügt hätte; er hätte seinen eigenen Kopf behalten wollen.

Von seinem allmählichen Absterben für die Welt und seinem Hineinleben in das Jenseits geben seine Tagebücher auch mittelbar beredtes Zeugniß. Die Sprache derselben wird immer dürrer; die Beziehungen zu dem wirklichen Leben jährlich seltener; die Einträge überhaupt kürzer; mit dem Jahr 1877 aber tritt völliges Verstummen ein, indem er das erst nach seinem Tode erscheinende „Nachtgebet" diktirte. Er selbst vermochte eigenhändig außer seinem Namen oder einem Denkspruchlein nichts mehr zu schreiben. Ohne Frauengüte wäre er in jeder Beziehung schlimm daran gewesen, schlimm besonders auch bezüglich seiner Schriftstellerei, von der er sich so wenig loszureißen vermochte als von seinem Lehramte.

Je mehr Ungemach und Leiden, desto mehr Mittel zur Läuterung und Vervollkommnung. So schreibt er im Mai 1873: „Seit ich an meinem linken Fuß oft Schmerzen gefühlt habe, bin ich gleichsam zu einem sinnlichen Bewußtsein gekommen, was in unermeßlich starkem Maße das linke Bein Christi am Kreuze gelitten. Wie nach dem Hebräer-Brief Christus leiden mußte, damit er als Hohepriester mitleidig werde mit unsern Schwachheiten (b. h. die Menschheit Christi), so scheint es, daß auch wir erst recht mitleidig werden können mit dem Leiden Christi, wenn wir Aehnliches zu leiden haben. Bei eigenem Leiden aber hat dann das Andenken an das Leiden Christi lebendige Beziehung: man wächst und zweigt sich ein, so daß man ein Glied Christi wird." Im Winter 1874 klagte er wohl, wenn man alt werde, scheine man der Welt begrabirt und sie behandle Einen auch darnach. Sofort hat er aber den richtigen Trost bei der Hand: „Hingegen vor Gott kann der Alte gewachsen und vornehmer geworden sein, insofern er vernünftiger Alles ansieht, jugendliche Ueppigkeiten abgelegt hat und religiöser ist." An den Mustern von Geduld, mit denen er unter einem Dache lebte, konnte seine Geduld erstarken. So starb am Morgen des 4. Jänner die junge Schwester Bonaventura. Die Lungenentzündung hatte derselben große Schmerzen verursacht, sie meinte jedoch, sie würde gern noch größere ertragen aus Dank gegen Gott, als barmherzige Schwester sterben zu können; Stolz selbst erlangte die Gnade einer leisen Freude, weil Gott wiederum eine gute Seele, eine schöne Blume von der Erde in den Himmel versetzen konnte. Im März philosophirte er: „Die Schmerzen sind entsetzlich wahr und können den größten Idealphilosophen jämmerlich zur Besinnung bringen; gleich einer großen scharfen Papierscheere kann eine Kolik oder Gicht sein ganzes System im Kopf zu Papierschnitzeln zerschneiden. Und doch sind die Schmerzen nichts an sich, sondern die züngelnden Flammenspitzen der Sünden, entweder der eigenen oder der Voreltern oder des Geschlechtes, worin der Einzelne eingeflochten ist. So gewiß es Schmerzen gibt, so gewiß gibt es Sünden." In demselben Monat war er zu der Klage nur zu sehr berechtigt, er besitze zwar Geld genug, leide aber an einer Armuth, der kein Geld abhelfe, und werde wohl immer gründlicher in solche Armuth hineingerathen: „Ich sehe schlecht, höre schlecht, gehe schlecht, habe wenig Zähne, wenig Haare, wenig eigene Wärme" (Wilder Honig, S. 307, 312). Als aber der August gekommen, da hielten ihn alle seine Mängel nicht ab, den Staub des Alltaglebens wiederum abzuschütteln und auszufliegen, auszufliegen in das prächtige Vorarlberg mit seinen prächtigen Menschen, in die Nähe der Väter von Sankt-Gerold. Das Brevier konnte er zwar nicht mehr beten, dafür erschloß ihm aber das Rosenkranzgebet eine neue Thüre zum Himmel auf Erden, dasselbe half ihn ganz und gar zu einem Sohne Mariens machen. Gleich vielen tiefen Geistern wurde auch Stolz um so eingenommener für den Rosenkranz, je fleißiger er denselben betete. „Ich habe wohl heute den besten Rosenkranz gebetet. Indem ich in der Stille und seligen Ruhe dieser Berghöhe auf der Wiese weilte, umgeben von den edlen Alpenhöhen, war meine Seele, gleich dem Leib, erhaben über die gemeine staubige Welt des Menschenverkehrs. Die Natur oder Gott, oder vielmehr beide, hauchten mich an mit warmer Liebe Gottes. Indem ich nun diese glückselige Stimmung unterbrach, um freiwillig das Pflichtmäßigere zu thun, nämlich den ersten Rosenkranz des Tages zu beten, gelang es mir zum ersten Mal, oder wurde mir vielmehr geschenkt, daß der englische Gruß und die Geheimnisse großentheils begleitet oder vergeistigt waren durch Gedanken und Stimmungen der Liebe Gottes. Dieser Rosenkranz ist mir gleichsam ein neues, bisher unbekanntes Geschenk der Gnade Gottes — es ist mir beinahe unbegreiflich, wie Gott einen alten Menschen, der so zahllose Gnaden unbenützt verwahrlost hat, immer auf's Neue noch mit so großer Güte, als wäre ich ein unschuldiges Kind, behandeln mag" (Dürre Kräuter, S. 331). Der Gegenstand des **schmerzhaften** Rosenkranzes erinnerte Stolz, wie wir Menschen nach dem Vorbilde Christi in Anstrengung, Mühe, Schmerz und Tod unsere richtige Stellung im Weltall erst wieder erobern müssen, während wir in der prachtvollen Natur armselig und gleichsam staubig und unscheinbar am Boden der Erde herumkriechen. Er konnte sich nicht entsinnen, Gott für das kostbare Augenlicht jemals gedankt zu haben, jetzt aber halb erblindet dankte er bei seinen Spaziergängen Gott, der ihm doch noch gar Manches in der Natur zu sehen übrig gelassen.

Bei diesem Anlasse möge eine irrige Behauptung berichtigt werden, welche ihrer Zeit in allen Blättern der katholischen Welt herumschwirrte. Es ist dieß die zuerst von der „Germania" gebrachte Nachricht von Stolzens „gänzlicher Erblindung". Davon war Gottlob niemals die Rede. Allerdings konnte er nicht mehr lesen und schreiben, doch eines Führers hat er keineswegs bedurft, weder bei seinen Spaziergängen noch bei seinen Besuchen in der Stadt. Bis in die letzten Zeiten sah man ihn in den belebtesten Straßen, indem er nicht auf dem Trottoir, sondern neben demselben herging.

Weit bedenklicher als mit seinem Gesichte stund es mit

seinem Gehör, namentlich bei wechselndem Wetter. Dieser Umstand war fatal für Alle, welche ihn besuchten, noch weit fataler jedoch für seine Vorleserinnen, auf deren Anstrengung er keinerlei Rücksicht zu nehmen pflegte. Nicht sowohl sein schlechtes Gesicht als sein schlechtes Gehör flößte den Freunden und Bekannten Besorgnisse ein, wenn sie ihn so unbekümmert herumwandeln sahen. Kurz vor seinem Jubiläum wäre er um ein Haar in Oberlinden, einem der belebtesten Punkte Freiburgs, überfahren worden. Weder ich noch andere Leute begreifen bis zur Stunde, von welcher Macht Stolz im letzten Augenblick auf das Trottoir geschleudert wurde. Ein Bürger bemerkte es und eilte hinaus, um ihn aufzuheben und in seinen Laden zu bringen; er hatte nicht den mindesten Schaden genommen. Wenige Tage später begegnete ich ihm auf seinem Spaziergange am Schloßberg und ermangelte nicht, meinen schon vorher überlegten Strafsermon herabzusagen, gewiß den letzten, welchen er auf Erden auszuhalten hatte. Er lächelte mir freundlich, aber etwas spöttisch in das Gesicht, wofür ich sofort die richtige Saite anschlug. Meiner Behauptung, der Leichtsinn, womit er, trotz Augenschwäche und Taubheit, in den gefährlichsten Straßen herumschlendere, sei eine wahre Versuchung Gottes, setzte er keinerlei Widerspruch entgegen, wohl aber das Versprechen, fortan vorsichtiger zu sein, und er hat es gehalten. So viel zur Steuer der Wahrheit bezüglich der „gänzlichen Blindheit".

Stolz war ein Mann des Gebetes und seine priesterliche Heiligung wurde ihm so sehr zur Herzenssache, daß er nicht nur jedes Jahr seine Retraite hielt, sondern alle acht Tage beichtete und täglich das heilige Opfer darbrachte. Je älter er wurde, desto andächtiger und länger wurden auch seine heiligen Messen, so daß er zuletzt Jemanden beauftragte, ihn aufmerksam zu machen, wenn 35 Minuten verflossen seien. Durch die Zähigkeit, womit Stolz an seinen Lebensgewohn=

heiten festklebte, kam in den letzten Zeiten mitunter Störung
in die Hausordnung. Derlei gehörte aber zu den Kleinigkeiten,
um welche er sich nicht entfernt kümmerte. Desto gefälliger war
er gegen die Kranken des großen Spitales, welcher dem Mutter=
hause gegenüber steht. Meldeten ihm die Schwestern, es liege
dort Jemand in den letzten Zügen, oder habe eine gefährliche
Operation zu bestehen, dann opferte er sicher eine heilige
Messe auf. Und bekam er ein Meßstipendium, so brannte
ihm das Geld in den Händen, bis er dasselbe verschenkt
hatte. Als die Schwester C., ein Bühler Kind, sechzehn Jahre
hindurch seine unermüdliche Aufwärterin und auch letzte
Pflegerin, ihn bezüglich der Angst um sein Seelenheil ein=
mal zu beruhigen versuchte, da meinte er kurz: „Das ver=
stehen Sie nicht, Schwester, ein Priester hat gar viel zu ver=
antworten."

Am 28. Juni 1875 hatte er die Fähigkeit des Lesens
plötzlich verloren, an demselben Tage 1876 erinnerte er
sich daran in Churwalden, dem letzten Lieblingsorte seines
Alters. Er erzählt, Gott habe ihm sein Augenübel mehr
behaglich als beschwerlich gemacht, die Tagfahrt durch das
vergangene Jahr sei eine fast angenehmere gewesen als sonst,
wo ihm nichts an den Augen gefehlt. Er bittet Gott, ihn
mit stärkeren Leiden zu segnen, wenn seine schlaffe Seele
nicht anders zum Fortschritt gebracht werden könne. Hierauf
schließt er: „Es fiel mir heute ein, wie es mir wäre, wenn
mir Gott die frühere Sehkraft wieder geben wollte. Ich
bin nicht überzeugt, daß ich mich sehr darüber freuen würde;
es könnte mir sogar Besorgniß erwecken, ob mich Gott viel=
leicht damit als unwürdig des Kreuzes erkläre, da ich es
nicht recht benützt habe. Sodann aber müßte ich mich wieder
in eine andere Lebensart eingewöhnen und erst herumsuchen,
wie ich es mit meiner Thätigkeit nun halten müsse" (Dürre
Kräuter, S. 371).

Einen Leidensgefährten besaß er an seinem langjährigen

Freunde Aloys Fischer, der als pensionirter Statthalter von Oberösterreich in Innsbruck lebte und in seinem hohen Alter in der That gänzlich erblindete. Fischer war lange Jahre Advokat zu Salzburg und wurde 1848 in den Reichstag gewählt. In seinem engern Vaterlande Tirol hochangesehen, wurde er von der Regierung im Hochsommer dahin entsandt, um die Gemüther zu beruhigen. Um dieß besser ausführen zu können, hatte er den Titel eines Ministerialrathes angenommen, eigentlicher Beamter wollte er nicht werden und deßhalb auch kein wirklicher Ministerialrath. Er ließ sich jedoch bewegen, als Vertrauensmann des Ministers Grafen Stadion zu bleiben, und die Stimme sämmtlicher Minister machte ihn zum Statthalter von Oberösterreich. Wie trefflich und originell zugleich er in solcher Stellung wirkte, ist in einem eigenen Schriftchen beschrieben[1]. Die Reaction schob den Bürgerlichen leicht begreiflich zur Seite. Fischer hielt sich 1858 längere Zeit in Freiburg auf, doch verließ er dieses bald, als um Weihnachten herum seine Gemahlin todt im Bett gefunden wurde. Stolz, mit welchem der edle Herr, wie mit Buß und meiner Wenigkeit, innig befreundet wurde, schrieb hierüber: „Seit dem entsetzlich schnellen Tode der Statthalterin liegt mir ängstigend die Wahrheit vor dem Geist, wie das Menschenleben von weniger als einem Hauch, von dem Mangel eines augenblicklichen Blut- oder Nervenreizes abhängt. Ach Gott, was ist dieser Tod eine so ernste Predigt am Jahresschluß!" (Wilder Honig, S. 337.) Fischer hat sich in den Kriegsjahren 1859 und 1866 in Tirol ausgezeichnet, er glänzte als Redner im Reichsrathe, er hat sein ganzes Vermögen, ähnlich seinem Freunde Stolz, den Dürftigen ausgetheilt. Als der greise Statthalter a. D. keine Briefe

---

[1] Aus meinem Amtsleben. Von Dr. Aloys Fischer, pensionirter k. k. Statthalter von Oberösterreich. Augsburg, J. N. Hartmann'sche Buchdruckerei. 1860.

mehr zu schreiben vermochte, dictirte er solche seinem Sekretär, einem liebenswürdigen Fräulein von Gumer. Nach seiner gänzlichen Erblindung gehörten die Briefe von der Dreisam und besonders diejenigen, welche Alban seinen jeweiligen Sekretären dictirte, zu der größten Seelenerquickung des alten Herrn. Noch im Jahr 1881 hat derselbe, ein Sohn Landecks, an der Pontlatzbrücke Gedenktafeln an den schrecklichen Empfang der Feinde Tirols in den Jahren 1703 und 1809 gestiftet. Dieselben wurden im November feierlich eingeweiht. Am Abend des 8. April 1883 aber ist der ehrwürdige Patriot im 88. Lebensjahre seinem Freunde Alban in ein besseres Jenseits vorangegangen. Friede seiner Asche! — —[1]

Wiederholte Lungenentzündungen setzten unserm Alban Stolz zu, allein er meinte, sein Vater habe wohl ein Dutzend derselben durchgemacht und sei doch nicht daran gestorben. Im abscheulichen Sommer 1882 erklomm er, so bringend man ihm abrieth, bei naßkaltem, windigem Wetter, in dünner Kleidung, den untern Theil des Schloßberges. Er kam heim und er, der seit seiner Rastatter Zeit allem Unwohlsein zum Trotze das Bett niemals gehütet hatte, er mußte sich nun legen; die Sache wurde dießmal recht bedenklich und man munkelte von seinem baldigen Tode. Daran glaubte ich nicht, denn nach meinem Dafürhalten mußte selbst der Knochenhauer vor Stolzens schneidigem „Allein ich will nicht!" Reißaus nehmen, und für dießmal bekam ich Recht. Er erholte sich rasch. An einem ausnahmsweise schönen Augustabend saß ich an seinem Bette und freute mich ob seiner Heiterkeit und seinem Appetite. Längst war ich dahinter gekommen, daß er unter die Suppenesser gegangen; als ich ihn das erste Mal dabei ertappte, suchte er sich dahin aus-

---

[1] Binnen Kurzem wird eine Lebensbeschreibung des herrlichen Mannes aus der Feder eines seiner höchstgestellten Freunde (Geheimerath von H., Mitglied des Herrenhauses) im Druck erscheinen.

zureden, daß er die Suppe immer zuletzt esse. Darob habe
ich ihn natürlich ausgelacht, nunmehr aber langte ich ihm
mit Freuden das Schüsselchen selbst. Wir plauderten Allerlei.
Als er unter Anderm klagte, er zöge so gerne in die ihm
lieb gewordene alte Post im Höllenthal und sei doch verhindert, seinen Studenten das Examen abzunehmen, da meinte
ich, er sei zu Vielem fähig und wohl auch im Stande, die
Studenten vom Bett aus zu examiniren. Aus meinem Scherze
hat er Ernst gemacht, die Studenten wurden vom Bett aus
examinirt und bald darauf fuhr der Professor seinem Schwarzwalde zu. In den letzten Jahren hat er an seine Zuhörer überhaupt starke Anforderungen gestellt. Seine Meinung, er fülle
seine Stelle als Lehrer aus, wurde mit jedem Semester hinfälliger.
Ein Theologe las sein Heft vor und er fügte seine Erläuterungen bei. Wenn mitten im Sommer ihn Kränklichkeit zwang,
das Weichbild der Dreisamstadt zu verlassen, da begehrte er,
seine Zuhörer sollten sich nach wie vor regelmäßig im Hör-
saale einfinden, Einer aber den Andern das Heft dictiren.
Mindestens in den letzten Zeiten haben die Studenten solcher
Schrulle wenig Rechnung mehr getragen. Stolz hatte als
Professor überhaupt gleichfalls seine Eigenheiten. Sprach man
seine Meinung etwa dahin aus, er möge sich einen Nachfolger
heranziehen, da wollte er nichts davon hören, das System
der Berufung genüge. Mit einem einzigen Satze Immanuel
Kants war Stolz geschlagen, allein deßhalb räumte er doch
das Feld keineswegs. Die Gründe, weßhalb er sich durchaus
nicht pensioniren lassen wollte, fand ich nirgends genau angegeben; im Jahre 1874 oder 1875 erklärte er mir einmal,
es bestehe eine Verabredung, sich niemals pensioniren zu
lassen, und er steige schon deßhalb nicht von seinem Lehrstuhle,
weil leicht möglich ein Altkatholik auf denselben geschmuggelt
werden könnte. Der Grund erscheint triftig, wenn man sich
erinnert, mit welcher Bereitwilligkeit den Altkatholiken die
Universitätskirche geöffnet worden ist. Erst im Oktober 1883,

vierzehn Tage vor seinem Tode, hielt Stolz um längern Urlaub an und bat um einen Ersatzmann. Gerade fünf Stunden nach seinem Hinscheiden gelangte der zustimmende Bescheid des Ministeriums in meine Hände.

Als vor wenigen Jahren der Erbgroßherzog von Baden Studien halber in der Dreisamstadt längere Zeit sich aufhielt und durch seine Liebenswürdigkeit die Herzen im Fluge eroberte, lud er die Herren fleißig zu sich ein, geistliche wie weltliche, und dachte dabei auch an Alban Stolz. Weil er vernommen, Stolz sei kränklich, so ersuchte er den Prorector, mit Stolz darüber zu reden, ob dieser eine Einladung annehmen könne und wolle. Er wollte sich zwar nicht einladen lassen, aber die Aufmerksamkeit des hohen Herrn hat ihn doch recht sehr gefreut.

Im Sommer 1883 fühlte er sich angegriffener als sonst und suchte wiederum Besserung in der alten Post im Höllenthale, fand aber Verschlimmerung seiner Zustände. Zu Athmungsbeschwerden gesellte sich gänzlicher Mangel an Eßlust. Dieß hat ihn aber nicht abgehalten, noch immer im Vereinshause zu erscheinen, in welchem sich jeweils Dienstag Nachmittag geistliche Herren der Umgegend einzufinden pflegen, worunter sein Seminargefährte und Altersgenosse, der vor Kurzem gleichfalls verstorbene Dekan Franz Michael Baumann, Pfarrer von Lehen. Gott ließ unsern Alban Stolz noch die Freude erleben, sein fünfzigjähriges Priesterjubiläum feiern zu können. Auf diesen Tag hin regnete es Briefe, Glückwünsche, Zuschriften. Im Namen der Seelsorgsgeistlichkeit traten Vormittags am 16. August fünf geistliche Herren mit einer Glückwunschadresse vor ihn, welche gerade so viel Seiten zählt, als die Erzbiöcese Landkapitel. Der vom Herrn Domcustos Mayer in Freiburg abgefaßten Adresse entsprach die äußere Ausstattung. Den Anstrengungen des tüchtigen Lithographen Kornhas war es gelungen, eine besonders schöne Schrift herzustellen; namentlich schmuck sind die Namen der einzelnen

39 Kapitel in gothischer Schrift ausgeführt. Es war mehr als leere Redensart, wenn Alban Stolz den Herren entgegnete: Sie halten mir eine Leichenrede! und durchaus keine Redensart, wenn er jede persönliche Anerkennung zurückwies und nur bat, für ihn zu beten. Die Adresse des Klerus lautete:

„Eine Ehrenkrone ist das Alter; auf dem Wege der Gerechtigkeit wird es gefunden", sagt das Buch der Sprichwörter Kap. 16, 31.

Unvergleichlich erhabener und ehrenreicher ist aber das Diadem des katholischen Priesterthums, womit Gottes Gnade und Huld Sie, Hochwürdiger Herr Jubilar, vor einem halben Jahrhundert geschmückt.

Der Clerus der Erzdiöcese Freiburg, dessen väterlicher Lehrer auf der Hochschule Sie in seiner überwiegenden Mehrheit gewesen, segnet darum den Tag Ihrer Sekundiz, an welchem ihm gestattet sei, die Gefühle seiner Hochschätzung und Dankbarkeit Ihnen kundzugeben.

Wohl wissend, daß Euer Hochwürden jeglicher Ehre und Auszeichnung, die Ihrer Person gezollt wird, abhold sind, so sind wir es uns schuldig, verlangen es Deutschlands edelste und beste Katholiken und stimmen Tausende weit über die Grenzen des Continents mit uns überein, daß wir an dem Ehren- und Jubelfeste des fünfzigjährigen Weihetages Ihrer priesterlichen Laufbahn den dankbaren Gesinnungen, die unsere Brust erfüllen, einen wenn auch nur schwachen Ausdruck verleihen.

Hochwürdiger Herr Jubilar! Die Priester der Erzdiöcese, in deren Namen die Vorstände sämmtlicher Dekanate gegenwärtige Adresse freudigst unterschrieben, erblicken in Ihnen eine der schönsten und edelsten Zierden des Diöcesanclerus. Waren Sie uns doch als Priester stets ein erhabenes und hocherleuchtetes Vorbild ächten priesterlichen Lebens und Wirkens. Aus dem heiligen Opfer, zu dessen Darbringung Sie täglich auf den mystischen Kalvarienberg hinangestiegen, haben Sie jene heilige Gottes- und Nächstenliebe, jene Opfergesinnungen reichlichst geschöpft, um derenwillen wir Sie bewundern. Deßhalb war auch Wohlthun in leiblicher und geistiger Noth eines Ihrer schönsten Vorrechte, das Sie geübt. Mit goldener Schrift wird einstens Ihre Barmherzigkeit, mit der Sie die Thränen der Armen, der Waisen und Wittwen getrocknet haben, in die Annalen der Geschichte eingetragen werden. Ihrem priesterlichen Eifer und Ihrer priesterlichen Sorge ist das Wohl und Weh des Handwerkerstandes nicht entgangen, weßhalb Sie schon vor einer Reihe von Jahren auf dem christlich-socialen Ge-

biete thätig waren, vorzüglich durch Gründung katholischer Gesellen=
vereine.

Dem geliebten und hochverdienten Lehrer aber, zu dessen Füßen wir einstens saßen, und dessen Worten wir freudig lauschten, bringen wir unsere dankbare Huldigung dar.

Unentwegt, treu und rein haben Sie Ihre lehramtliche Thätigkeit bis auf den heutigen Tag fortgesetzt. Mit Liebe und Begeisterung zur heiligen Kirche, unserer gemeinsamen Mutter, haben Sie uns er= füllt und den Weg zur segensreichen Arbeit auf dem weiten Gebiete der praktischen Theologie beharrlich gelehrt.

Vorzüglich aber gedenken wir Ihrer literarischen Thätigkeit als Volksschriftsteller. Mit einer ausgezeichneten Gabe der Beobachtung, mit einer tiefen Kenntniß des menschlichen Herzens und Gemüthes haben Sie durch eine seltene individuelle Darstellung der christlichen Wahrheiten auf alle Klassen der Bevölkerung wundersam eingewirkt, so daß Tausende von Katholiken im Glauben und christlichen Leben bestärkt, ja sogar Andersgläubige von ihren Vorurtheilen gegen die Kirche geheilt und in deren Schooß zurückgeführt wurden.

Darum ist dem gläubigen katholischen Volke Deutschlands und allen Edeldenkenden der Jubeltag Ihrer Sekundiz, den Gottes Gnade Ihnen und uns schenkte, gleichfalls gesegnet.

Wohl fehlte es auch Ihnen, wie es überhaupt im Leben thaten= reicher Männer zu geschehen pflegt, nicht an Leiden und Schmähungen. Doch die Schmähungen waren Ihr Ruhm, die Leiden Ihr Trost und die Arbeit Ihre Erholung, weil Ihr Wahlspruch während Ihres langen Priesterlebens jenes Wort des Psalmisten war, das Sie an der Schwelle des Priesterthums gesprochen: Dominus pars haereditatis meae et calicis mei; tu es qui restitues haereditatem meam mihi. Psalm 15, 5.

So empfangen Sie, Hochwürdiger Herr Jubilar, die Glück= und Segenswünsche des ganzen Diöcesanclerus an dem Ehrenfeste Ihres fünfzigjährigen Weihetages; empfangen Sie die dankbare Huldigung für unermüdliche, selbstlose Arbeit in Kampf und Sieg. Gott der Herr möge Sie schirmen, segnen und lohnen hier und dort.

   Die Priester der Erzdiöcese.

Freiburg, den 16. August 1883."

Die Adresse war mit der ansehnlichen Summe von 1800 Mark beschwert; er hat aber das Geld bald darauf an den Decan von Ottersweier zurücksenden lassen, damit dasselbe in unserer priesterarmen Zeit zum Besten von Studenten verwendet würde, welche den Willen hätten, Theologie zu studiren. Auch vom erzbischöflichen Ordinariate wurde er mit einem Glückwunschschreiben beehrt, das, der Feder des Domkapitulars Dr. Knecht entflossen, ebenso vortrefflich abgefaßt als einfach und herzlich war. Diese Adressen, das Wiener Doctordiplom und andere Reliquien nebst seinen sämmtlichen Werken sind hinabgewandert in das Rathhaus von Bühl. Sein Schwächezustand steigerte sich, auch Erbrechen begann sich einzustellen; allein er wollte es sich nicht nehmen lassen, jede Adresse und jeden Brief, womit er am 16. August erfreut worden, einzeln zu beantworten. Er kannte eben keine Ruhe und meinte, nach dem Tode habe man genug Zeit zum Ausruhen. Die letzte Erdenfreude bereitete ihm sein letzter Kalender für das Jahr 1884, worin er sein Herzensthema behandelte, die acht Seligkeiten. Er hat denselben emsig corrigirt und mit einer Danksagung für Alle geschlossen, welche an seinem Priesterjubiläum sich betheiligt hatten. Am 23. September erschien im Namen des Männer-Vincenzvereins ein Aufruf zu Gunsten der Armen — seine letzte literarische Arbeit. Am 2. Oktober legte er sich, um nimmermehr aufzustehen. Er war nicht von besonderen Schmerzen gepeinigt, nur das Athmen wurde immer mühsamer und das Erbrechen häufiger. Es ist überflüssig, zu versichern, daß er die heiligen Sacramente öfters empfing. Am 14. Oktober trug er seinem Beichtvater, seit dem Ableben des Dekans Schanno in Herdern Msgr. Marmon, auf, in seinem Namen Alle um Verzeihung zu bitten, welche er bei Lebzeiten beleidigt haben könnte. An demselben Tage lief ein Dankschreiben des Bühler Gemeinderathes für eine Stiftung ein, welche Alban Stolz anläßlich seines Jubiläums zu Gunsten der Waisenkinder im Spitale gemacht. Dieses Schreiben war die letzte zeitliche Angelegenheit, mit der er sich befaßt hat. Wiederum wie während der Krankheit des vorigen Jahres ist sein uraltes Seelenleiden, die Angst um sein Loos im Jenseits nämlich, plötzlich von ihm gewichen und hat einer seligen Stimmung Platz gemacht. Am 16. Oktober 1883, zehn Minuten nach fünf Uhr Morgens, hat Alban Stolz ohne besondern Todeskampf seine edle große Seele ihrem Schöpfer zurückgegeben. Die letzten Worte, welche die um das Sterbelager knieenden Schwestern zu vernehmen vermochten, war ein „Vergelts=Gott für Alles". Von Morgens drei Uhr an bis zum letzten Athemzug hat der geistliche Rath Krauth, dieser langjährige Mitbewohner des Mutterhauses, als geistlicher Beistand ausgeharrt.

Wenige Stunden nach dem Verscheiden sah ich den alten Lebensgefährten ausgestellt in der prächtigen Josephskapelle neben dem Mutterhause:

> Ihn hat es weggerissen,
> Er lag zu meinen Füßen,
> Als wär's ein Stück von mir!

Er kam mir zwar nicht entstellt vor, aber wie mit einem ganz andern Kopf als früher; ich hatte ihn eben seit längerer Zeit nicht mehr gesehen. Man durfte ihn überhaupt nicht besuchen, und ich war durchaus nicht so zartfühlend wie jener fremde Herr, der eine bedeutende Reise machte, nur um Alban Stolz noch einmal zu sehen; auch er wurde abgewiesen, begnügte sich aber, dem Schlummernden die Hand zu küssen und dann still zu scheiden. Als ich nun den guten Stolz so daliegen sah zwischen Blumen und Lichtern, knieenden Betern und seinen offenen Mund betrachtete, da glaubte ich, es könnte gar nicht anders sein, als daß er mir zurufe: Deine so oft wiederholte Prophezeiung, ich werde eines recht guten Todes sterben, hat sich reichlich erfüllt! Aber er sagte mir nichts, weder äußerlich noch innerlich. Nachdem ich ihm das Weihwasser gegeben, sog ich sein Bild in langen Zügen in meine Seele und schied auf Wiedersehen im bessern Jenseits. Um elf Uhr wurde der Sarg, begleitet von einem Ehrenzuge von geistlichen Herren, Studenten und Herren des Laienstandes, sowie andern Leuten, in den Bahnhof gebracht, um die letzte Wanderung nach Bühl anzutreten. Der Selige hatte keineswegs bestimmt, daß er nicht in Freiburg, sondern in Bühl begraben werde. Allein seine Verwandten, sowie die Geistlichkeit des großen Kapitels Ottersweier hatten Letzteres gewünscht und Stolz nichts dawider eingewendet.

## Wiederum in Bühl.

Wer mit der Eisenbahn landauf oder landab an Bühl vorbeifährt, gewahrt im Hintergrunde der Landschaft am Fuße des Gebirges einen kleinen Hügel mit einem stattlichen Kuppelbau; es ist die Gottesackerkapelle Maria zum Troste. Dieses Mausoleum, wie es sich schöner kein König wünschen könnte, ist in den Jahren 1881—1883 durch die Bemühungen des damaligen Pfarrverwesers F. Hund von einem jungen Bühler Architekten, Hörth, um die Summe von 24 000 Mark erbaut worden. Bühler Einwohner haben die gemalten Fenster, den Altar und die ganze innere Einrichtung gestiftet. In dieser Friedhofkapelle hat Alban Stolz seine letzte Ruhestätte gefunden. Zum Bau der Kapelle hat Frl. Sophie eine bedeutende Geldsumme im Namen der Familie Stolz beigesteuert. Alban hatte dawider nicht das Mindeste einzuwenden, doch persönlich hat er für die Grabkapelle keinen Pfennig hergegeben. Er meinte eben, der Bau sei überflüssig; kaum hundert Schritte davon stehe die Kappeler Pfarrkirche, wo das Allerheiligste sich befinde; dorthin seien die Besucher des Gottesackers bisher gegangen, um zu beten, und so sollten sie es auch künftig halten. Es sei zwar schön und löblich von den Bühlern, daß sie eine Gottesackerkapelle bauen, und der Pfarrverweser erwerbe sich dadurch ein besonderes Verdienst — er aber brauche sein Geld zu Nothwendigerem. Wo er eingetreten in's Leben, um seinen Lauf zu beginnen und ein großes Werk zu vollbringen, ruht er aus von seinen Arbeiten, deren geistiger Theil ihm in die Ewigkeit vorausgegangen war. Eine Beschreibung der Gottesackerkapelle enthält der Aufsatz: „Alban Stolzens letzte Ruhestätte" im Freiburger Sonntagskalender für 1885. Das Bild der Kapelle geben wir hier. (S. 258).

Am 16. Oktober Mittags nach dem Angelus verkündigte die große Glocke den Bühlern, ihr berühmter Mitbürger weile nicht mehr unter den Lebenden. Am folgenden Tage wurde der Sarg in Empfang genommen von der Geistlichkeit, den Häuptern der Stadt, sowie von einer bedeutenden Volksmenge und vom Bahnhof in die neue gothische Pfarrkirche verbracht. Der mit Blumen und Kerzen reichgezierte Katafalk blieb umgeben von Betenden aus allen Ständen. Donnerstag am 18. Oktober Morgens halb elf begann die Beerdigungsfeier, und zwar eine Feier, wie das kleine Bühl noch keine erlebt. Nach vollendetem Todtenofficium verherrlichte Dekan Franz Xaver Lender den zweiten Vincenz von Paul, hierauf feierte Domkapitular Marmon das Requiem.

Der Lahrer „Anzeiger für Stadt und Land" hat unterm 23. Oktober 1883 über Alban Stolzens Geleite zur letzten Ruhestätte unter Anderm berichtet: „Aus Freiburg waren erschienen die hochw. HH. Domkapitulare Marmon und Knecht, Hr. Geistl. Rath Krauth, die HH. Dompräbendare Hauser und Mayer, als Vertreter der theologischen Fakultät die HH. Professoren Wörter und Kraus. Dann Deputationen der verschiedenen katholischen Vereine Freiburgs. Alban Stolz, der ächte Volksmann, hatte ja den ersten katholischen Gesellenverein in Baden, bekanntlich den in Freiburg, gegründet, war lange Jahre dessen Vorstand und General-Präses der badischen Gesellenvereine gewesen. Auch hatte er in Freiburg den Männer-Vincenziusverein zur Unterstützung von armen Kranken in's Leben gerufen, der seither so wohlthätig gewirkt hat. Rechtsanwalt Marbe legte im Auftrage dieses Vereins einen mächtigen wunderschönen Blumenkranz auf den Sarg. Eine Abordnung des Gesellenvereins mit der Fahne überbrachte einen Lorbeerkranz. Auch mehrere andere Gesellenvereine, wie die von Offenburg, Rastatt, Karlsruhe und andere, hatten Abgeordnete mit ihren Fahnen entsendet. Die katholische akademische Jugend war auch vertreten. Die katholischen Studentenverbindungen in Freiburg hatten Deputirte mit den Vereinsfahnen geschickt, und was für Deputirte! Sie haben scheint's ihre schmuckften Leute ausgesucht. Ein solcher Fahnenträger ging in der Mitte von zwei prächtigen lebensfrischen ‚Einjährigen'. Daß viele Geistliche da waren, ist selbstverständlich, war doch der Verewigte Lehrer und Vorbild der meisten badischen Priester gewesen. Einzelne Geistliche waren aus verschiedenen Theilen des Landes weit hergekommen. Die Geistlichkeit des Landkapitels Ottersweier war auch selbstverständlich fast vollzählig im Ornate anwesend. Aus Engelberg war ein Sohn des hl. Benedikt, der Pater Benedikt (Ludwig Gottwald von Offenburg), ein Neffe des Verstorbenen, herbeigeeilt. Herr Domkapitular Marmon, Superior der barmherzigen Schwestern, hielt das Seelenamt. Dekan Lender, dem die Stadt Bühl den Besitz dieser theuern Leiche eigentlich zu verdanken hat, nahm die Beerdigung vor.... Herr Pfarrverweser Hund, im Begriffe, von Bühl zu scheiden, hat umsichtig dafür gesorgt, daß dieser große vielgestaltige Leichenzug in schönster Ordnung sich bewegte. Die Stadt Bühl hat das Ihrige zur würdigen Feier gethan."

Die Leiche wurde in ihre letzte Ruhestätte gesenkt; oberhalb der Gruft konnte man an der Wand bereits die Grabschrift lesen, welche der Selige sich selbst gemacht: „Alban Stolz. Wer das Glück hat, ein gläubiger katholischer Christ zu sein, der möge hier Gott zu

Ehren und Ihm zum Danke das liebe Vaterunser beten und den englischen Gruß und dabei auch meiner armen Seele gedenken."

Auf dem Steine, welcher die Gruft bedeckt, steht Folgendes:

Ossa
Et
Cineres Albani Stolz
Sacrae Theologiae Doctoris
In Alma Friburgensi Universitate Professoris
Natus III Nonas Februarii MDCCCVIII.
Pie Obdormivit
In Domino XVI. Kal. Nov. MDCCCLXXXIII.
R. I. P.

Das heißt: „Gebeine und Asche von Alban Stolz, Doctor der heiligen Gottesgelehrtheit und Professor an der hohen Schule Freiburg, geboren am 3. Hornung 1808, gestorben am 16. Oktober 1883. Er ruhe im Frieden." Für seine Seelenruhe sind zwei Jahrtage gestiftet, einer nach Bühl, der andere in die Mutterhauskapelle zu Freiburg.

## Schriftsteller.[1]

So sorglich, ja vielleicht pedantisch ich bemüht gewesen, Material zu sammeln, das den so wenig bekannten Menschen Alban Stolz dem Leser näher bringen kann, so leicht fällt es mir, von dem Schriftsteller Alban Stolz zu reden. Als solcher ist er ja bekannt genug, und ich werde am Besten thun, wenn ich hierüber bessern Männern das Wort lasse.

Freiherr J. von Eichendorff hat Alban Stolz als den Daniel aufgefaßt, welcher den Weltmenschen mit ihren

---

[1] Ein möglichst vollständiges Verzeichniß sämmtlicher Geisteskinder Stolzens ist am Schlusse dieser Schrift beigegeben.

Götzen die düster flammende Schrift des Mene Tekel getreu, tiefsinnig und unerschrocken deutet. Er schreibt in seinem Buche „Der deutsche Roman des achtzehnten Jahrhunderts" Folgendes: „Der Finger Gottes, so etwa spricht er zu dem verblüfften Volke, schreibt mahnend mit feurigen Lettern den rechten Sinn zwischen die verworrenen, lügenhaften Zeilen des Zeitgeistes, auf daß ihr fortan wisset, was ihr wollt; die Schrift bedeutet Emancipation, aber nicht des Fleisches, sondern vom Fleische, und bedeutet Communismus, jenen uralten Communismus, der von jeher Alle und Jeden zu gleichen Theilen berufen hat zur Erbschaft ihres gemeinsamen Vaters im Himmel. Ihr aber, die ihr nur Einen Vater habt, könnt nicht zwei beerben, nicht Gott zugleich und den Teufel und seine Intelligenzler, die da droben schmausen; also entschließt euch herzhaft und wählt, bevor es zu spät geworden! Das ist etwa das stehende Kalendarium dieses Daniels. Dazwischen erzählt er ihnen dann vom Tode, ‚der überall wie ein Handwerksbursch oder Büblein, das erst schreiben gelernt hat, seinen Namen hingeschrieben'; von dem scharfen Licht von Jenseits, vom Gericht und End der Welt: dem prachtvollen, schrecklichen Schluß des großen und langen Schauspiels, das wir Menschen vor Gott und den unsichtbaren Geistern aufführen, und wo im furchtbarsten Ernst um Himmel und Hölle, um Seelen und Ewigkeiten gespielt wird. Auch Hausmittel und Recepte bringt er, aber nur gegen die Todesangst. ‚Es ist auch Sympathie und Wahrsagen dabei. Die Mittel sind alle wohlfeil, ganz wohlfeil und helfen ganz gewiß, es hat noch Keinen gereut, der sie gebraucht hat. Die meisten und besten darunter sind von einem Schäfer, der vor vielen hundert Jahren weit über dem Meere in Asien gewohnt hat und der mehr gewußt hat als alle Doctoren, Amtmänner und Pfarrer zusammen, obschon er nie studirt hat. Ich will dir auch seinen Namen sagen; er heißt — Jesus Christus.' An diesen wenigen Zügen wird man leicht

Panier und Wappen dieses ritterlichen Streiters erkennen, der mitten zwischen den Staubwirbeln die geweihte Lanze gegen den Lindwurm der modernen Philisterei eingelegt und mit Recht von sich sagen darf: ‚Ich bin gekommen, Feuer auf die Erde zu werfen; wie sehr wünsche ich, daß es brenne, so scheue auch ich das Feuerlegen nicht.' Und eben diese Unmittelbarkeit des Kampfes unterscheidet ihn von andern, gleichfalls wohlgesinnten Schriftstellern, welche die religiösen Schäden der Gesellschaft durch Moral zu heilen versuchen, während er das Faule geradezu ausbrennt, damit es nicht heimlich weiterfresse. Hier ist nicht bloß religiöse Poesie, sondern die Poesie der Religion selbst; keine künstlich figurirte Musik, rathlos zwischen Oper und Messe schwankend, sondern die unwiderstehliche Gewalt jener strengen langathmigen Klänge, die, weil sie vom Jenseits herüberwehen, Vornehm und Gering gleichmäßig auf ihre Schwingen nehmen."

Stolz selbst hat den Unterschied zwischen dem wahren Schriftstellerberuf und dem bloß eingebildeten und angemaßten also ausgesprochen: „Die meisten Schriftsteller, welche populär sein wollen, sind wahre Bettler und Speichellecker vor dem Volke; sie bücken und beugen sich, geben sich Mühe, recht Volkssprache zu affektiren und das Volk zu beschmeicheln; namentlich muß der Titel und Inhalt viel mit dem Wort ‚Volk' um sich werfen. Wo ächtes Talent ist, da steht der populäre Schriftsteller dem Volke gegenüber mit Autorität als Lehrer und Herr. Sie müssen zu ihm hinaufschauen und sich vor ihm beugen und fühlen, daß er Einer ist, der Gewalt hat und von Gottes Gnaden herkommt." Wer Stolzens Schriften halbwegs kennt, wird mit Freuden unterschreiben, was Förderer gesagt: „Alban Stolz hat eine katholische Volksliteratur geschaffen, die zum Besten zählt, was überhaupt geleistet wurde; Kalendermacher und Zeitungsschreiber, Prediger und Katecheten, Lehrer und Schriftsteller, alle haben von ihm gelernt und zehren heute noch von seinem Geiste."

Am weitläufigsten sind Stolzens Schriften von einem Franzosen behandelt worden, von Abbé Eugène Carry im Jahrgang 1878 der „Revue de la Suisse Catholique" (Fribourg, Imprimerie Catholique Suisse). Auch dieser Mann hat falsche Angaben bezüglich des äußern Lebensganges, dafür kennt er desto genauer Stolzens Schriften und so ziemlich auch dessen Landsleute; er redet ein bischen breit, zeigt aber dabei viel Geist. Stolz hat die Aufsätze dieses Abbé selbst für das Beste erklärt, das über seine Schriften geschrieben worden.

Die Gegner der Schriften Stolzens haben sich vor Allem an seine Schreibart gehängt, weil sie sachlich ihm niemals beizukommen vermochten. In der That war sein Styl ziemlich nachlässig, wie er denn selbst darüber gespottet. Auch den rhetorischen Schwung hat Stolz mißachtet und mit dem widerwärtigen Reifrock verglichen.

Ueber den Volksschriftsteller Stolz, „den Mann, der sich blind geschrieben, um geistiges Licht zu verbreiten", und dessen Nachahmer hat unlängst Prälat Hettinger sich ausgelassen. Dieser ausgezeichnete Apologet unserer Religion und Kirche schreibt: „Mit Beginn der vierziger Jahre hatte Alban Stolz in seinen Kalendern einen Ton angeschlagen, der in ganz Deutschland und darüber hinaus lauten Wiederhall fand. Wenige Volksschriftsteller haben es verstanden, so mächtig die Saiten im deutschen und besonders im süddeutschen Gemüthe zu berühren, wie er. — Nach Stolzens Vorgang wurde nun in kurzer Zeit der Büchermarkt wahrhaft überschwemmt mit Kalendern und Volksschriften. Nichts schien eben leichter, als ‚für das liebe Volk' und recht populär zu schreiben. Man braucht ja nur statt ‚nicht' nit und dergleichen zu setzen und recht viele Wastl, Hiesel, Pepi und Zensi auftreten zu lassen, dann ist für Popularität unübertrefflich gesorgt ... Leider aber ‚schläft zuweilen' jeder

Schriftsteller und wäre er selbst Vater Homer. Dieß hindert nun aber nicht, daß wir uns an ihm erfreuen; aber seine Fehler brauchen wir nicht nachzuahmen, ohne deßwegen ein Zoilus zu werden. Das haben aber gerade die Nachahmer Stolzens gethan; es ist ihnen dabei ergangen wie den Schülern Michel Angelo's: die Größe seiner Conception, seinen Geist, seine geniale Kraft haben sie nicht nachgeahmt und konnten es auch nicht; seine Fehler aber, die in der Spätrenaissance in's Rococo ausarteten, haben sie nicht bloß nachgeahmt, sondern noch überboten. So ist es auch Alban Stolz ergangen. Stolz konnte sich Manches erlauben; wiewohl, fänden sich so manche Derbheiten nicht in seinen Schriften, diese auch in jene Kreise gedrungen wären, welche eben darum ihm verschlossen blieben. Uebrigens sind es ‚Mißtöne', so werden sie übertönt durch den Wohllaut der Sprache; vergessen wir sie über den herrlichen Natur- und Seelengemälden, die er uns vorführt durch die großen Gedanken, die er ausspricht, die starken Gefühle, die er in uns erregt. Alles dieß aber fehlt bei seinen unglücklichen Nachahmern, welche das Geheimniß eines anziehenden Volksbuches in der bäuerischen Rohheit des Styls suchen, was den platten alltäglichen Gedanken einen besonderen Reiz verleihen soll ... Ja man ist noch weiter gegangen; man glaubte auch auf der Kanzel in ähnlichem Tone sich ergehen zu dürfen, wiewohl gerade Stolz wiederholt erklärt hatte, daß seine Schriften nicht als Muster für den Predigt-Vortrag gelten könnten und sollten, sondern nur zur unterhaltenden und belehrenden Lecture für das Volk dienen sollten" (Linzer theol.-prakt. Quartalschrift 1884, S. 8).

Was den Ton der Kalender und Streitschriften Alban Stolzens anbelangt, so meine ich vor Allem, es lasse sich von Stolz in einem höheren Grade als von irgend einem andern Schriftsteller sagen: der Styl ist der Mensch. Wie er selbst war und dachte, so hat er auch geschrieben. Man mag ihm vorwerfen, er habe seine Bilder und Vergleichungen mit viel zu wenig Rücksicht auf die Aesthetik ausgewählt, dafür hat er aber desto mehr Rücksicht auf die Sache genommen und daran wohlgethan. Das Buch der Bücher nennt ja auch jedes Ding bei seinem rechten Namen, Christus der Herr selbst konnte recht derb werden, und Stolz hatte Recht, indem er die heutige „Wortkeuschheit" als Heuchelei brandmarkte. Um von einem Luther ganz zu schweigen, so haben ein Shakespeare, ein Schiller in seinen Räubern, auch Göthe im Götz und Faust sowie Andere Ausdrücke und Bilder vorgebracht, welche Stolzens derbste Redeweise weit überbieten. Einige seiner Kraftworte, z. B. Museumslazzaroni, Auchkatholik, auchkatholisch, die Uebersetzung des Bourgeois mit Mastbürger sind auf das Kerbholz meiner Wenigkeit zu schreiben, indem er dieselben adoptirt hat.

Die Bilder, mit denen manche seiner Schriften, namentlich seine Kalender geschmückt sind, kommen dem Beschauer mitunter etwas kurios vor; selten fehlt die Anspielung auf den Generalarzt Mors. Sie sind meist nach Stolzens Angaben gefertigt worden.

Drei von den nicht unter Alban Stolzens Namen erschienenen Jahrgängen des Kalenders für Zeit und Ewigkeit, nämlich 1855, 1856 und 1857, sind auf seinen Wunsch von mir verfaßt. Mir steht kein Urtheil zu, ob ich nicht auch zu den „unglücklichen Nachahmern" gehöre; aber das kann ich vor Gott und Welt bezeugen, daß ich mich nicht im mindesten bemühte, den Affen Albans zu spielen und ihm abzugucken, wie er sich räuspert und wie er spuckt. Doch woher nun die großartigen schriftstellerischen Erfolge unseres Alban Stolz? Er war vor Allem „ein Schriftsteller von Gottes Gnaden", der nicht sich suchte, sondern Gottes Ehre und der Mitmenschen Heil. So hat er schon im Jahr 1842 gemeint: „Wenn es mir gegeben ist, Schriftsteller zu werden durch meine rege Phantasie, so darf ich so wenig darum Achtung verlangen, als die Bleiröhre oder die Fassung, durch welche reines Quellwasser oder Gesundheitswasser hervor- oder durchfließt, denn ich fühle es deutlich: nicht ich bin es, der die bessern und schönern Gedanken hervorbringt, sondern die reiche Geistesnatur, von der wir umflossen sind, hat in meinen dünnen Nerven, in meinem Spinnwebgehirn eine Oeffnung gefunden, durch welche sie hervorquellt mit einer bestimmten Gattung von Gedanken. Würde diese Quelle verstopft durch Krankheit oder Tod, so bricht sie in einem andern Kopf hervor; darum mag es leicht geschehen, daß bei dem Abgehen eines reichen Talentes ein anderes geboren wird, oder in einem andern das Talent zum Durchbruch kommt; darum ist es aber auch unvernünftig, Männern von ausgezeichneten Naturgaben, wie z. B. den Dichtern, Ehrendenkmale zu errichten."

Selbst bezüglich seiner Kalenderschreiberei meinte er einige Jahre später: „Ein Gedanke, den ich heute beim Essen bekam, ist mir ein wahrer heilsamer Peitschenhieb für die Eitelkeit. Es fiel mir nämlich bei, daß mein Kalendertalent etwa ebenso eine **nervöse Krankheit** sein mag, wie der Somnambulismus, wo die Seele auch genial und religiös sich steigert, darum aber im Leben um kein Haar besser, ja oft moralisch erschöpfter und schlimmer ist, als andere gewöhnliche Menschen" (Witterungen der Seele, S. 60, 238).

Und doch hatten seine Kalender bereits gewirkt wie ein gewaltiges Meteor, das in einen ungeheuern Sumpf herabstürzt, in diesem aber keineswegs erlischt, sondern die ganze Häßlichkeit desselben beleuchtet und alles Gezücht und Gewürm darin verwirrt und erschreckt. Im März 1846 meinte er fast, sein Beruf sei, nur der **Schriftstellerei** zu leben, fällt sich aber sofort demüthig in die Rede: „Was Wirksamkeit betrifft, so mag sie gegenwärtig viel größer sein durch meine Schriften, als in früheren Zeiten, wo ich nur durch das unmittelbare Wort auf eine einzige Gemeinde wirkte: aber mein Antheil daran, mein Verdienst ist viel geringer, weil keine Anstrengung damit verknüpft ist, sondern nur Lust und Ehre." — Anfangs 1847 war sein Entschluß gefaßt, die Schriftstellerei **bloß als Nebensache** zu betreiben. „Es mag etwas Unnatürliches und Krankes sein, wenn man schriftstellert, ohne sonst einen Lebensberuf zu treiben, wie mir auch das unnatürlich vorkommt, auf Beobachtungen absichtlich Jagd zu machen. Mein inhaltreichster Kalender, der erste Jahrgang, ist das Produkt eines tüchtigen praktischen Lebens, wo ich es in keiner Weise darauf angelegt hatte, zu beobachten, um es in die Welt hinaus zu schriftstellern. Die Schriftstellerei soll nur das mehr zufällige Ergebniß, gleichsam das Ueberfließen eines reichen Lebens sein, reich an Geist und Erfahrung."

Eine Erfahrung, welche sich ihm mit der Zeit immer gründlicher aufbrängte, war nicht geeignet, ihn in seinem Entschlusse wankend zu machen: „Je mehr ich die literäre Welt kennen lerne, desto mehr kommt mir der Gedanke, daß verhältnißmäßig unter den Schriftstellern **mehr verächtliche und schlechte Menschen** zu finden sind, als unter den übrigen Klassen von Menschen." Später wurde ihm sein eigenes Schriftstellertalent verdächtig, und die Titel wie der Inhalt seiner Schriften beweisen am besten, wie wenig er sich auch im Ganzen über das Abwelken seines Geistes täuschte. Doch gab er sich nicht selten Selbsttäuschungen hin. So äußerte er sich einmal gegenüber einem seiner geistlichen Freunde, er werde immer ideenreicher. Als ihm der Freund flugs reinen Wein einschenkte, antwortete er lachend: „Darum nenne ich auch meine jetzt im Drucke befindliche Schrift ‚Dürre Kräuter'."

Stolz war kein Schriftsteller, dem der Stoff „urbehaglich" aus der Seele quillt; Gedankenblitze wie von Oben waren bei ihm keineswegs Regel, kamen ihm jedoch ziemlich häufig, namentlich Morgens beim Aufwachen. Schon Ende 1844 stieß er die Klage aus: „Was ist doch dieses für ein

Schreiberleben geworden, nach Gedanken jagen, die ganze Seele zu einer Gedankenfabrik umwandeln und ihre letzte Kraft in Wölklein und Gas von Einfällen auspressen!" (Witterungen der Seele, S. 240.)

Er war kein Systematiker, der etwas in sich streng Zusammenhängendes hätte zu schaffen vermocht. Genau betrachtet sind, natürlich mit Ausnahme der Legenden, seine Schriften Schnüre von Perlen und Edelsteinen. Aber diese Perlen und Edelsteine sind ächt, nicht selten von außerordentlicher Größe, durchleuchtet von der ganzen Gottinnigkeit eines mystischen Gemüthes und magnetisch anziehend durch den durch und durch originellen Geist, der gar Vieles sah, was gewöhnliche Menschen eben weder am Himmel noch in der Natur und Menschenwelt zu sehen vermögen, und der in den tiefsten Fragen ohne langes Studiren oder gründliche Beweisführung das Richtige traf und Kommendes richtig ahnte.

Dem Volke ist Alban Stolz lieb und werth vor Allem durch seine Kalender. Wie ist er zum Kalenderschreiben gekommen? Mittelbar durch die Mutter Gottes selbst, deren so inniger Sohn er geworden. Im Christmonat 1840 saß er in der Burg zu Neusatz und wachte bei dem kranken Pfarrer, er, der so wenig freundlich behandelte und von der ganzen Last der Seelsorge abgehetzte schwächliche Vikar. Er holte allerlei Kalender vom Bücherschranke des Pfarrers und überzeugte sich, wie gut oder auch wie schädlich solch ein Büchlein zu wirken vermöge. Am Morgen des 8. Christmonats, am Tage der Empfängniß Mariä, stund der Gedanke wie festgenagelt in seinem Kopfe: Alban, du mußt auch einen Kalender schreiben!

Und er hat ihn geschrieben, seinen ersten und zugleich besten, nämlich die Mixtur gegen Todesangst. Noch heute erinnere ich mich des ungeheuren, aber keineswegs allseitig angenehmen Aufsehens, welches dieses erste Kind der

Stolz'schen Muse erregte. Das war ein Schimpfen und
Krächzen! Ein Professor der Rechte belehrte uns vom
Katheder herab über das „Machwerk" und schloß mit den
Worten: „Der Mysticismus, meine Herren, ist ein Hund, der
sich um sich selbst dreht, in den Schwanz beißt und darüber
aufheult." Wir jungen Leute verstanden diesen „geistreichen"
Ausfall keineswegs, desto besser begriffen wir aber, daß der
Kalendermann Recht habe. Das Todesstündlein ist Jedem
gewiß, es ist im besten Falle ein ernstes Stündlein; was
hintennach kommt, weiß der größte Gelehrte nicht sicher, und
deßhalb thut man klug und weise, sich an die Offenbarung
zu halten. Auch der zweite Kalender war vortrefflich. Aus
dem Kalender für das Jahr 1847 blieb mir namentlich die
Beschreibung eines Gewitters gleich im Eingange, das er
offenbar in Neusatz der Natur mit wunderbarer Treue ab=
gelauscht, unvergeßlich. Auch alle spätern mahnen an Albans
Wort: „Meine Kalender kommen mir vor wie ein Käfig,
worin ein Vogel herumflattert. Der Leser steht davor, die
Zeilen sind die Drahtgitter und der Vogel ist meine Seele"
(Wilder Honig, S. 382). Ihn selbst haben manchmal
Zweifel beschlichen, ob sein Kalenderton am Platze sei
(vgl. Wilder Honig, S. 524). Aber er wußte sich zu trö=
sten, indem er dachte: „Unsere moderne Welt ist äußerst
keusch in Worten und unkeusch in Phantasie, Auge und
That. Darum kann man wohl sagen, ihre Wortkeuschheit
ist ein Laster der Heuchelei. Daß die Gebildeten ohne Re=
ligion im Verborgenen unrein sind, geht schon aus ihrer
Gelüstigkeit nach allem Angenehmen hervor; das Ange=
nehme ist ja der Grundzug ihrer ganzen Lebensart. Wo die
Ehre, d. h. die Achtung von Seite der Welt nicht gestört wird,
läßt sich der Weltmensch nicht vom Gewissen stören bei der
Anwandlung sündhafter Lust" (Dürre Kräuter, S. 315).
Stolz ist bei seiner Schreibweise geblieben, und hat den
Gegnern derselben derb heimgezündet, derb unter Anderm in

den „Hobelspänen" (Anhang zum Kalender auf das Jahr 1859), am derbsten im Vorwort zum Kalender für 1874 (Armuth und Geldsachen): „Für Leser, welche geringen Vorrath an Verstand haben und darum an jedes Amtsblättlein glauben, das ihnen vor Augen kommt, will ich doch noch wegen des Rauhwerkes etwas sagen. Alle kirchenlästerlichen Blättlein und Blätter bis zur Gartenlaube schreien und ächzen, wie roh, rauh und gemein der Kalender für Zeit und Ewigkeit sei. Die Juden und Schreiber, welche das Giftpapier jener Zeitungen herstellen, wollen damit ihren Aerger auslassen und wollen Bierschnäuzer, Museumslazzaroni und Modepuppen abschrecken, sie sollen ihre feinen Seelen nicht mit dem Lesen eines solchen Kalenders verunreinigen. Ihr liebe Herrschaften, dazu gehört gar nicht viel, eine so würdige, edle Schreibart zu führen, als ihr zu führen gewöhnt sind — aber ich will nicht, weil ich dem Volk deutlich die Wahrheit sagen will, was ihr nicht im Stand seid; denn ihr könnt nur in Phrasen schreiben, und was ihr schreibt, ist sehr oft nur Lüge. Die Gemeinheit liegt aber nicht in den Worten, sondern in der Gesinnung. An dieser Gemeinheit der Gesinnung habt ihr großen Ueberfluß; auch die Liebhaber eurer Zeitungen sind meistens noch viel reicher an Gemeinheit in Gedanken, Worten und Werken und Unterlassung guter Werke als an Geld, obschon Manche mit eigener Kutsche und Pferden einherfahren und ihre Weiber und Töchter die Narrenkleidung der allerneuesten Mode tragen. Denn die Gemeinheit liegt darin, daß der Mensch sich nur von Eigennutz, Hoffart oder Wollust regieren läßt und diesen Eigennutz schminkt und firnißt mit der Heuchelei ehrenhafter Redensarten, und daß er kriecht vor Allen, welche Geld und Gewalt haben."

Von allen seinen polemischen Schriften haben mir „Diamant oder Glas" sowie „Der papierne Fels des Herrn Schenkel" den größten Genuß bereitet. Dieselben sind sachlich vortrefflich und von einem kostbaren Humor durchweht. Stolz hat in der That den Seminardirector ähnlich abgefertigt, wie Lessing dereinst den Pastor Götze. Und wie sehr er Recht gehabt, hat S ch en k e l durch seine eigene Person bewiesen: „In jener Schrift geberdet sich der Heidelberger Predigtmeister noch ganz christlich und läugnet keineswegs eine Gegenwart Christi im Abendmahl. Es ist nun merkwürdig, wie Herr Schenkel sammt seinem Fels unterdessen so tief im Glauben hinabgerutscht ist, so daß er von den gläubigen Protestanten, die auf dem nämlichen Fels zu stehen meinen, gar nicht mehr als eigentlicher Christ anerkannt wird. Es ist diese Geschichte eine lebendige Antwort auf die Frage, ob denn die papierne Bibel allein für sich ein Fels sei, auf welchen der Christ sicher und unwandelbar seinen Glauben gründen könne" (Kleinigkeiten, I. S. 199).

Das „S p a n i s ch e für die gebildete Welt" gehört unstreitig zu den besten Schriften der deutschen Literatur, welche bekanntlich im Gebiete des Humors und der Satire nichts weniger als Ueberfluß besitzt. Durch allen übersprudelnden Humor hindurch klingt immer und immer wieder ein gewisses Etwas, was an die Germania des Tacitus mahnt. Köstlich ist die Fahrt im Postwagen beschrieben, köstlich die Schilderung des Consistoriums der Esel in Genf, ergötzlich die Uebersetzung gewisser natürlicher Verrichtungen in das Kauderwelsch der modernen Philosophie. Gelungen genug sind auch die Ausfälle auf das gezweigte Schulmeisterthum, womit der deutsche Philister arg heimgesucht ist. Man hat Alban Stolz mit Heine verglichen; der Vergleich hinkt gewaltig. H e i n e war eine Mistpfütze, in welche Gottes Sonne hineingeschienen, das heißt ein mit einem schlechten Herzen behaftetes Dichtergenie, das mit vergifteten Pfeilen schoß. Stolz dagegen war ein Christ, dessen humoristische und satirische Pfeile fast immer einem sittlichen Ziele zuflogen und wohl verwundeten, aber niemals vergifteten.

Die Großherzogin Stephanie hat es geliebt, bedeutende Persönlichkeiten um sich zu sehen, und so wurde denn auch Alban Stolz vom Hofmeisteramte zu einem Besuche nach Umkirch eingeladen. Er verspürte jedoch blutwenig Lust, den Gang zu unternehmen, und meinte: „Ich will ihr mein „Spanisches" schicken, dann wird sie mich gewiß nicht mehr sehen wollen." Das Buch wanderte nach Umkirch, die hohe Dame las und entschied: „Jetzt will ich erst recht den Alban Stolz kennen lernen!" Nun mußte sich dieser zu dem unliebsamen Gange herbeilassen. Als er durch den Park schritt, bemerkte ihn die Großherzogin von Weitem und richtete ihr Lorgnett auf ihn, er aber drehte sich einfach um und ging weiter. Sie äußerte in der Audienz unter Anderm: „Ich bin eine Französin, aber sie lieben nicht die Franzosen." Stolz erwiderte: „Kaiserliche Hoheit! Die Franzosen sind gegenwärtig so gefeiert und so an der Spitze, daß es wohl nicht darauf ankommt, wenn ich ihr Freund auch nicht bin." Wahrscheinlich hat Albans Benehmen im Parke die hohe Dame zu der spitzigen Bemerkung veranlaßt, er sei auch kein Freund der Damen. Auch bezüglich dieses Punktes wußte sich Stolz trefflich aus der Schlinge zu ziehen, ohne zu verletzen und ohne zu schmeicheln. Im Salon aber wurde es so eingerichtet, daß die jungen Damen ihn ganz in ihre Gesellschaft brachten und mit ihm scherzten. Auf die Frage sodann, wie ihm die Gesellschaft gefalle, entgegnete er: „Es sind recht artige, liebenswürdige Kinder!"

In der „Entschuldigung" zu den „Witterungen" sind Hiebe auf meine Wenigkeit. Auf Stolzens Verlangen nämlich habe ich die Handschrift sehr aufmerksam durchgegangen. Als ich ihm dieselbe zurückbrachte, gefiel ihm mein Urtheil nicht. Ich meinte nämlich unter Anderm, es sollte das Buch erst nach seinem Tode erscheinen, und zwar auch deßhalb, weil Manches darin vorkäme, was ihm Unannehmlichkeiten bereiten könnte. Stets gewohnt, mich um meine Meinung anzugehen und dann das schnurgerade Gegentheil von dem zu thun, was ich gerathen, sorgte Alban Stolz dafür, daß die Witterungen baldigst im Drucke erschienen.

Es läßt sich streiten, welches seine beste schriftstellerische Leistung gewesen. Welches war aber die eigene Meinung des Seligen? Gerade wie Michel Angelo seine Gedichte oder Lord Byron seine Parlamentsrede, so hat auch Alban Stolz für seine allerbeste Leistung seine geringste erklärt, nämlich die "Schreibende Hand auf Wand und Sand". Weitaus die meisten Briefe und Mittheilungen, aus welchen diese Schrift zusammengesetzt ist, bekam ich vorher zu lesen. Inständig und oft habe ich den alten Lebensgefährten gebeten, doch ja recht kritisch und vorsichtig zu verfahren; ich habe ihn vor falschen Brüdern gewarnt, denen es ein Leichtes sei, ihm aus der Ferne einen Spuk zu spielen. Vergeblich, alle von mir beanstandeten Briefe und Mittheilungen sind gedruckt, und niemals ließ er sich überzeugen, man habe ihn mit Berechnung hintergangen. Allerlei Unannehmlichkeiten sind richtig nicht ausgeblieben, die "Schreibende Hand" hat ihren Abschluß in einem seiner Kalender gefunden.

Was die nichtkatholische Presse betrifft, so hat dieselbe im Großen und Ganzen auch nach dem Ableben unseres Volksschriftstellers die Politik des Todtschweigens beliebt. Eine Ausnahme machte unter Anderm die Leipziger "Illustrirte Zeitung", welche sich abquälte, darzuthun, Alban Stolz habe doch auch seinen Antheil am "modernen Culturleben" gehabt. Volle Gerechtigkeit hat ihm nur der realistische Sacher-Masoch angedeihen lassen. Derselbe widmete ihm im Novemberhefte seiner zu Leipzig erscheinenden Revue "Auf der Höhe" einen längern Artikel, worin er sagt:

"Vor Kurzem schied ein deutscher Autor von uns, dessen Verlust nicht allein für die katholische Welt, in der er vorzüglich glänzte, sondern für ganz Deutschland ein schmerzlicher ist, denn er war in jeder Richtung eine

Zierde unserer Literatur. Alban Stolz war ein guter Katholik, das ist richtig, und es gereicht ihm zur Ehre, denn als katholischer Priester wäre er zu verachten gewesen, wenn er es nicht gewesen wäre; aber er war kein Ultramontaner (!); wäre er es aber gewesen, so würde auch dieß uns nicht hindern, den edeln Menschen, den muthigen überzeugungstreuen Mann, den geistvollen Schriftsteller in ihm anzuerkennen.

„Es ist leider von Berlin aus ein arger häßlicher Ton in unsere Tagespresse gekommen; im besten Falle ist der Standpunkt einer Partei, in der Regel aber nur jener einer Clique maßgebend. Alles, was nicht in dasselbe Horn bläst, wird mit blindem, gehässigem und, sagen wir es einmal ungeschminkt, mit albernem Eifer bekämpft; wer nicht dieselben Farben trägt, darf kein Talent haben und muß absolut den niederträchtigsten Charakter besitzen. Dieses kleinliche Treiben deutscher Kritik, das uns in den Augen des Auslandes als eine Philisterbande par excellence, als das unsterbliche literarische Krähwinkel erscheinen und gelten läßt, mahnt uns immer wieder an Molière's köstliche Komödie: ‚Die gelehrten Frauen' und den ergötzlichen Ausspruch derselben:

Niemand hat Geist als wir und unsere Freunde;
Wir finden Grund zum Tadel überall,
Und wir allein verstehen gut zu schreiben!

„In Frankreich ist dieser Standpunkt der sich brüstenden Mittelmäßigkeit und Borniertheit gottlob vollständig überwunden."

Was die Verbreitung der Stolz'schen Schriften anbelangt, so sind einzelne der Kalender in drei- bis viermalhunderttausend Exemplaren verbreitet worden, die andern Kalender doch in hunderttausend Exemplaren, manche der kleinen Volksschriften, wie „Laufpaß", „Vergißmeinnicht", in hunderttausend, das „Spanische" in zehntausend, die „Legende" in fünfzigtausend Exemplaren. Letztere erschien bei Herder in Quartformat mit Bildern, auch in französischer, zu New-York in englischer, in Holland in holländischer und zu Posen in polnischer Uebersetzung. „Diamant oder Glas" erschien in London englisch, der „Verbotene Baum" erst jüngst in Nordamerika gleichfalls englisch; manche Kalender und kleinere Schriften wurden in das Holländische, Polnische, Französische, Ungarische, Dänische und Slovenische übertragen, namentlich auch die „Heilige Elisabeth" sowie der „Unendliche Gruß".

Mit Ausnahme mancher kleinerer Arbeiten sind bekanntlich alle Schriften Alban Stolzens von der Firma Herder verlegt worden. An dieser Verlagshandlung hat er mit der ihm eigenen Beharrlichkeit und Treue sein Leben lang festgehalten. Nicht minder treu war er der „Augsburger Allgemeinen Zeitung", welche ihm Herr Herder über dreißig Jahre hindurch Tag für Tag in seine Wohnung schickte.

Auch in andern Beziehungen ist Stolz ein Original gewesen. Hierfür einige Belege. Als einst mehrere Schriftsteller, darunter der Kirchenhistoriker Alzog und er, bei Herder zu Tische waren, lud Alzog die Herren ein, die Druckerei zu besichtigen. Stolz aber meinte, er habe dieselbe noch niemals gesehen, er wolle auch gar nicht wissen, wie das Ding gemacht werde, und entfernte sich. Häufig wurden Schriften von Stolz unter seltsamen Titeln, unter Angabe irgend eines eigenthümlichen Umstandes verlangt, der darin enthalten war. Die Lösung solcher Aufgabe fiel mitunter um so schwerer, weil Stolz selbst nur selten sich an das erinnerte, was er geschrieben hatte, und meinte, der Faktor müsse das wohl besser wissen. Er blieb in Unkenntniß seiner eigenen Schriften, obgleich er auch die kleinste, im Falle einer neuen Auflage, wiederum las, daran änderte und außer der Correctur meist auch die Revision begehrte.

Da ein bedeutender Theil seiner Schriften im Kampf gegen moderne Einrichtungen und Gesetze entstand und da die Preßverhältnisse sich so „freiheitlich" gestalteten, daß man die „gute alte Zeit" der väterlichen Censur von Herzen zurückwünschen muß, so hing je nach den Zeitläufen das Damoklesschwert der allmächtig gewordenen Staatsanwaltschaft mitunter Jahre lang über Albans Haupt. Zwar pflegte er seine Correcturbogen tüchtigen Juristen zur Beurtheilung zuzusenden, allein diese Herren waren nur zu oft verschiedener Meinung — ein Zeugniß der juristischen Verwirrung. Stolz wollte einerseits die Kraft des Bildes und Ausdruckes nicht abschwächen, da er ja ganz allein deßhalb schrieb, um der Wahrheit so deutlich und entschieden als möglich die Ehre zu geben; anderseits wollte er aber doch vermeiden, daß beispielsweise die ganze Auflage eines Kalenders confiscirt werde. In zweifelhaften Fällen entschied er sich meistens für „Vorwärts!" Nicht selten laborirte die badische Presse an einem wahren Wetteifer, den verhaßten Alban Stolz der Staatsanwaltschaft zu denunciren und ihn hinter Schloß und Riegel zu bringen; auch Privatklagen wegen Beleidigungen sind keineswegs ausgeblieben, doch eine Verurtheilung hat — zur Ehre des badischen Richterstandes sei es gesagt! — nicht ein einziges Mal stattgefunden.

Als Schriftsteller hat Stolz auch seinem gelehrten Schulsacke nicht viel zugetraut. Vom Professorendünkel völlig frei, pflegte er die meisten seiner Schriften, bevor sie an das Schaufenster kamen, gelehrten Fachmännern zur Durchsicht zu geben; seiner großen Gewissenhaftigkeit gemäß hat er Ausstellungen in solchem Grade berücksichtigt, daß der Verleger oft seine liebe Noth mit ihm hatte. Nicht nur einmal ist's vorgekommen, daß aus seinem fertigen Buche Blätter herausgeschnitten und durch neue veränderte ersetzt werden mußten. Eines seiner letzten Schriftchen, nämlich die „Belehrung für Rekruten", hat er dem Dekan Förderer zur Beurtheilung überschickt, und was dieser ehemalige Schüler für streichenswerth erklärte, hat der Lehrer wirklich gestrichen.

Stolz nahm ein sehr reges Interesse an der möglichst großen Verbreitung wie an den Uebersetzungen seiner Schriften, nicht minder an den billigen Preisen derselben. Er konnte peinlich berührt werden, wenn er etwa einen Brief aus Oldenburg oder Nordamerika bekam, worin es hieß, man habe diese oder jene Ausgabe nicht erhalten, oder die Schrift sei zu theuer, oder man müsse ein Packet mit zwölf Exemplaren statt mit sechsen nehmen u. dgl. mehr. Dafür zeigte er sich um so befriedigter, wenn er Beweise erhielt, daß seine Schriften in weiter Ferne gelesen würden. So freute er sich aus ganzer Seele, als vor wenigen Jahren drei deutsche Bauern aus der Gegend von Odessa ihn besuchten und sich in seinen Schriften sehr belesen erwiesen.

Volle vierzig Jahre hat der Verlagsbuchhändler Benjamin Herder mit Alban Stolz viel und vertraut verkehrt, ohne daß eine Mißstimmung oder Spannung jemals Platz gegriffen hätte. Und das wollte doch etwas heißen. Ebenso wahr als treffend hat mir ein Geschäftsführer der Firma Herder vor einiger Zeit geschrieben: „Ich habe die seltsamsten Stunden meines Lebens in den Kreuzfeuern dieses kuriosen und edeln Mannes zugebracht; er konnte bei Abrechnungen herb sein, er konnte Einen schier bis zur Verzweiflung treiben; schließlich pflegte er nach dem Schloßberg zu schauen und ein Gespräch anzuknüpfen so nobel und durchsichtig, daß ich oft wie moralisch gebadet von ihm schied."

Die Honorare wurden im Ganzen so hoch als möglich bemessen, denn Stolz wollte jährlich über bedeutende Summen verfügen und gab so lange, als es reichte. Bezüglich der Vergabungen hat er oft einen großen Eifer bethätigt, sich über Alles zu unterrichten. Wurde Geld für eine Kirche begehrt, dann konnte er an seine Gabe die Bedingung knüpfen, daß für die Anschaffung einer Orgel nichts davon verwendet werden dürfe. Spendete er für die Heidenmission, so vergaß er niemals den Beisatz, der Missionsverein dürfe der bedachten Station seinerseits nicht weniger als bisher zukommen lassen. Für eine nicht geringe Anzahl von Anfragen, Bitten und Zusendungen war die Verlagshandlung das Depot, indem Alban Stolz von Adressen, Porti u. dgl. nichts wissen wollte.

Der verewigte Lebensgefährte hat beim edelsten Willen dem Schreiber dieses auch in literarischer Hinsicht weit mehr geschadet als genützt. Als ich vor langen Jahren von ihm in die literarische Arena eingeführt wurde, da hat er den Titel für meine Arbeit gewählt, das Vorwort dazu geschrieben und den Verleger bestimmt. Der Titel „Zuchthausgeschichten von einem ehemaligen Züchtling" war wenig verlockend und gefiel mir auch nicht; das Vorwort läßt Zweifeln Raum, ob ich nicht etwa als ordinärer Galgenstrick in das Zellengefängniß zu Bruchsal gerathen. Das größte Mißgeschick aber bereitete mir jungem Anfänger Stolzens Grille, nicht die Herder'sche Verlagshandlung, sondern eine norddeutsche müsse meine Schrift an das Licht der Welt befördern. Der fadenscheinige Grund hierfür ist im Vorwort angegeben. Allerdings haben die bei Theissing in Münster erschienenen „Zuchthausgeschichten" unerwartet günstige Beurtheilungen auch von Seite nichtkatholischer Zeitschriften und Blätter erfahren, z. B. in Hermann Marggraffs „Blättern für literarische Unterhaltung" —, allein der buchhändlerische Herrgott, Absatz genannt, erwies sich mir nicht besonders gnädig. Schließlich erzählte mir Stolz vor längeren Jahren, einer unserer gepriesensten Literarhistoriker — ob Kurz, Julian Schmidt oder ein Anderer, ich habe mich niemals darum bekümmert! — habe ihn selbst zum Verfasser auch meiner Zuchthausgeschichten gestempelt. Dieser Literarhistoriker glänzt unter den Mustern „deutscher Gründlichkeit"![1]

---

[1] Es ist Heinrich Kurz, dessen mehrfach aufgelegte literar-

## Wohlthäter und christlicher Socialist.

Niemals saß Alban in kummervoller Nacht auf seinem Bette, sein Stücklein Brod in Thränen verzehrend. Wohl lernte auch er mit der Zeit aber einsehen, die einzige Todsünde, welche es für die sogen. Kulturwelt eigentlich gibt, bestehe darin, wenig oder kein Geld zu besitzen. Er hat stets gegeben, und immer besser in rechter Weise, denn allmählich ließ er die Alltagsanschauungen von Geld, Armuth und Almosen auf der Heerstraße liegen und arbeitete sich auch in dieser Beziehung zu höheren, ja zu den höchsten Anschauungen empor, zu jenen Anschauungen, welche dereinst viele Reichen und Hochgestellten bewogen haben, all ihre zeitlichen Güter den Armen mitzutheilen und die Armuth Christi nachzuahmen.

Stolzens Aufschwung in dieser Hinsicht datirt aus den Jahren 1846 und 1847. Die Kartoffelkrankheit, welche das Volk mit dem Auftreten Ronge's in innern Zusammenhang brachte, hatte die damals beginnende Verarmung und das Elend der Massen steigern helfen. Die Meinung, als ob die

---

historische Werke unter anderm auch an österreichischen Gymnasien benützt werden. Der Mann hat sich selbst am besten gekennzeichnet durch den einzigen Satz: „Die Poesie hört dort auf, wo der Katholicismus anfängt." Seine „Gründlichkeit" ist schon damit beleuchtet, daß ihm der Kanzelredner J. E. Veith total unbekannt geblieben, daß er den Mainzer Bischof v. Ketteler vom „blindesten Fanatismus" erfüllt sein läßt und den Kanzelrednern des Jesuitenordens „rohe Polemik, namentlich gegen den Protestantismus und die wissenschaftliche Bestrebung der Gegenwart" andichtet. Dafür sind seine Herzkäser die verbissensten Schweinefleischjuden; in Ulrich von Hutten entdeckt er eine „wahrhaft moralische Größe", in dem Kopfabhacker Eulogius Schneider nicht bloß einen Prediger von tiefer Frömmigkeit, sondern sogar einen trefflichen Dichter! — Im vorliegenden Falle hat der gefeierte Heinrich Kurz unmöglich auch nur Alban Stolzens Vorrede zu den „Zuchthausgeschichten" gelesen.

Eisenbahnen jede Hungersnoth künftig unmöglich machen würden, begann sich als Irrthum zu erweisen, weil eben die Schienenwege nur für Leute existiren, welche Geld haben, und das langsame Verhungern erfahrungsmäßig nicht verhindern. Die „Fliegenden Blätter" aus München mochten das sociale Elend lächerlich machen, indem sie die Mannheimer Proletarier dem „edlen Volksfreund" Friedrich Hecker erklären ließen, sie hätten gar keinen Hunger, nur „Dorscht, viel Dorscht". Dafür wanderte Stolzens Freund, der ebenso edle als energische Buß, in der ärgsten Winterszeit auf dem südwestlichen Schwarzwalde von einem Haus zum andern, um der drohenden Hungersnoth abzuhelfen. Buß allein hat über 20 000 Gulden (über 35 000 Mark) und Nahrungsmittel im doppelten Werthe dieser Summe zusammengebracht und ausgetheilt. Stolz aber wurde durch das Elend ringsum nachdenklich: „Der Heiland spricht einmal in der Parabel vom ungerechten Haushalter davon, wir sollen uns aus dem ungerechten zeitlichen Gut ewige Güter erwerben. Um die Ungerechtigkeit des Zeitlichen laufen die Exegeten herum, wie die Katze um den heißen Brei, und erkünsteln allerlei Erklärungen. Mir scheint die Benennung ganz wörtlich wahr. Es ist mir nämlich auf meiner letzten Reise ganz besonders klar geworden, welch eine Ungerechtigkeit das Geld ist. Der Reisende genießt in jedem Land das Beste, was aufzutreiben ist, obschon er diesem Land und keinem Menschen in diesem Lande das Geringste genützt hat, lediglich deßhalb, weil er ungenießbares Gold oder Silber zurückläßt. Er genießt also um das vielleicht faul ererbte oder sonst gefundene falsche Werthzeichen das, was der Bauer und Handwerker in langem und schwerem Schweiß der Erde abgerungen hat. Darum ist alles Geld und stillsitzende ungenießbare Gut ungerechter Mammon, wie ihn Jesus nennt, weil damit gleichsam geraubt und gestohlen wird, was in mühsamer Arbeit Anderer hergestellt wurde. Wenn sie es auch freiwillig dafür hergeben, so geben sie es nur, weil die Welt eben diesen Diebshandel stereotyp gemacht hat, und somit der Arbeiter weiß: um das ungerechte Geld kaufe ich wieder Produkte anderer Arbeit. Es ist mit dem Geld auch im Neuen Testament, als dulde es Gott, wie die Ehescheidung im Alten Testament, ‚um unserer Herzenshärtigkeit willen‘. Das schien Paulus zu fühlen, da er Nachts arbeitete, um sich sein leibliches Brod zu erwerben. Und mit Geld bezahlen scheint eine versteckte Aehnlichkeit zu haben mit dem Pistolenvorhalten des Räubers — der Bezahler und der Räuber hat Metall in der Hand und hält es vor, und der Andere gibt aus Rücksicht darauf her. — Wohl ist auch das Geld in schwerer, der schwersten Arbeit vom Mutterleib des Berges bis zum Glanz der Münze hervorgezwungen worden — allein der Besitzer besitzt es gemeiniglich in ungerechtem Verhältniß rückwärts zum Erwerb und vorwärts zum Tausch" (Witterungen der Seele, S. 356 ff.).

Im Herbst 1848 hat er geschrieben, nachdem er eine Feilscherei wegen einigen Kreuzern angehört: "Es wurde mir hierbei anschaulich, wie das Geld eben doch vielfältig den Menschen freier und mächtiger mache, so daß er doch manchen Wunsch durchführen kann, worauf der Arme verzichten muß; daß aber dennoch auch jeder Reiche recht bitter arm ist, indem viele Dinge niemals mit Geld zu gewinnen sind, z. B. Jugend, Gesundheit, bessere Kindergattung u. s. w. Das Geld hat nur ein bestimmtes Revier im Menschenleben, wohin seine Hilfe wirksam sich zu erstrecken vermag; und der Mangel von dem, was nicht gekauft werden kann, peinigt oft mehr als alle Noth aus Geldmangel. Hingegen ist das Gebet ein Geld, das, fast allmächtig in allem, wo die Menschenkraft nicht zureicht, dem Wunsch die Erfüllung erkauft; darum ist Niemand reicher, als der fromme Christ" (Wanderbüchlein, S. 8 ff.). Und auf der Rückreise aus Spanien hat er im prachtvollen Hôtel de l'Univers zu Tours ähnliche Betrachtungen über das Geld angestellt: er genieße das Beste, was Frankreich erzeuge, und zwar einzig und allein deßhalb, weil er todte und an sich unnütze Metallstücke besitze. Selbst wenn sein Geld durch Arbeit wohlverdient wäre, so habe seine Arbeit eben doch keinem Franzosen etwas genützt. Daher nenne Lukas (16, 9) auch das nicht gestohlene Geld einen Mammon der Ungerechtigkeit (vgl. Spanisches für die gebildete Welt, S. 314). Und tiefer, immer tiefer hat er sich in das Unheil und Elend versenkt, welches vom Geld angerichtet wird. So schrieb er am 12. April 1873: „Das Geld des Reichen, welcher nicht durch gemeinnützige Arbeit es gewonnen hat, ist eben **krystallisirter Arbeiter=schweiß**, womit der Reiche wieder das Beste umtauscht, was der Arme oft schwer gewonnen hat. Der Müßiggänger trinkt den besten Wein; der Weinhändler thut nichts als damit speculiren, nachdem er ihn unehrlich gemacht hat; der Reb=bauer kriegt aber keinen Tropfen von seinem Wein, wenn er einmal abgelegen goldig im Glase schimmert. Es ist ein Verhältniß im Weltleben, daß man in vielen Beziehungen denken kann, es werde jenseits fast Alles auf den Kopf gestellt werden, gleichsam eine verkehrte Welt. Das Hohe vor der Welt wird gering sein, der Arme reich; der Wissen=schaftliche ohne Glauben verachtet wie ein Cretin oder Wasser=kopf. Das Evangelium bezeichnet diese Verkehrung der Erd=verhältnisse mit der Erzählung vom reichen Prasser und mit dem Wort: Die Letzten werden die Ersten sein" (Dürre Kräuter, S. 234).

Stolz findet es sehr in Ordnung, daß die Pfarreien reich ausgestattet werden, denn nach seiner Meinung ist die Pfründe **ein Schatz der Nothleidenden**, der Geistliche aber der Gemeindebrunnen, wo jeder Arme Hilfe zu schöpfen be=rechtigt ist; der Geistliche soll nicht besitzen oder gar zu=sammenscharren. Bekanntlich steht auch in diesem Punkte das Volk entschieden auf Stolzens Seite. Keine Untugend, kein

Fehler oder Laster eines Geistlichen wird allenthalben so übel vermerkt und so bitter aufgenommen, als Knauserei und Geiz. Die Armuth ist geheiligt worden im Stalle von Bethlehem und durch das arme Leben Jesu Christi, Geldgier und Geiz aber verworfen in Judas dem Erzschelm.

Stolz war durch und durch ein christlicher Socialist, jedoch nicht in dem Sinne, daß er persönlich gemeinnützige und wohlthätige Anstalten zu gründen und zu leiten vermocht hätte. „Wie Pater Theodosius Florentini, so hat auch geistlicher Rath Thomas Geiselhart in Sigmaringen einen großen Trieb und viel Geschick und Muth, Anstalten zu errichten, sich die schwersten Familiensorgen aufzuladen und die Aengsten unbezahlter Schulden zu tragen. Beide sind großgewachsene magere Männer, beide ruhig, angenehm und heiter im Umgang, beide fern von Frömmelei und Aengstlichkeit. Die Gaben sind verschieden; ich wäre gründlich ungeschickt und geplagt, wenn ich derartiges unternehmen wollte" (Wilder Honig, S. 447).

Stolz begriff, wie im letzten Grunde der Reiche arm, der Arme dagegen reich sein kann: „Beim Fortgehen machte H. v. D(rais) die Bemerkung, wie der Arme oft doch so ruhig sei durch das Vertrauen auf Gott, während wir Wohlhabendere gleich so unruhig und verzagt werden, wenn irgendwo etwas fehlt. Dieß veranlaßte mich, darüber nachzudenken, wie der Reiche meistens so arm ist und der Arme oft so reich, ohne daß es beiderseitig erkannt wird. Der Arme gewöhnt sich an wenige Bedürfnisse, die verschiedenen Begehrlichkeiten der sündhaften Menschennatur werden nicht gedüngt und gemästet — er ist mehr zu Gott hingedrängt; und wenn ihm eine Hilfe kommt, so sieht er eher die Hand Gottes darin und küßt sie aus Dank, während der Reiche im Ueberfluß sittlich betrunken und betäubt oft ist. Seiner Bestimmung nach aber sollte der Reiche Handlanger der Fürsehung Gottes sein; insbesondere aber bei seinem Geben den Empfänger stets aufmerksam machen, daß Gott den Auftrag gegeben habe, ihn zu unterstützen" (Wilder Honig, S. 533 ff.).

Er lernte die Armen lieben: „Es wird mir fast bis zur Schreckhaftigkeit klar, was die Armuth vor Gott einen so großen Werth habe, wie Gott die Armen lieber habe als andere Leute, und daß wir Wohlhabende niederer stehen und schwerer selig werden. Die Armen haben manche Eigenschaften mit den Kindern gemein, namentlich den Mangel an Hoffart, Zufriedenheit mit Wenigem, Sorglosigkeit wegen der Zukunft" (Dürre Kräuter, S. 198). Niemand hat mehr beherzigt als er, daß die Armuth als wesentlich empfohlen wird zur Nachfolge Christi; er war dafür, daß man wohlthätig sein müsse bis zur Grenze des eigenen Entbehrens (vgl. Dürre Kräuter, S. 354), und freute sich, daß wenigstens eine Tugend auch bei den kirchenlosen Menschen unserer Zeit zur Natur geworden, nämlich das Almosengeben.

Stolz wurde unerschöpflich im Wohlthun und ließ sich darin nicht beirren, so oft und schmählich man ihn auch mißbrauchte und hinter das Licht führte. Leicht begreiflich hat er auch arme Studenten sehr unterstützt und namentlich auch solchen eine ehrbare Existenz zu verschaffen getrachtet, welche keinen Beruf zum geistlichen Stande in sich verspürten, oder die von der Kirchenbehörde ausgeschlossen wurden, weil diese am Berufe zweifelte. Er selbst gesteht, sich in Beurtheilung von Individuen sehr oft geirrt zu haben, „wie es selbst mittelmäßig begabten Leuten nicht leicht widerfahren wäre". Er weist die Meinung, als ob er ein besonderer Menschenkenner wäre, entschieden von sich ab und gesteht ehrlich, wo es sich darum handle, „Gesinnung und Charakter von Personen, mit denen ich irgendwie in Berührung komme, zu beurtheilen und mich darnach zu benehmen, da bin ich oft entsetzlich dumm und ungeschickt. Daher kommt es auch, daß ich oft Andern schneidend weh thue, ohne daß ich es ahne, und von Andern mich elend betrügen lasse" (Witterungen der Seele, S. 432 ff., 467).

Seine stärkste Seite war zugleich seine schwächste, nämlich **die Sorge für das eigene und fremde Seelenheil.** Wer das Heucheln verstand und von Seelenängsten, Versuchungen und Gewissensskrupeln declamirte, der fand das Herz wie den Geldbeutel des guten Mannes nicht selten gar zu leicht offen. Durchtriebene Studenten, von denen ich einige Prachtexemplare dem Publikum vorzuführen vermöchte, sowie abgefeimte Weiber könnten davon erzählen. Ein gewisser alter Sünder, nebenbei auch Ritter des hl. Gregoriusordens, hat den kindlichen Alban nicht bloß Ein Jahr hinter das Licht geführt, sondern wohl zwanzig Jahre. Der Mann betrog verschiedene Vereine, vermöge seiner Routine in Geldangelegenheiten Jeden und Jede, wo etwas zu erhaschen war. Nichts fiel schwerer, als unserm Stolz eine böse Meinung beizubringen von Leuten, für die er nun einmal eingenommen war. Nun brachte man ihm so triftige Beweise, daß er endlich stutzig wurde. Er stellte den Angeklagten scharf zu Rede; dieser vermochte nicht zu läugnen, doch ein Kniefall und etliche Zähren verfehlten ihre Wirkung nicht. Das alte Spiel dauerte fort, nur etwas vorsichtiger und in anderer Weise. Neue Anklagen, neue Documente brachten dem alten Heuchler eher Heil als Unheil. Stolz verfiel nämlich auf die Idee, ein rechter Jünger Christi dürfe den Umgang mit nichtsnutzigen schlechten Menschen keineswegs aufgeben, weil diese dadurch ewig verloren gehen könnten. Er wähnte den hartgesottenen Sünder dem Dorngestrüpp der Sünden doch noch entreißen zu können.

Bei seiner unablässigen Beschäftigung mit dem Leben der Heiligen und bei seinem grundehrlichen energischen Streben nach Vollkommenheit mußte mit der Zeit eine Klage verstummen, die er gar oft über sein eigenes Wesen angestellt und deren Quintessenz er dahin ausgedrückt: "Eines ist es aber, was ich am schärfsten fühle, die Eiskälte, Liebeleere meiner Seele. Wo ich das Rechte thue, so ist es der starre Grundsatz, die mondhelle und mondkalte Einsicht, was mich treibt" (Witterungen der Seele, S. 385).

Um Gutes zu stiften, hat er dem Gesellenverein als Gründer, Leiter und Diöcesanpräses viele Zeit geopfert. Er gründete den Männer-Vincentiusverein, sowie den Dienstbotenverein und hat für beide Vereine geschrieben, viel gesammelt, gegeben. Den Vincenzverein leitete der alte, gebrechliche und halb erblindete Mann bis zu seinem Tode und präsidirte jeden Sonntag der Sitzung des Vereins. Wir möchten sagen, seine Werke geistiger wie leiblicher Barmherzigkeit seien unzählbar, ähnlich den Sternen am Himmelsgezelt. Er hat vielen einzelnen Personen in der Nähe und in der Ferne ständige Unterstützungen zufließen lassen. Seine Schwester könnte beispielsweise einen Ordensmann nennen, der aus dem Kloster treten wollte, um die Stütze seiner dürftigen Eltern sein zu können; Stolz bewog ihn zum Bleiben, indem er die Fürsorge für die alten Leutchen auf seine Schultern nahm. Einmal kam er auf die Idee, den katholischen Bahnwärtern in Norddeutschland auf Weihnachten ein gutes Buch in das Häuschen zu bringen; so wurde denn in ganzen Diöcesen jedem Bahnwärter ein Goffine zugeschickt.

Niemand konnte bezüglich seiner Liebesgaben schweigsamer sein als Stolz. Er hat es überhaupt förmlich darauf abgelegt, seiner Umgebung bei weitem nicht so gut zu erscheinen, als er wirklich war. Nach seinem Tode sind aus weiter Ferne Klagebriefe an seine Schwester eingelaufen von ganz fremden Leuten, denen er regelmäßig Unterstützungen hatte zufließen lassen. Wer dem Manne nicht sehr nahe stand, bekam gar keine Ahnung, in welcher Weise Tag um Tag seine Mildthätigkeit in Anspruch genommen wurde. Man möchte glauben, die Armen von halb Deutschland und alle Handwerksburschen obendrein hätten Alban Stolzens offene Hand gekannt und von dieser Kenntniß Gebrauch gemacht. Nach seinem Tode fand man eine Menge alter und neuer Schuldscheine von Leuten aus Freiburg und der Umgegend, sowie von Fremden; das Ganze hätte eine schöne Summe ausgemacht, allein man glaubte in seinem Sinne zu handeln, indem man Niemanden belästigte; mancher Schuldschein rührte übrigens von Solchen her, bei denen voraussichtlich nichts zu holen gewesen wäre.

Wer sich unterfängt, etwas Geschichtliches zu schreiben, dessen erste Pflicht heißt, nach bestem Wissen und Gewissen die Wahrheit zu sagen und daher Licht und Schatten gerecht zu vertheilen, um ein möglichst treues Bild herzustellen. Aus diesem Grunde mögen von vielen Thatsachen und Vorkommnissen einige wenige hier Platz finden, welche beweisen, daß Stolz oft im Geben auch ein Sonderling war, namentlich in früheren Jahren. Im Ganzen war er eher karg als splendid gegen diejenigen, welche ihm zunächst standen, notorisch karg gegen Postleute, Ausläufer, Meßdiener und Andere, welche ihm Jahr aus Jahr ein Dienste geleistet haben. Nicht leicht ist es vorgekommen, daß er Jemanden am Namenstage oder sonst bei einer passenden Gelegenheit auch nur mit einer Kleinigkeit bedachte. Auch kann sich schwerlich Jemand erinnern, daß Alban Stolz als Gesellenvater jemals ein Fäßlein Bier bezahlt hätte. Seine Reiseschriften enthalten mehr als Einen Beleg, wie kleinlich und knauserig er bezüglich kleiner Forderungen und Trinkgelder gewesen. Im Anfang der fünfziger Jahre ging es in Freiburg ein wenig spanisch her, und unter Anderm wurde das Betteln trotz der harten Zeit polizeilich strengstens verboten. Einmal gab Stolz in der Kaiserstraße einer armen Frau einen Groschen, ein Polizeidiener schnurrte flugs herbei und nahm der Frau das Geldstück; Alban aber säumte nicht, auf den Diener der heiligen Hermandad loszugehen und denselben so lange zu haranguiren, bis er seinen Groschen wieder hatte. Nur ein-

mal in meinem Leben habe ich Alban Stolz mit einer Geld=
bitte behelligt, ungefähr vor 30 Jahren. Schwer bedrängt,
faßte ich mir das Herz, ihn um ein Darleihen von 40 Gulden
(68 M. 57 Pf.) anzugehen. Bereitwillig gab er mir
das Geld, forderte es aber gar bald zurück. Ich erbot mich
zu Abschlagszahlungen, doch davon wollte er nichts wissen.
Ich legte nun von Zeit zu Zeit Geld zurück, um so die
Summe nach und nach zusammenzubringen. Die 40 Gulden
waren jedoch noch lange nicht bei einander, als ich erfahren
mußte, Stolz habe mich ohne mein Wissen und Wollen an
das Konradi=Haus in Konstanz verschenkt. Zum Glücke
ging dieses Haus bereitwillig auf Abschlagszahlungen ein.
Um der Wahrheit und Gerechtigkeit willen muß ich jedoch
beifügen, daß Alban Stolz mich bei aller Zuneigung für einen
jener Lumpen hielt, die er in seinen Schriften wiederholt
scharf geißelt, indem sie leichtsinnig Geschenke machen und groß=
artig Almosen geben, anstatt ihre Schulden zu bezahlen.

In den traurigen fünfziger Jahren hauste im Gebirg,
am Fuße des gewaltigen Horbener Berges im Finsterbacher Hof
ein steinaltes Mütterchen. Der Bauer hatte ihr gegen sonstige
Bauernart ein licht= und luftleeres Loch umsonst eingeräumt.
Das Weiblein pflegte jeden Samstag nach Freiburg zu kom=
men (fast immer mit Hilfe eines barmherzigen Fuhrmannes),
weil es in der Stadt einige mildthätige Herzen kannte. Auf
Zureden meiner Frau ließ ich mich bewegen, für das arme
Mütterchen ein Fürwort bei Alban Stolz einzulegen. Dieser
begehrte vor Allem ein pfarramtliches Zeugniß. Das Weiblein
kroch den steilen Horbener Berg empor in den Pfarrhof und
wagte sich mit seinem Zeugnisse am nächsten Samstag zu
Alban Stolz. Weinend kehrte es zurück, doch weinte es keine
Thränen der Freude, denn es war ein für allemal mit einem
Sechser (18 Pfennig) abgefunden worden. Mir gegenüber
verstieg sich Stolz zu der schier wunderbaren Behauptung,
das Mütterchen sei noch jung und könne arbeiten. Keine

zwei Monate später konnte ich ihm melden, die 77jährige Dulderin sei durch den mitleidigen Tod von allem Erdenelend und seinem Sechser erlöst worden.

Während der sechziger Jahre gerieth eine wackere katholische Familie in schwere Bedrängniß, aus welcher sie nur vermittelst eines Darlehens von 200 Gulden (342 M. 86 Pf.) herausgerissen zu werden vermochte. Sie klagte ihre Noth dem Beichtvater. Der junge Herr ward gerührt; aus eigenen Mitteln vermochte er nicht zu helfen, faßte sich aber ein Herz und ging zu Alban Stolz. Diesem trug er Alles beweglich vor und fügte bei, die bedrängte Familie werde die 200 Gulden in monatlichen Beträgen von je zehn gewissenhaft und pünktlich zurückzahlen. Stolz aber fragte wiederholt, ob er für die pünktliche Zurückzahlung auch wirklich einzustehen vermöge, und als der Bittsteller solches wiederholt und fest bejaht hatte, erhielt er den trockenen Bescheid: „Wenn Sie der gewissenhaften Heimzahlung so ganz und gar sicher sind, so gehen Sie nur zum Banquier K., der wird Ihnen das Geld ohne Anstand geben."

Nun vergleiche man mit diesen Thatsachen Stolzens Brief hinter dem Titelblatt! —

Ganz unaufgefordert hat er mir einmal hundert Gulden für einen Bürger gegeben, der Feuerschaden erlitten hatte, und ein andermal dem Herrn Losinger ebenso viel, um einem andern Bürger aus augenblicklicher Noth zu helfen. Auch in Geldsachen war Stolz gewissenhafter als weitaus die meisten andern Menschen. So wünschte er einmal aus allerlei Gründen, daß ein Mitglied des Gesellenvereins heirathe. Der Betreffende durfte aber damals von Gesetzeswegen dieß nicht thun, wenn er nicht wenigstens über den Besitz von 400 Gulden (685 M. 71 Pf.) sich auszuweisen vermochte. Standhaft weigerte sich Stolz, das Geld für so lange herzuleihen, bis die Hochzeit vorüber war; er meinte eben, man dürfe nicht einmal dem Freiburger Gemeinderath ein Schnippchen schlagen; ich schlug aber dieses Schnippchen doch mit Hilfe eines minder bedenklichen Geldmenschen.

Auch die Sonne hat ihre Flecken, große Heilige konnten kleiner Unvollkommenheiten nicht los werden, und eben diese Unvollkommenheiten rücken sie uns gewöhnlichen Menschenkindern näher. Gerade von Alban Stolz muß wiederholt betont werden, daß er mit heroischer Energie aus den ihm anhaftenden Naturfehlern heraus und zu den entgegenstehenden Tugenden sich emporgearbeitet hat. Und diese Tugenden sind die ächt christlichen, christliches Wesen und christliche Gesinnung eigentlich begründenden. Man vergleiche seine Mildthätigkeit, seine Armenliebe und Geringachtung aller irdischen Güter, sowie des irdischen Glanzes mit den gleichen Tugenden seiner Lieblingsheiligen, der von ihm „besungenen" Elisabeth von Thüringen!

Während man selbst in katholischen Kreisen den urheidnischen Satz in Ordnung zu finden scheint, daß in Geldangelegenheiten die Gemüthlichkeit aufhöre, hielt Stolz auch in Sachen des Geldes, der Armuth und des Reichthumes, wie des Almosengebens an den streng christlichen Anschauungen fest. Nach den schrecklichen Pariser Junitagen des Jahres 1848 war ein gewaltiger Schrecken in alle „Besitzenden" gefahren. Alban aber schrieb am 10. Juli gar kühl und unbefangen: „Alle Rechtsideen sind so morsch geworden, daß das Gesindel nun den Wohlhabenden ganz mit demselben Zorn und Erbitterung ansieht, als hätte dieser jenem seine Sach geraubt und vorenthalten. Und zwar ist diese Anschauungsweise so ansteckend, daß mir gegen mein eigenes Interesse schon manchmal die Anwandlung kam, als hätten jene Leute im Ganzen doch Recht, und als hätten wir Wohlhabenden vor der himmlischen Obrigkeit ungerechtes Gut, und wir seien Sünder, so lange wir nicht theilen, wenigstens nicht ernstlich mittheilen" (Witterungen der Seele, S. 529).

Und wenige Jahre später schrieb er: „Das Geld scheint

mir etwas Bösartiges an sich zu haben, das nur mystisch verstanden werden kann. Es gibt feinfühlende Menschen, welche einen unerklärlichen Widerwillen, fast Bangigkeit dagegen haben, und manchmal kann ein großer Geldhaufe wie krystallisirte Sünde einem vorkommen. Auch ist es auffallend, wie nach allen Geistersagen die Seelen am meisten durch das Geld geplagt und zum Erscheinen gedrängt sind. Wenigstens scheint seine moralische Bedeutung durch Wasser und Blut gezeichnet zu sein; sobald Wasser und Blut stocken, erzeugt sich großes tödtliches Verderben: so auch bei dem Menschen, wenn er das Geld bei sich sitzen läßt und anhäuft, statt es in nützlichen und guten Werken wieder abfließen zu lassen. Darum zeigt es auch ferner eine entsetzliche Verkrüppelung, wenn ein Kind nach dem Geld viel fragt. Es gibt sogar zartere Naturen, welche es wie eine Art Unanständigkeit scheuen, Geld einzunehmen oder öffentlich sich damit abzugeben" (Wilder Honig, S. 84 ff.). Er meinte, wenn man wenig Geld habe, so bleibe man Herr über dasselbe; wenn man aber viel habe, dann werde das Geld Herr über den Menschen, und daher komme es, daß der Arme freigebig sei, der Reiche dagegen zähe und geizig. Das Geld aber sei ein erstickendes Fett, wenn es keinen Abfluß finde. Er fand den Reichthum gefährlich für das Seelenheil, insofern man denselben nicht für Gottes Zweck gebrauche, sondern ungebraucht liegen lasse oder ohne Bedürfniß selbst verzehre; ferner weil der Reiche sich von sehr mannigfaltigem Kreuz der Armuth loskaufe, während das Kreuz fast unerläßlich sei, um selig zu werden (vgl. Dürre Kräuter, S. 64, 143). Er lobte die Großen der römischen Heidenzeit, weil sie ungeheuren Aufwand machten zum Nutzen und Vergnügen des Volkes sowie zur Verherrlichung ihrer Heimathsorte, während unsere Millionäre in der Regel ihren Goldklumpen sorgfältig für die Leibesnachkommen bewahren. „Das ist der Unterschied zwischen der Menschheit in unverschuldetem Heidenthum und zwischen dem dürren Gesträuch der religionslosen Apostaten vom Christenthum" (Dürre Kräuter, S. 269).

Der Anblick armer Menschen weckte in Stolz manchmal den Gedanken, es sei fast Sünde oder doch etwas Unedles, es so gut zu haben wie er. „Ja gerade je besser der Mensch ist, desto unbehaglicher wird es ihm, daß seine Brüder es schlimmer haben; und er wird ein Communist aus Edelmuth; und ein solcher war und wurde Gott selber in seinem Sohn" (Witterungen der Seele, S. 174).

Im Juli 1848 schrieb er in sein Tagebuch: „Ich habe eine eigene Liebe, ich möchte sagen Ehrfurcht, gegen recht arme Leute, die es schuldlos und ohne zu klagen sind. Sie sind gewissermaßen mehr nur rein Mensch, und sonst nichts, als wir Vermögliche es sind; sie haben für mein Gemüth fast dieselbe Anzüglichkeit wie Kinder, weil sie auch hilfsbedürftig und demüthig sind" (Witterungen der Seele, S. 531).

Seiner Meinung nach sollte die sonst verachtete Armuth überhaupt im Christenthum verehrt werden, gerade wie das Holz der Schmach, das Kreuz.

Mit dem Almosen und Almosengeben haben seine Gedanken sich gar viel beschäftigt. Im Jänner 1850, als ein mächtiger Schneesturm tobte und die Lichter längst angezündet waren, da wurde er von einem Menschen angeredet, der ihm sagte, er sei Soldat vom 2. Regiment und aus dem Unterland heraufgekommen, um seinen Vetter zu besuchen, nun habe er kein Geld zum Uebernachten und bitte ihn um Hilfe: „Dieses Begegniß freute mich ebenso und weckte mein Vertrauen auf Gott, als wenn ich der Arme gewesen wäre und mir geholfen worden. Es liegt überhaupt ein reicher Lebensgenuß im Wohlthun, und es kann wie jedes andere Vergnügen zur Stärke der Leidenschaft erwachen, wie z. B. die Jagdlust oder Habsucht, so daß man gern und mit Freude Anstrengung und Opfer dafür auf sich nimmt. Ich hoffe, wenn ich allmählich zu einer Festigkeit und Wärme der Barmherzigkeit gelange, daß sich daran mehr und mehr auch andere Tugenden reihen, die zu einem christlichen Leben gehören und mir noch abgehen. Wie sich Laster an Laster entzündet, so mag es auch mit dem Guten gehen" (Wilder Honig, S. 47).

Er fand, das Almosen bekomme erst seinen tiefern Werth, wenn es **Ausprägung der Liebe** sei, die meisten Almosen aber seien keine wahren Almosen, sondern sich selbst aufgezwungenes Außenwerk, ähnlich dem Lippengebet. Die edelste Vornehmheit erblickte er darin, in reichem Maße freigebig gegen Arme zu sein, während man für seine Person sparsam lebe: „Es ist dieses eine moralische Vornehmheit, welche noch viel mehr ist als die des Geistes und der Bildung oder des Standes. Wir finden sie am größten in Christus, der selbst in tiefster Armuth lebte und doch allen Reichthum zu allen Zeiten, auch zur Zeit seines Erdenwandels schenkte" (Wilder Honig, S. 202).

Im Herbst 1858 kam ihm anläßlich eines kleinen Begegnisses innerlich der ernste Gedanke, auch der Reiche sei nicht frei von der Versuchung zu stehlen, indem es ein **Diebstahl** sei, wenn er seinen Ueberfluß nicht an Arme verwende; diese Versuchung aber sei viel gefährlicher und siegreicher bei dem Reichen, als bei dem Armen die Versuchung zu stehlen. Er fand es denkbar, daß Gott einen Reichen selbst dann noch strafe wegen **ungenügender Gabe**, nachdem diesem der Arme sogar mit Freudenthränen gedankt. Außerordentlich gefiel unserm Stolz die drastische Vergleichung, welche der heilige Chrysostomus bezüglich des Almosens dessen, der ungerechtes Gut besitzt, anstellt. Der Heilige meint nämlich, solch Almosen stinke noch weit ärger als ein krepirter Esel, welchen man zum Opferaltar bringen wolle. Vom Almosen, welches nicht die christliche Liebe spendet, schrieb er: „Der **Rationalist und Freimaurer** stürzt sich um so begieriger auf einen Akt der öffentlichen Wohlthätigkeit, weil diese seine ganze Religion, seine Tröstung ist, womit er dem gähnenden Gewissen den Mund stopft" (Wilder Honig, S. 341).

Er meinte endlich, herzloser, liederlicher und leichtsinniger könne eine Wohlthätigkeit nicht wohl ausgeübt werden, als wenn man Lustbarkeiten, Concerte u. s. f. veranstalte, um aus dem Erlös derselben Unglückliche zu unterstützen. Im Vergleich zu solchem Almosen rieche jenes Geld noch besser, welches Vespasian als Steuer von den Abtritten erheben ließ.

Wie der selige Alban Stolz in Geldsachen und in Anderm fühlte und dachte, darnach hat er auch gehandelt. Er hat für seine Person das einzige Mittel werkthätig durch= geführt, womit die heutige Gesellschaft in der elften Stunde noch unsäglichem Jammer und Unglück vorzubeugen ver= möchte; er hat nämlich freiwillig getheilt, getheilt bis zur Grenze des eigenen Entbehrens. Seinen Mammon hat er weggeschenkt, weggeschenkt an Gott weiß wie viele einzelne Arme und Nothdürftige, an wohlthätige Anstalten, an Mis= sionspriester, an Vereine mit guten Zwecken. Vor mir liegt ein Verzeichniß der Liebesspenden, welche auf seine Anwei= sung hin die Herder'sche Verlagshandlung aus seinem schriftstellerischen Erwerbe seit dem Jahre 1859 in alle Ge= genden der Windrose hinfliegen ließ. Die Summe beträgt nicht weniger als 65 500 Mark. Dazu kamen noch unge= fähr 7000 Mark für Bücher, welche er dem Bonifacius= verein sowie den nordischen Missionen zukommen ließ. Alban Stolz hat aber nicht erst im Jahr 1859 begonnen, ein un= ersättlicher Wohlthäter seiner Mitmenschen zu sein, sondern viele Jahre früher; auch ist seine Verlagshandlung keineswegs die ausschließliche Ausspenderin seiner Wohlthaten gewesen. Er gab mit eigener Hand und benutzte noch andere Hände zum Austheilen. Nebenbei verstand er es ganz ausgezeichnet, fremde Geldbeutel und Herzen für gute Zwecke zu öffnen. Wie oft hat er mich gleich vielen Andern drangsalirt, bis er einen Rock, Hemden, ein Paar Stiefel oder Hosen und dergleichen erobert hatte! Einem Beispiele seiner Virtuosität im Betteln begegnen wir am Schlusse seiner besten Schrift, deren Erlös er selbst zu wohlthätigen Zwecken bestimmt hat: „Die hl. Elisabeth steht vor dir im Bild und bettelt dich an; die Rosen im Schurz zeigen dir, was dir einst in der Ewigkeit erwachst aus allem, was du an Gutthaten dem nothleidenden Nebenmenschen zuwendest. Niemand, der dieses Buch ganz gelesen hat, lege es hinweg, ohne sich vorerst zu entschließen, daß und was er geben wolle zu einer barmherzigen Sache, sei es zur Unterstützung einer nothleidenden Familie, für einen armen Kranken, um ein Kind zu versorgen, das keine oder schlimme Eltern hat, um einen Knaben etwas Rechtschaffenes lernen zu lassen; sei es, um gottgefällige Anstalten zu gründen oder zu unterstützen, z. B. eine Rettungsanstalt, ein Spital, Versorgungsanstalt für alte Dienstboten, Missionen, Bonifaciusverein, den Bau einer nothwendigen Kirche u. s. w. Damit du es aber nicht vergissest, so lege gleich das Geld zur Seite, was du zur Barmherzigkeit jetzt bestimmst; und wenn du gerade nicht in Baarem es hast, so versprich und schenk es im Herzen, so daß du es Gott schuldig wirst und nicht mehr zurückgehen könntest" (Elisabeth, S. 413). — Für Kirchenbauten und Kirchenbedürfnisse, für wohlthätige Anstalten und Vereine, für bedrängte Landstriche hat er beträchtliche Summen zusammengebracht, so noch vor wenig Jahren 3000 Mark für die Christen im fernen Japan. Als der Verfasser so glücklich war, vor 32 Jahren zu Alban Stolz in nähere Beziehung zu treten, da besaß dieser von seinem elterlichen Vermögen längst keinen Heller mehr. Bei seiner außerordentlichen Bedürfnißlosigkeit hätte er Hunderttausende hinterlassen können. Im Punkte der Wohlthätigkeit lassen sich mit einem Alban Stolz aus nächster Nähe höchstens noch, und auch diese nur annähernd, drei wohlbekannte liebe Todte vergleichen: der heiligmäßige Hermann von Vicari, dessen Neffe, der Dompräbendar Hermann Fineisen, und der Erzbisthumsverweser Lothar Kübel.

Stolz hat in einem seiner letzten Kalender noch von unsern gesellschaftlichen Zuständen, sowie von den Socialdemokraten geredet, nämlich in dem Kalender „Misericordia", Jahrgang 1880. Da lesen wir: „Es ist so viel Armseligkeit, Noth, schwarze Sorge und erst noch das fürchterliche Sterben über die Erde verbreitet, wie ein schwerer naßkalter Nebel über eine Landschaft. Man sieht den Glanz der Sonne nicht und ihre Strahlen machen unsern Gliedern nicht warm. Wenn alle Zuchthäuser, Spitäler, Irrenhäuser, welche über die Erde verbreitet sind, beisammen stünden, so würden sie eine ungeheuer große Stadt ausmachen, und was für eine Stadt? eine Stadt voll Wahnsinn, Schmerzen am Leib und Qualen an der Seele. Zu diesen großen Häusern kommt noch eine andere Art von großen Häusern, nämlich die zahllosen Fabriken und Kasernen, wo Hunderttausende von Menschen leben, größtentheils freudenlos, vielfach unzufrieden mit ihrem Schicksal. Die Arbeit in der Fabrik macht eben den Fabrikherrn reich und die Arbeiter bleiben arm ... So könnte ich noch verschiedene Gattungen von Trübsal, Kummer und Noth aufzählen, in welchen die Menschen auf Erden ihre Lebenstage durchbringen müssen. Man kann so manchmal Einen sagen hören: Es ist mir um das Leben einerlei, ich habe meiner Lebtage keine gute Stunde gehabt, und Tausende fühlen sich so unglücklich, daß sie sich selbst einen Tod anthun. In dem kleinen badischen Lande allein zählt man jedes Jahr ungefähr drittthalbhundert Selbstmörder. Es wird deßhalb nicht umsonst in dem „Salve Regina" die Erde ein Thal der Thränen genannt, und man kann daher wohl sagen: Wenn alle Thränen, welche in den Häusern, in den Orten und auf der ganzen Erde fließen, an einem einzigen Orte sich sammeln könnten, so gäbe dieses einen Fluß, welcher niemals austrocknen und fortfließen würde bis zum Ende der Welt. Wo ist nun die Güte Gottes?"

Diese trübselige Betrachtung ist leider nur zu berechtigt, und im Ganzen ist auch richtig, was er einige Seiten weiter hinten bezüglich der Socialisten vorbringt. Allerdings sind diese eine „ganz merkwürdige Klasse" von Menschen und allerdings sind sie von einem ganz „eigenthümlichen Wahnsinn" besessen; wir möchten aber doch fragen, Wer und Was sind die Socialisten, Communisten und ähnliche Leute? Es sind die **Stiefkinder des Fortschrittes ohne Gott, ohne Christus, ohne Kirche.** Wären die grundverderblichen Irrlehren des Liberalismus im praktischen Leben nicht zur Alleinherrschaft gelangt, so wüßten wir wenig oder nichts von Massenverarmung, Massenelend und socialen Gefahren. Unser Zeitalter wäre dann nicht durch und durch revolutionär. Was bedeutet solcher Fortschritt? Die permanente Revolution. Was aber ist Revolution? Ist sie etwa in der moralischen Welt dasselbe, was der Gewittersturm in der physischen? Bedeutet sie den gewaltsamen Umsturz eines Thrones, einer Staatsverfassung oder den massenhaften Versuch hierzu? Nein, sie ist mehr, unendlich mehr; Throne, Verfassungen u. dergl. sind ihr Nebendinge. Sie ist für die menschliche Gesellschaft, was das chronische Leiden mit tödtlichem Ausgang für den leiblichen Organismus, was Sünde und Laster für den einzelnen Menschen:

**Revolution nenne ich den bewußten, gewollten und grundsätzlichen Abfall des öffentlichen Lebens von Gott und der von Gott gesetzten Auctorität, die Verneinung und Bekämpfung der göttlichen und kirchlichen Lehren und Gebote in Wissenschaft und Kunst, im politischen und bürgerlichen Leben, insbesondere auch im Erwerbsleben**[1].

---

[1] Verfasser dieses hat obigen Begriff der Revolution zuerst in den

Allerdings gleicht obiger Begriff einer Fackel, womit ein neuer Herostrat den riesigen Götzentempel der „modernen Kultur" in Brand zu stecken vermöchte; allein der Begriff wird bestätigt durch die Geschichte. Er wird bestätigt durch die ganze Geschichte seit dem Jahrhundert, in welchem im Christenland das kostbare Gut der Glaubens- und Kircheneinheit verloren gegangen; derselbe entspricht nur allzu treffend den trostlosen und gefahrdrohenden Zuständen der Gegenwart, deren vornehmste Herzensangelegenheit der Krieg gegen die Weltkirche Jesu Christi ausmacht und die kaum noch von einer Privatmoral, geschweige von einer öffentlichen Moral etwas wissen mag. Gerade jetzt, im Herbste 1884, feiert die grundsätzliche Revolution ihre Orgien in Belgien. In diesem Lande haben die Freimaurer notorisch mehrere Jahre regiert oder vielmehr mißregiert, denn sie haben nach liberaler Art Schulden auf Schulden gehäuft und Alles geknechtet oder zu knechten getrachtet, was nicht in ihren Kram paßte. Dem betrogenen Volke aber sind endlich die Augen aufgegangen und es hat seine Vertreter in starker Mehrheit aus den Reihen der Katholiken erkoren. Seitdem aber hat die Welt wieder einmal unwidersprechliche Beweise erlebt, daß die Freimaurer erstens lediglich sich selbst nebst ihrem Stimmvieh und Papageienvolk als den Staat und das Volk par excellence betrachten; zweitens in dem-

---

„Historisch-politischen Blättern", hierauf in zwei Schriftchen zu erläutern versucht, nämlich in der Weckstimme: „Die europäische Läusekrankheit" (Wien, Gran und Pest, 1870); ferner im Jahrgang 1869 des „Chilianeum", welche Abhandlung besonders gedruckt erschien unter dem Titel: „Eine Leuchtkugel in die sociale Dämmerung" (Würzburg 1870). Ich that es, nachdem ich von dem verewigten Prälaten Freiherrn von Schäzler, wohl dem gewiegtesten Thomisten unserer Zeit, wiederholt die Versicherung erhalten hatte, mein Begriff von Revolution entspreche durchaus der Philosophie des heiligen Thomas.

selben Augenblick aus angeblichen Thronstützen in gesetzlose Rebellen sich verwandeln, in welchem sie nicht mehr am Ruder sind, und **drittens** nichts ärger hassen und verfolgen, als Christum den Gottessohn und alles, was mit Ihm zusammenhängt.

Welches sind hauptsächlich die Väter der Revolution? Das mag uns der „gefallene Engel" Lamennais sagen: „Wer drängte sich um Christum, sein Wort zu vernehmen? Das Volk.

Wer folgte ihm in das Gebirg und in die Wüsten, seine Lehren zu vernehmen? Das Volk.

Wer wollte ihn zu seinem König erwählen? Das Volk.

Wer breitete seine Kleider vor ihm aus bei seinem Einzuge zu Jerusalem? wer warf Palmzweige vor ihn hin mit dem Rufe: Hosianna? Das Volk.

Wer nahm Aergerniß daran, daß er am Sabbath Kranke heilte? Die Pharisäer und Schriftgelehrten.

Wer verhörte ihn hinterlistig und legte ihm Schlingen, um ihn zu verderben? Die Pharisäer und Schriftgelehrten.

Wer sagte von ihm: Er ist besessen? Wer hieß ihn einen Lüstling, einen Freund guter Mahlzeiten? Die Pharisäer und Schriftgelehrten.

Wer behandelte ihn als einen Aufwiegler und Gotteslästerer? wer verbündete sich, um ihn tödten zu lassen? wer kreuzigte ihn auf der Schädelstätte, zwischen zwei Dieben? Die Pharisäer und Schriftgelehrten, die Doktoren des Rechts, der König Herodes mit seinen Hofschranzen, der römische Statthalter und die Priesterfürsten.

Ihre heuchlerische Arglist täuschte das Volk selbst. Sie reizten es, den Tod desjenigen zu begehren, der es in der Wüste mit sieben Broden genährt hatte, der den Siechen ihre Gesundheit wieder gab, den Blinden das Gesicht, den Tauben das Gehör, den Lahmen und Gichtbrüchigen den Gebrauch ihrer Glieder.

Aber Jesus, der sah, daß man das Volk verführt hatte, wie die Schlange das Weib, betete zu seinem Vater und sprach: Mein Vater, vergieb ihnen, denn sie wissen nicht, was sie thun.

**Und dennoch hat ihnen der Vater seit achtzehnhundert Jahren noch nicht vergeben — —"**

Unsere Socialdemokratie mit ihrem Klassenkampfe ist nichts anderes als die natürliche Antwort auf die großartige praktische Verkennung der sittlichen Pflichten, welche Besitz und Reichthum auferlegen. Unsere Socialdemokraten sind nicht besser und auch nicht schlechter als ihre liberalen und radicalen Gegner. Beide wissen nichts von einer höhern Weltordnung, nichts davon, daß der Mensch den Mittelpunkt seines Daseins in Gott suchen und vor Allem Herr seiner Selbstsucht werden muß. Beiden sind die angeblichen Naturgesetze von dem Vernichtungskampfe, welchen der Trieb um Existenz und Fortpflanzung entfache, sowie von dem Wettkampfe um Wohlleben, welchen die Selbstsucht veranlasse, ganz zweifellose und unantastbare Sätze. Die Socialdemokraten ziehen aus der volkswirthschaftlichen Afterweisheit, welche zuerst Adam Smith aus dem durch und durch selbstsüchtigen Treiben des englischen Geldjäger- und Mastbürgerthums schöpfte, nur andere Folgerungen. Den Liberalen gilt die freie Concurrenz als sociale Universalmedicin, Darwins Kampf um das Dasein als die Wiege aller Civilisation und Kultur, das aide-toi et le ciel t'aidera ist ihr Stichwort. Die Socialdemokraten aber wollen die liberale Theorie zu Gunsten der Besitzlosen benutzen und meinen, wenn im Concurrenzkampfe die größere Tüchtigkeit entscheide, dann könne der endgiltige Sieg den Massen nicht fehlen, man dürfe die Arbeiterbataillone nur organisiren, einig und selbstbewußt machen[1].

---

[1] Vergleiche „Die Volkswirthschaft in ihren sittlichen Grundlagen" von Dr. Georg Ratzinger (Freiburg 1881).

Alban Stolz ist auch in socialer Beziehung auf der richtigen Fährte gewesen, in der Theorie und noch weit mehr in der Praxis. Das Beispiel, die Gebote und Mahnungen Jesu Christi waren auch hierin der Nordpolarstern seines Wandels. Er war ein werkthätiger Communist im Sinne unseres Welterlösers. Gäbe es viele Männer seinesgleichen, dann hätten wir sicher wenig Socialisten und Geldsäcke, dafür aber desto mehr Christen. Der Sohn Gottes aber wird heutzutage von weitaus den meisten Gebildeten und Besitzenden behandelt, als wäre er ein Phrasendrechsler gewesen und habe es gar nicht ernstlich gemeint, indem er werkthätige Nächstenliebe befahl, das Almosengeben zur heiligen Pflicht machte und die Unbarmherzigen mit nichts Geringerem bedrohte als mit ewiger Strafe. Hunderte von Stellen des Alten und Neuen Testamentes lehren aber, was der Christ dem armen Nebenmenschen gegenüber zu thun verpflichtet ist.

Alban Stolz hat diese Stellen nicht bloß gelesen, sondern beherzigt und bethätigt in einem Grade, daß er als leuchtendes Vorbild für alle Wohlhabenden und Reichen in der Geschichte der christlichen Kirche dasteht. Wird dieses Vorbild eine erhebliche Anzahl von Nachahmern finden? Schwerlich, schwerlich selbst im Lager Jener, welche sich für strenge, mehr oder minder mustergiltige Katholiken ausgeben. Im praktischen Leben hört das Christenthum, welches namhafte und großartige Opfer begehrt, in der Regel da auf, wo der Geldbeutel anfängt. Selbst im christlichen Lager ist man nur zu geneigt, auch solches Eigenthum für heilig und unverletzlich zu halten, welches durch unrechtmäßige, ja lasterhafte und verbrecherische Mittel aufgehäuft worden. Aehnlich dem modernen Staat, der lieber Alles wegnimmt als theilt, wie der Raub an der Propaganda soeben bewiesen, werden selbst die Besseren und Einsichtsvolleren unter den Besitzenden und Wohlhabenden Geld und Gut auf Geld und Gut häufen, so lange es eben geht. Es wird und kann aber nicht mehr allzulange anstehen, so wird der Gesellschaft nur noch die Wahl bleiben, **entweder** dem Geiste Jesu Christi nach Kräften gerecht zu werden auch in Beziehung auf Gesetzgebung und sociale Einrichtung, **oder** in einer Barbarei unterzugehen, ähnlich jener, welche der heidnischen Roma den langsamen aber qualvollen und sichern Todesstoß versetzt hat. Hie Christus, Hie Belial —! —

Ja, die Barbarei ist in mehr als einer Hinsicht heute schon Trumpf, und leider nur zu richtig konnte vor Kurzem die **Weserzeitung** folgende trostlose Auslassung bringen: „Das Dynamit hat die Lage aller Regierungen verändert; der Sicherheitsdienst steht einer neuen Aufgabe gegenüber. Zum ersten Male treten jetzt Erfindungen auf, welche, wie es scheint, Privatpersonen mit einer Macht ausstatten, gegen die der Staat sich nicht vertheidigen kann. So furchtbar die früheren Zerstörungsmittel waren, sie ließen doch, in normalen Verhältnissen, dem Staate immer das Uebergewicht über alle Privatkräfte . . . Entscheidungen herbeizuführen, mag nun freilich auch das einzelne Dynamit=Attentat nicht im Stande sein, aber da es jederzeit aus tiefster Verborgenheit gigantische Verwüstungen bewirken kann, so vermag es einen Zustand so arger Beunruhigung herbeizuführen, daß der menschliche Verkehr aus den Fugen geht. Einen Aufwand täglicher und stündlicher Wachsamkeit gegen einen unsichtbaren Feind kann man allenfalls an einzelnen Punkten, im russischen Winterpalais, im Kreml zu Moskau, durchführen; über die ganze Welt, die Breite eines großen Landes ausgedehnt, ist ein solcher Zustand unmöglich, jedenfalls unerträglich."

## Abschied.

„Wer Ohren hat zu hören, und dieselben nicht absichtlich verstopft, muß die Wasser der **neuen Sündfluth** heranrauschen hören. Die zerstörungslustigen Sekten allein würden die große Katastrophe wohl nicht herbeizuführen vermögen. Sie sind ja selber nur ein einzelnes Symptom der allgemeinen socialen Krankheit. Aber Alles — der Kapitalismus wie der Proletarismus, eine zügellose, auf ihr logisches Ziel, den Communismus, entschlossen losgehende Demagogie, die jeden höheren, idealen, religiösen und sittlichen Ideengehaltes bare Kraftstoffelei, die Verödung des Gemüthslebens und die Verpöbelung der öffentlichen Meinung, die Vollstopfung der Jugend mit Wissenskram und Wissensdünkel, die Verflachung und Verschlaffung der Charaktere, die rohe Selbstsucht und der nagende Neid, die Hochmuthsdelirien der Wissenschaft und die Concurrenzrasereien der Industrie, der bohrende, zerbröckelnde und zersetzende Journalismus, die mit der ganzen Meute des Schwindels und der Reklame betriebene wilde Jagd nach dem Gelde und die noch wildere nach dem Vergnügen, die Großthuerei und das Scheinwesen, die stumpfe Gleichgiltigkeit in Betreff von Recht und Unrecht, die infame Liebhaberei, das Niederträchtige zu vertuschen und das Ruchlose zu beschönigen, die systematische Einschläferung des Gewissens und die „wissenschaftliche" Abschwächung des Gefühls der Verantwortlichkeit, die laxe Theorie und die feige Praxis in Gesetzgebung, Verwaltung und Rechtspflege — Alles, Alles arbeitet wetteifernd daran, die Schleußen zu zertrümmern und die Dämme zu durchstechen, um der hereinbrechenden Zerstörungsfluth freien Raum zu gewähren. Wehe unsern Kindern und Kindeskindern, welche das Chaos erleben und durchleiden müssen."

„Und wann sie es durchgelitten?"

„Dann wird der Verzweiflungsschrei der Kreatur einen großartigen Despoten aufrufen, irgend einen Cromwell, Friedrich oder Napoleon, welcher die aus den Fugen gegangene Welt eisenfäustig wieder einrenkt und Ordnung schafft."

„Und dann?"

„Dann wird der arme Sisyphus, der Mensch, den Fels=
block der Kulturarbeit aus tiefster Niederung abermalen
bergan wälzen."

So schrieb vor nicht langer Zeit Johannes Scherr, der
geistreiche Demokrat in Limmat=Athen. Er ist nicht der Ein=
zige, der düster in eine Zukunft schaut, an deren Schrecken
und Greuel die Masse der sogenannten Gebildeten gar nicht
denken mag. Von der Zeit vom Augsburger Religionsfrieden
bis in das zweite Jahrzehnt des siebenzehnten Jahrhunderts
haben die Menschen Ungerechtigkeiten, Laster und Verbrechen
dermaßen aufgehäuft und Gottes Langmuth dermaßen heraus=
gefordert, daß ein protestantischer Superintendent schrieb, ent=
weder müsse der jüngste Tag bald hereinbrechen, oder das zu
seiner Zeit lebende Geschlecht vertilgt werden vom Antlitz der
Erde. Und siehe da, es ist der entsetzliche dreißigjährige
Krieg gekommen, Schwert und Marter, Seuchen und Hunger
haben namentlich unser deutsches Vaterland zur menschen=
armen Einöde und Wüste gemacht. Wir aber leben im
Zeitalter der grundsätzlichen Revolution und einer von ihrem
Geiste durchsäuerten sogenannten Wissenschaft, deren Wahn=
sinn sich nur mit ihrer Lasterhaftigkeit vergleichen läßt. Der
persönliche Gott im hohen Himmel soll ersetzt werden durch
blinde Naturgesetze, Christus der Gottessohn ist getauften
Christen zur Thorheit und zum Aergerniß geworden; nicht
mehr Kinder und Ebenbilder Gottes wollen die Söhne der
„modernen Cultur" sein, sondern in blödsinniger Selbst=
erniedrigung Nachkommen eines scheußlichen Affen. Gerade
in der angeblichen Metropole aller Intelligenz hat man dem
Gorilla im Aquarium sogar Weihnachtsgeschenke dargebracht.
Dafür gilt die Mutter aller Kultur als Feindin der Völker, der
Freiheit, der Bildung. Und solcher Aberwitz hat nicht bloß
die gebildeten Klassen Deutschlands, sondern des größern
Theiles von Europa ergriffen; der Aberwitz bringt mehr
und mehr hinein in die Gemüther der arbeitenden und noth=

leidenden Schichten der Gesellschaft. Noch lebt der alte Gott, die Abrechnung kann und wird nicht ausbleiben, sie kann und wird nur eine schreckliche sein — wie wird es aber der katholischen Kirche Europas ergehen?

Alban Stolz ist keineswegs mit der sichern Ueberzeugung in das bessere Jenseits hinüber, daß die Pforten der Hölle die katholische Kirche in Deutschland nicht überwältigen könnten. Allerdings ist und bleibt der katholische Christ überzeugt, daß die Pforten der Hölle die Weltkirche Jesu Christi nicht bezwingen werden bis zum Ende der Tage. Solche Verheißung schließt jedoch die Möglichkeit keineswegs aus, daß die Kirche ihre Existenz zuletzt nur noch in irgend einem Winkel des Erdballes fristet. Mehr als einmal haben Alban Stolz und ich davon geredet, wie Gott es zugelassen, daß die Pforten der Hölle siegten in Nordafrika, siegten in Vorderasien, siegten im nördlichen und mittleren Europa. Nicht minder waren wir darüber einig, daß die moderne Kulturwelt immer gründlicher in ein neues Heidenthum hineingesunken ist, ärger und verantwortlicher als das alte mehr oder minder unverschuldete. Selbst die **christgläubig gebliebene Minderheit** ist mehr oder minder angesteckt vom Geiste der grundsätzlichen Revolution; sie ist mitschuldig an den Uebeln und Leiden der Zeit wie an den Gefahren der Zukunft. Und daß Stolz allerdings zweifelte, ob der Kirche noch eine lange Zukunft beschieden sei in Europa überhaupt und in Deutschland insbesondere, das mögen einige Stellen seiner Schriften darthun. So hat er im Jänner 1860 geschrieben: „Wenn man über Europa hinsieht und nach dem Reiche Gottes forscht, so sieht es eben doch ganz trüb aus. Ein eigentliches Vorherrschen des lebendigen Christenthums wird in wenigen Gebieten zu finden sein, so daß zwei Aussprüche des Herrn in großen Zügen über die Erde hingeschrieben sind — jetzt nach 1860 Jahren: ‚Der Weg ist schmal und Wenige gehen darauf‘ — und ‚lasset die Kinder zu mir kommen, denn ihrer ist das Himmelreich.' Ferner am Ausgang des Jahres 1863: „Mir kommt es vor, daß die Scheidung innerhalb der Christenheit noch niemals in solchem Grade angestiegen ist und wachst, wie gegenwärtig. Ein grimmiger Haß des Geistlichen in Person und Sache einerseits, und eine erhöhte, ängstlich suchende Frömmigkeit anderseits. In Frankreich ist die Scheidung schon fertig: heiligmäßiger Wandel und volle Gottlosigkeit. In Norddeutschland vollzieht sie sich, indem viele Protestanten innig katholisch werden, und ein großer Theil des Restes vollständig auch noch Christus abstreift und haßt. Ist dieses nicht ein Herannahen der letzten Zeiten, wo es auf Erden nur noch Menschen geben wird, welche vollständig reif sind für den Himmel oder für die Hölle?" (Wilder Honig, S. 401, 555.)

Im Laufe der Jahre vermochte er als ernster Denker immer weniger freudig und hoffnungsreich in die Zukunft zu schauen, aber er machte förmliche Jagd nach Trostgründen und meinte im März 1872: „Wir unterscheiden viel zu wenig zwischen dem äußeren, gleichsam leiblichen Besinden der Kirche und zwischen ihrem innerlichen Gedeihen, welches durchaus nicht in gleichem Verhältniß miteinander steht. Gegenwärtig wird die Kirche in ihrem Oberhaupt und in ihren Gliedern, d. h. in den meisten Ländern Europas gedrückt, geplagt, ja geschunden, indem ihr die bisherige Wirksamkeit abgeschnitten wird, z. B. bezüglich der Schulen. Dennoch mag es sein, daß dabei die Kirche in den Seelen frischer und kräftiger gedeiht. Wenn ein Baum oder die Rebe beschnitten wird, treibt sie stärker als sonst. Wenn der Apparat der Kirche theilweise zerstört, ihre bisherigen Wege verschüttet werden, so wird sie, wie Robinson auf der Insel, sinnreich und regsam werden und alle Kräfte zusammennehmen, um ihr Dasein zu erhalten, nach Innen sich zusammenraffen und dann wieder nach Außen sich Wege bahnen. Deßhalb müssen wir Katholiken für die Kirche beten, wie man christlich für einen Kranken, der große Schmerzen leidet, beten soll, nämlich, Gott möge ihm die Gesundheit verleihen; wenn dieß aber nicht sein solle, daß die Krankheit seiner Seele zur Genesung und zum Heile ihm gereiche."

Im März 1874 faßte er gute Hoffnung: „Die einzige Seite in der gegenwärtigen Kirchenverfolgung, welche Bangigkeit erwecken kann, ist, ob nicht Deutschland und die Schweiz ein abdorrender Ast ist, der jetzt eine zweite Schädigung erleidet, gleich der ersten in der Reformationszeit. Allein die Drohung, daß der Leuchter hinweggerückt werde, wenn nicht Besserung erfolge, geschah an einem lauen Bischof. Unsere Bischöfe aber sind im Durchschnitt eifrige Männer, wie die Bischöfe in Deutschland es noch nie mehr gewesen sind. Darum ist nicht glaublich, daß Gott gerade zu einer Zeit in Deutschland den Leuchter wegrücken werde, d. h. die katholische Kirche zu Grunde gehe, wo die Bischöfe treu ihre Pflicht thun" (Dürre Kräuter, S. 197, 269). Im Ganzen aber war und blieb er trübe und zweifelhaft. Er hielt es für möglich, daß die gläubigen Katholiken und die treuen Priester alsgemach in einen Zustand herabgedrückt würden, ähnlich dem Zustand der ersten Christen, indem die Rechte und staatliche Beachtung der katholischen Kirche immer mehr in Abgang kommen. Daß nicht nur die Protestanten und Juden, sondern auch alle weltlich gesinnten Katholiken der katholischen Kirche feindlich sind, konnte ihn nicht wundern, denn „der Katholicismus macht Anforderungen, welchen die meisten Katholiken nicht nachkommen mögen, und darum haben sie Stimmung, die Mutter zu tödten, welche ihr Gewissen beunruhigt". Gegen die Meinung, als ob die Festsetzung des Glaubenssatzes von der päpstlichen Lehrunfehlbarkeit Schuld trüge an den vielen Bedrängnissen, welche in deutschredenden Ländern über die Kirche gekommen, hat er sich entschieden gekehrt. Regierungen gebrauchten diese Meinung als Vorwand, selbst Geistliche glaubten an die Fabel: „allein der wahre katholische Christ glaubt an die Fürsehung Gottes und an die Leitung seiner Kirche. Demnach liegt die gegenwärtige Kirchenverfolgung im Plane Gottes. Was Judas gethan, war bitterbös, und dennoch verwandelte Gott diese höllische Galle in himmlischen Wein und Honig. So mag Gott auch uns Katholiken von zornigen Herren, in welche Satan gefahren, pressen und keltern lassen, und läßt sich daraus köstlichen Wein bereiten" (Dürre Kräuter, S. 275). Im Ganzen hat er seine Meinung in folgenden zwei Stellen zusammengefaßt: „Wir Katholiken als solche befinden uns gegenwärtig dem Antichristenthum gegenüber wie ein Kriegsheer, das zurückgedrängt wird. Wenn es tüchtig ist, wird es nicht in haltlose Flucht sich stürzen, sondern auch beim Rückzug unaufhörlich tapfer sich wehren. Der Herr der Heerschaaren mag auch wieder eine Wendung herbeiführen" (Dürre Kräuter, S. 255). Und bezüglich der jüngsten allgemeinen Kirchenversammlung hat er geschrieben: „Vielleicht war dieß die letzte, welche überhaupt gehalten wird werden. Vor dem Weltende wird aber der Abfall so groß, wie die heilige Schrift sagt, daß, wenn es möglich wäre, selbst die Auserwählten abfallen würden. In dieser gefährlichen Zeit, wo der Glaubensabfall allgemein wird, und wo vielleicht ganz neue Mittel ersonnen werden, um die Gläubigen zum Abfall zu bringen, kann der Katholik nicht auf eine allgemeine Kirchenversammlung warten; er ist von der letzten Versammlung jetzt selber hingewiesen an das Oberhaupt der Kirche" (Kleinigkeiten II. S. 271 ff.).

Der protestantische Denker Johannes Scherr dürfte übrigens sehr im Unrechte sein, indem er meint, die trostlose Kulturarbeit werde von Neuem beginnen, wenn die herannahende Sündfluth einmal überstanden sei. Die christlichen Völker kaukasischer Race können weder versteinern wie die Chinesen, noch geschichtslos vegetiren gleich den Negerstämmen Afrikas ober ben Horden der asiatischen Steppen. Für sie gilt das Wort: Ohne Christus kein Heil. Wie es philosophisch nur zwei durchaus folgerichtige Weltanschauungen gibt, nämlich die des vollendeten Atheismus und die des römischen Katholicismus, so können die christlichen Völker nur entweder **abfallen** von Christus dem Gottessohn und an den Folgen des Abfalles elend zu Grunde gehen, oder sie müssen entschieden nach Canossa, das heißt sie müssen sich **gründlich bekehren** und werden dann neues Leben gewinnen in, für und durch Christus. Nur in und durch Christus gibt es für sie einen dauernden und segensreichen Fortschritt.

Doch genug!

Heutzutage kann man von einem **christlichen Staate** kaum mehr reden, weder von einem katholischen noch von einem evangelischen. Der Geist der grundsätzlichen Revolution, dieser freimaurerisch-jüdische Irrgeist, beherrscht in höherem oder geringerem Grade Alles. Der Staat stellt der Weltkirche Jesu Christi mehr oder minder entschieden als Antikirche sich gegenüber und bietet alle Machtmittel auf, ja er benützt mancherorts sogar die Volksschule, um die Gesellschaft systematisch **zu entchristlichen**. Die Früchte solchen Strebens treten mit jedem Jahre grauenhafter zu Tage, auch die Feinde Christi entsetzen sich darob; sie schaudern vor der Thatsache, daß ihr eigener religionsloser und kirchenfeindlicher Geist die Massen der Arbeiterwelt immer gründlicher durchsäuert, ja sie selbst klagen über die wachsende Verwilderung der Jugend. Sie ahnen, weßhalb wir in ein Zeitalter voll schrecklicher Naturereignisse, Unglücksfälle und sich mehrender Unthaten hineingetrieben worden sind, mit welchem sich das Zeitalter des heiligen Hieronymus vergleichen läßt: in das Zeitalter des Weltwuchers und privilegirten Diebstahls, der Fürstenmorde und politischen Morde, der Dynamit-Apostel, der Nihilisten und Anarchisten, der Lustmörder, Raubmörder und Mordbrenner, der Kassendiebe und Verbrecher jeder Art. In nüchternen Augenblicken, möglicherweise im Katzenjammer nach einem durch überflüssige Feste geschändeten Sonn- oder Feiertag mag den Gescheidteren unter ihnen selbst der Gedanke kommen, in welchen Abgrund eine Gesellschaft bereits versunken sein müsse, die ob den schauderhaftesten Vorkommnissen kaum noch die Achsel zuckt und die schändlichsten Verbrecher in Zuchthauspalästen auf Kosten der Steuerzahler gefüttert wissen will. Allein die Verkehrtheit ihres Strebens, die eigentlichste Quelle der einreißenden Barbarei, wollen sie in ihrer Verblendung nimmermehr begreifen. Sie mögen nichts hören von einer entschiedenen Rückkehr zum Kreuze; der einzig richtige Fortschritt wird als Reaction gebrandmarkt. Gingen die Dinge noch ein Menschenalter hindurch den bisherigen Gang, zöge unser Herrgott nicht neue Register aus seiner Weltorgel, würden nicht seine Blitze hineinschmettern in das Tollhaus der „modernen Kultur" — dann müßte die Kirche immer besser zur Magd des allmächtigen Neuheidenstaates, dann müßten die Reihen der Christgläubigen immer ärger gelichtet werden. Der vielgerühmte und in der That rühmenswerthe Aufschwung des katholischen Lebens und Strebens wäre dann bei uns bloß ein letztes Aufflackern, die immer mehr erlahmende Nothwehr des christlichen Volksgeistes gewesen, das finis ecclesiae würde zur besiegelten Thatsache. Dann stünde aber auch Alban Stolz nicht nur als der gewaltigste katholische Volksschriftsteller deutscher Zunge, sondern auf unberechenbare Zeit hinaus zugleich als der letzte in der Geschichte des Schriftthumes seines Volkes da.

# Alban Stolzens Schriften.

## a. Gesammelte Werke.

Die vorliegende Sammlung besteht **jetzt aus 12 Bänden 8°, und kostet zusammen** M. 40, gebunden in 12 Halbfranzbänden M. 57.

Die einzelnen Bände derselben werden zu den bisherigen Preisen einzeln geliefert, nämlich:

I. **Besuch bei Sem, Cham und Japhet, oder Reise in das heilige Land.** Fünfte Auflage. (465 S.) M. 3.60.

II. **Spanisches für die gebildete Welt.** Siebente Auflage mit etwas Türkischem. (VIII u. 356 S.) M. 2.70.

III. **Kompaß für Leben und Sterben.** Achte Auflage, mit dem **ABC für große Leute.** (IV u. 519 S.) M. 2.40.

IV. **Das Vaterunser und der unendliche Gruß.** Fünfzehnte Auflage. (II u. 475 S.) M. 2.40.

V. **Witterungen der Seele.** Dritte Auflage. (VIII u. 535 S.) M. 4.

VI. **Wilder Honig.** (Fortsetzung der „Witterungen der Seele".) (IV u. 572 S.) M. 4.

VII. **Die heilige Elisabeth.** Ein Buch für Christen. Fünfte Auflage. Mit 15 Bildern. (VIII u. 415 S.) M. 3.

Neben dieser Ausgabe besteht eine **Prachtausgabe** in groß Oktav-Format mit Holzschnitten, Photographie und Stahlstich (VIII u. 456 S.) M. 6, geb. in ganz Leinwand M. 7.50; ferner eine verkürzte Ausgabe unter dem Titel:

**Die gekreuzigte Barmherzigkeit.** Mit 15 Bildern. 8°. (VIII u. 263 S.) M. 1.

——— Dasselbe 4°. (48 S.) 30 Pf.

VIII. **Kleinigkeiten,** gesammelt von Anfang bis 1872. Zweite, vervollständigte Auflage. (XIV u. 870 S.) M. 6.

IX. **Erziehungskunst.** Vierte Auflage, gereinigt und vermehrt. (XII u. 458 S.) M. 3.

X. **Schreibende Hand auf Wand und Sand.** Dritte Auflage. (VIII u. 535 S.) M. 2.75.

XI. **Dürre Kräuter.** Zweite Fortsetzung der „Witterungen der Seele". (VII u. 582 S.) M. 4.

XII. **Wachholder-Geist** gegen die Grundübel der Welt: Dummheit, Sünde und Elend. Sammel-Ausgabe der Kalender für Zeit und Ewigkeit 1873—1875, 1877 und 1878. (IV u. 386 S.) *M.* 3.

Jeder Band gebunden in Original-Einband (Halbleder mit Goldtitel) kostet *M.* 1.40 mehr.

Im Format der Gesammelten Werke ist bis jetzt nicht erschienen die Legende und das Gebetbuch von Alban Stolz.

---

## b. Einzel-Ausgaben,
### in den „Gesammelten Werken" nicht enthalten.

**Legende** oder **der christliche Sternhimmel.** Mit bischöflicher Approbation. **Quart-Ausgabe.** Siebente Auflage. Mit vielen Bildern und einem Titelbild mit Tondruck, nebst Familien-Chronik. Vollständig in 10 Heften oder in einem Bande. (907 S.) Feine Ausgabe, jedes Heft *M.* 1.20; gewöhnliche Ausgabe, jedes Heft 80 Pf.

Preis des vollständigen Werkes:
Feine Ausgabe *M.* 12; geb. in Saffian *M.* 18.
Gewöhnliche Ausgabe *M.* 8; geb. in Halbleder *M.* 10; geb. in Schafleder *M.* 12.

**Legende** oder **der christliche Sternhimmel.** Neue **Oktav-Ausgabe** mit 48 Bildern von Seitz in 12 Heften à *M.* 1; in vier großen Oktav-Bänden geheftet: *M.* 12; in vier Bänden gebunden in Halbleder oder Leinwand: *M.* 16; in zwei starken Halblederbänden gebunden: *M.* 15.20.

Die Linzer Theologisch-practische Quartalschrift sagt: „Die Vortrefflichkeit des vorliegenden Werkes verbürgt wohl schon der Name seines Verfassers. Alban Stolz hat durch seinen „Kalender für Zeit und Ewigkeit" mehr als hinlänglich bewiesen, daß ihm von Gott eine besondere Gabe verliehen worden, für das Volk zu schreiben. Es gibt wenig Schriftsteller seines Faches, die es so verstehen, das Eine, was dem Volke noth thut, herauszufinden, alle Saiten des Volkslebens anzuregen, in die Tiefen des christlichen Wirkens hinabzusteigen und mit so ernsten und erschütternden Worten an die Seelen zu reden. Er kennt alle Winkel und Irrgänge des menschlichen Herzens, alle Grundursachen der Sünde und des Lasters, er ist aber zugleich ein Arzt, der nicht bloß zu schneiden und zu brennen, sondern auch zu heilen weiß. Alle Vorzüge seines viel und mit vielem Segen gelesenen Kalenders finden wir in der Legende wieder. Die „Wiener Kirchenzeitung" hat sich dahin ausgesprochen, daß vorliegendes Werk die beste deutsche Legende ist, ein Urtheil, das, so kurz es ist, sehr viel ausspricht und das wir ohne Bedenken unterzeichnen."

**Der Mensch und sein Engel.** Ein Gebetbuch für katholische Christen. Mit Approbation des hochw. Herrn Erzbischofs von Freiburg.

Klein Duodez fein. Ausgabe Nro. III. Sechste Auflage. Mit Farbentitel und zwei Stahlstichen. (IV u. 337 S.) *M.* 1.50.

Klein Duodez gewöhnlich. Ausgabe Nro. IV. Fünfte Auflage. Mit Farbentitel und einem Stahlstich. (IV u. 340 S.) *M.* 1.

**Sedez fein. Ausgabe Nro. V.** Fünfte, vermehrte und verbesserte Auflage. Mit Farbentitel und zwei Stahlstichen. (IV u. 496 S.) *M.* 1.50.

**Sedez gewöhnlich. Ausgabe Nro. VI.** Fünfte, vermehrte und verbesserte Auflage. Mit Farbentitel und einem Stahlstich. (IV u. 496 S.) *M.* 1.20.

**Klein Duodez. Ausgabe Nro. VII. Mit großem Druck** und einem Stahlstich. (IV u. 563 S.) *M.* 1.60.

Jede Ausgabe dieses Gebetbuches ist auch gebunden in sieben verschiedenen Einbänden zu beziehen.